교사를 위한

아동발달

강봉규 | 신현숙 | 장선철

태영출판사

머리말

이 책은 전에 집필하였던 「발달심리학」(1986)과 「인간발달」(2000)의 두 책의 내용을 아동발달을 중심으로 새롭게 재구성한 것이다.

본서는 아동발달의 강의 내용의 방대함에 비추어 한 학기용의 강의 교재로 알맞게 조절·축소하여 꾸며졌다. 시중에 이미 출간되어 있는 대부분의 아동발달에 관한 책들이 긴 문장으로 서술되어 있어서 독자들의 불편한 점을 고려하여 본서는 핵심적인 내용으로 요약·분절화하는 서술방식을 택함으로써 독자들의 학습 능률을 기하는 데 도움이 되도록 노력하였다.

이 책은 크게 세 부분으로 나뉘어져 있는 바 제Ⅰ부는 아동발달에 관한 총론적 내용을 서술했고, 제Ⅱ부는 신체발달, 운동발달, 지적발달, 정서발달, 사회성 및 성격발달, 발달 및 행동장애 등 발달영역별로 신생아기, 영아기, 유아기, 학령기 등 발달단계에 따른 발달특성을 서술하고 있으며, 제Ⅲ부는 아동발달이론에 관한 16명의 학자들의 학설을 개관하고 있다.

그리고 본서의 내용 중 Ⅰ부의 발달요인에 있어서 생리적 요인부분과 Ⅱ부의 5장 발달 및 행동장애 부분은 보다 심화된 학습 내용으로 구성되었으며 또한 상세한 설명이 이루어졌다. 그리고 Ⅲ부의 발달이론의 개관은 아동발달에 관련된 이론에 한하여 서술하였다. 따라서 본서를 학습함에 있어서 아동발달에 관한 연구를 목적으로 하는 독자는 주로 Ⅰ부와 Ⅲ부를 필수적으로 읽어야 할 것이며, 단순히 아동발달의 입문적 소양을 갖추는데 뜻이 있는 독자의 경우엔 Ⅰ부와 Ⅱ 부에 한하여 읽어도 무방할 것이다.

끝으로 어려운 여건하에서 본서의 출판을 기꺼이 수락해 주신 태영출판사 김현태 사장님께 감사를 드린다.

2006년 1월

집필자 대표 강봉규 씀

차 례

제 I 부 발달의 요인과 원리

제 II 부 아동발달의 영역별 특성

제 I 부

발달의 요인과 원리

제 1 장

발달연구의 계보와 방법

1. 아동발달연구의 발전계보

1) 발달의 개념과 영역

(1) 발달의 개념

1 Koffka의 정의

K. Koffka는 저서인 「정신발달」*(The Growth of the Mind)*에서 발달에는 학습(learning)과 성장(growth)의 두 가지 형이 있음을 지적하고, "생활체나 그 기관이 양적으로는 증대하고, 구조적으로는 정밀화되고, 기능적으로는 유능화되는" 현상을 발달이라고 정의하고 있다.

2 Hurlock의 정의

E. B. Hurlock는 그의 저서인 「아동발달」*(Child Development)*에서, 발달에 대해서, 크기의 변화(changes in size), 비율의 변화(changes in proportion), 새로운 특징의 획득(acquisition of new features), 낡은 특징의 소실(disappearence of feature) 등으로 나누고 이들이 서로 작용해서 일어나는 과정을 발달이라고 하였다. 발달에는 본질적으로 서로 다른 두 가지의 과정이 있는 바, 이 과정은 모든 연령층에서 항상 동시에 일어난다. 즉, 진화(새로운 특성의 발달)와 퇴화(낡은 특성의 소실)이다. 초기엔 진화가 우세하지만 후기에는 퇴화가 우세하게 된다.

따라서 Hurlock의 정의는 발달을 전 생애의 계속적인 변화라는 관점에서 진술한 것이라고 하겠다.

(2) **아동발달 연구의 과제**

아동발달 연구는, 연령에 따라 성숙요인과 환경요인에 따라 변화되는 개체의 행동을 발달심리학적 견지에서 과학적으로 규명하여 그 발달과정이나 각 연령단계별 행동특징을 기술·설명하는 일이 기본적 과제이다.

아동의 발달단계를 이해하기 위해서는 아동을 현재, 즉 생활환경의 횡적·공간적 존재임과 동시에 출생에서 학령기에 이르기까지의 종적 발달이란 역사적·시간적 존재임을 알아야 한다.

아동의 심리를 이해하려는 경우에는 한 아동의 종적 관계와 횡적 관계가 교차하는 시간적·공간적 현실 존재로서 발달적인 시각에서 파악할 필요가 있다. 아동발달 연구는 이와 같이 아동의 발달과정에 내재하는 법칙을 탐구하는 일이 궁극적 과제이기도 하다.

(3) 아동발달 연구의 대상과 영역

1 아동발달 연구의 대상

① 신생아기 발달

이것은 발달연구 중에서도 아주 오래 전부터 연구되어 왔으며, 또 사람들은 이에 대한 관심이 많다. 이 영역은 특히 의학적인 차원에서 많은 연구가 이루어져 왔다.

② 영아기 발달

영아기를 일반적으로 유아기와 신생아 기간의 단순한 과도기라고 생각되어 사람들의 관심이 적었기 때문에 유아발달보다 늦게 연구되었다.

③ 유아기 발달

유아발달에 관한 심리학적 연구가 별로 이루어지지 않다가 S. Hall과 S. Freud, J. Piaget 등의 연구 이후 황금기를 이루고 있다.

④ 학령기 발달

최근에 이르러 이 영역의 연구가 왕성해졌다고 하지만 아직 다른 영역의 연구에 비하여 뒤늦은 감이 없지 않아 앞으로의 발전이 기대된다고 하겠다.

2 아동발달 연구의 영역

아동발달 연구는 신생아가 학령기에 이르기까지의 발달 과정 및 단계에 따라 신체발달, 운동발달, 언어발달, 정서발달, 사회성 발달, 지적발달, 도덕성 발달, 흥미발달, 성격발달 등을 주요 영역으로 삼고 있다.

2) 아동발달 연구의 발전계보

독일의 의사이었던 D. Tiedemann(1748~1803)은 한 아동을 생후 약 2년 반 동안 관찰한 기록을 정리하여 1787년에 「아동의 정신발달에 관한 관찰」*(Beobahtungen über die Entwicklung der Seelenfahig-keiten bei Kinder)*이란 주제하에 책을 간행한 바, 이것이 아동발달에 있어서 최초의 문헌이란 뜻에서 Tiedmann을 '아동심리학의 시조'라 일컫기도 한다.

19세기에 들어가서는 B. Sigismund의 「아동의 세계」(*Kind Unt Welt,* 1856) 및 A. Kusmaul의 「신생아의 정신생활에 관한 고찰」*(Untersuchungen über das Seelenleben des neugeboren Menshen, 1859)* 등이 연이어서 간행되어 오다가 드디어 W. T. Preyer(1842~1897)에 의해 「아동의 정신」(*Die Seele des Kinds, 1882)*이 간행된 바, 이 때 비로소 근대과학으로서의 아동발달학이 정립된 것이다. 이 저서는 아동심리학의 최초의 체계적인 개론서로 평가되고 있다.

이와 같이 독일이 중심이었던 아동발달 연구는 독일 유학생이었던 미국인 S. Hall에 의해서 미국에서 새로운 장을 열게 된다.

Hall은 아동발달의 연구법으로서 질문지법을 사용하여 조직적으로 방대한 자료를 모아 다면적으로 발달현상을 고찰하였다. 그는 1882년에 「아동의 도덕적 및 종교적 교육」*(The Moral and Religious Training Children)*을 간행하고 그 다음 해에 보스톤시의 초등학교 신입생 아동을 대상으로 한 조사를 바탕으로 하여, 「신입생아동의 정신내용」*(The Contents of Children's Mind on Entering School, 1883)*을 간행한 것을 비롯하여 아동연구에 큰 역할을 담당하였기에 미국에 있어서의 '아동발달 연구의 아버지'라고도 불리어지고 있다. 크라크 대학 총장이 된 후에 「*The American Journal of Psychology*」를 1887년에, 「*The Journal of Genetic Psychology*」를 1891년에 창간하였고, 1893년에는 전국아동연구협회(National Association for Child Study)를 조직하였다.

한편 독일에서는 '폭주설'로 유명한 W. Stern은 자기 자녀인 3세 어린이의 언어 발달을 관찰하고 기록해서 1907년에 「아동의 언어」, 1914년에 「유아심리」 등을 발간하여 아동발달 연구의 발전에 크게 영향을 주었다.

스위스의 J. Piaget는 제네바대학의 아동연구소에서 아동의 사고와 언어의 발달과정에 관해서 획기적인 연구를 하여 아동연구에 새로운 장을 열었고, 1935년 이후의 아동발달 연구는 S. Freud의 영향을 받아 새로운 전기를 이룩하게 되었다.

2. 아동발달의 연구방법

1) 횡단적 연구와 종단적 연구

인간의 행동발달의 설명과 예측에 공헌할 수 있는 연구란, 인간의 행동을 통상적으로 반복 되풀이하여 관찰함으로써 얻어진 연구일 것이다. 이러한 시간적 계속의 방법에는 ① 동일한 아동을 장기간에 걸쳐서 연구해 나가는 종단적 방법(longitudinal method)과 ② 대상을 달리 바꾸어 가면서 다른 연령 단계별로 연구하는 횡단적 방법(cross-sectional method)에 의한 자료수집이 이루어져 왔다. 발달연구의 당면과제는, 개체간의 공통적 일반법칙을 발견한다기 보다도 개인의 독자적인 발달과정을 환경조건과 상호작용의 관점에서 검토하는 일이다. 이를 위해서는 종단적 방법이 가장 효과적인 방법이라 할 수 있다.

(1) **횡단적 연구법**

이 방법은 서로 다른 연령군에게 비교 가능한 도구에 의해서 조사 또는 측정을 통해 얻어진 각 연령군의 대표치를 가지고, 발달 현상을 파악하고자 하는 평균적 · 규준적 방법이다.

(2) **종단적 연구법**

이 방법은 행동의 시간적 변화과정을 명확히 하기 위해, 동일의 피험자에 대하여, 일정한 시간간격을 두고 반복적 · 계속적으로 조사 · 측정하여 심리현상의 제측면을 추적하고자 하는 방법이다.

2) **격리법과 쌍생아 통제법**

(1) **격리법**

인간을 연구하는 경우에는 결정적인 방법론적 어려움이 있다. 그것은 동물연구에서는 매우 신뢰성이 있으며 효과적인 방법이 된다고 할지라도 인간에게 적용하면 경우에 따라서는 심리적인 손상이 피험자에게서 생기기 때문이다. 실제적인 관점이나, 과학적인 관점에서나, 인간의 발달이 어느 정도 자발적으로 일어나며, 동시에 인간의 경험에 어느 정도 좌우되는 것인가 하는 점을 명백히 밝히는 일이 중요하다.

동물의 유전적 소질에 관한 연구에서는 동물에게 학습의 기회를 주지 않을 수 있다. 또한 피험동물을 다른 동종의 동물로부터 분리시켜, 종 특유의 활동을 하는 기회를 주지 않기 위해 일정한 사육상자 속에 가두어 둘 수도 있다. 이 때 종 특유의 행동특성이 나타나면 이 특성은 유전적 특성이라고 결론짓는다.

(2) 쌍생아 통제법

격리법은 인간을 피험체로 하는 경우에도 적용될 수 있지만 사용함에 있어서 곤란의 경우에 직면하는 경우가 많다. 그것은 이와 같은 연구에 유아를 동원하기 위한 부모의 동의를 구할 수 없는 실제적인 어려움이 있는가 하면 또한 피험체이었던 유아가 다시 '정상'으로 돌아가기에 앞서서 심리적 손상을 입을 수도 있어서 격리는 아이 자신에게도 바람직하지가 않고, 또한 부모나 다른 사람들이 대체로 선호하지 않기 때문이다.

성숙과 학습의 문제를 연구하는 다른 방법의 하나는 쌍생아 통제법이다. 일란성 쌍생아는 신체적으로나 심리적으로나 유사하다는 가정하에 임상가들은 쌍생아의 한쪽 '갑'에겐 여러 가지 기능의 학습훈련을 가하고, 쌍생아 '을'에게는 어떤 훈련도 시키지 않는 방법을 취한다. 일정 시간이 지난 후, 쌍생아 '갑'의 훈련결과를 쌍생아들의 성적과 비교한다. 격리법의 경우와 마찬가지로 적당한 수의 일란성 쌍생아를 구하기엔 실제적인 어려움이 따른다.

이와 같은 실험에서는 학습의 기회를 박탈당하는 사실만으로도 아동이 심리적으로 결정적인 손상을 받을 것이 예상된다. 즉, 한쪽의 쌍생아가 다른 쪽보다 우수하다는 느낌을 가짐에 따라 학습경험을 제공받지 못하였던 쌍생아는 상대적으로 심리적 상실을 입게 될 것이다. 따라서 이와 같은 연구에 참가하기를 원하는 부모는 별로 없을 것이다.

(3) 집단 연구법

격리법이나 쌍생아 통제법에 비해 보다 많이 사용되고 있다는 점에서는 대집단에 의한 발달적 연구 쪽이 더 실제적이라 하겠다. 이 발달적 연구의 기본적 원리는, 집단에 있어서, 인종적·사회경제적·종교적·지적·물리적 조건 등을 고려하여 환경적 요인을 통제한다면, 환경적 영향은 제거될 수 있다는 점이다.

따라서 이와 같은 방법을 취하면 집단적으로 찾아볼 수 있는 발달의 형으로 나타나는 유사성은 '자연의 작품'으로 볼 수 있다는 것이다. 다양한 많은 학습기회나 경험을 가졌던 아동의 행동 특성이 세부적으로 다르다고 할지라도 기본적으로는 유사한 행동을 나타낼 때에는 임상가들은 이 행동은 학습만으로 이루어진 것이 아니고, 유전적 특성이 부분적으로 싹튼 것으로 풀이한다.

3) 실태 조사 연구법

이 방법은 문제 영역을 중심으로 인간의 의식, 태도 등 행동현상을 있는 그대로 파악하여 그 생태를 밝혀 보려는 연구법으로서 현상의 기술을 목적으로 하기 때문에 인간행동에 관한 설명이나 예언은 제공해 주지 못한다. 이 방법에서는 **관찰법**과 **질문지 조사법**이 가장 많이 사용되고 있다.

4) 임상 면접 연구법

심리현상의 기술은 연구자의 관찰에 의해 이루어지는 경우가 많으나 과학성이 문제될 때가 있다.

그러나 과학성을 지나치게 추구하는 나머지 눈앞에 벌어지고 있는 인간의 1회적 행동현상에 관한 물음에 답할 수 있는 자료를 제공하지 못하는 수도 많다.

그래서 한 사람 개개인의 퍼스낼리티를 각각의 구체적 상황에 비추어서 파악하려는 방법이 또한 필요한 것이다. 따라서 이 방법은 G. W. Allport의 개성 기술적 과학(idiographic science)의 입장에 놓인 연구법인 것이다.

이 방법에서는 현상학적 방법이나 임상적 심층적 면접법 등이 사용된다.

즉, 인간이 갖는 전형성을 대상으로 하여 면접에 의해서 언어반응뿐만 아니라 표정・음성・몸놀림 등도 읽을 수 있으며, 인간의 생활공간이나 내적 측면이나 의견까지도 파악할 수가 있다. 그러나 피면접자의 자기분석 수준의 문제 등 아직도 해결하지 못한 점도 많다.

제 2 장

아동발달의 일반적 요인

1. 유전적 요인

1) 생득설

유전설을 생득설(nativism) 또는 선천설이라고 부르는데, 발달을 규성하는 원동력은 개체내에 있다고 보는 입장이다. 즉 생득설은 유전론을 발달의 본질에 대한 설명에 이용하고 있다. 이 설에 의하면 모든 인간의 심적 특성은 부모로부터 유전되고 있다는 것이다. 이런 입장에서 연구자들은 보통 가계연구나 쌍생아 연구를 통해 유전의 힘을 입증하고 있다.

(1) Goddard의 Kallikak 가계 연구

H. H. Goddard는 "*The Kallikak family*(1914)"란 연구에서 생득설의 입장을 취하고 있다. Martin Kallikak는 맨 처음 저능한 여자(a feeble-minded girl)와 결혼하였고 그 후 정상적 부인과 재혼하였었는데, 정상적인 부인과의 사이에서 태어난 496명의 자손 중 2명을 제외하고 나머지 자손이 모두 정상이었으며 변호사, 의사, 공무원, 교수, 대학총장 등 명사가 많았으나, 저능한 여자와의 사이에서 난 아이들 및 그 자손 488명 중에는 정상인 자가 겨우 46명, 저능한 여자가 143명, 사생아가 36명, 매음 여인이 33명, 알코올 중독자가 24명, 간질자가 3명, 요절자가 82명 등 그야말로 비참한 모습을 보여주었다.

(2) Max Juke 가계와 Edwards 가계

R. L. Dugdale의 "*The Jukes*(1879)", *A. H. Estabrook의* "*The Jukes in 1915(1916)*" 등의 연구보고서에 의하면 Max Juke 가계는 범죄와 비행 또는 질병 내지 악덕한 자손들로만 이루어져 있어서 미국에 있어서 열등가계의 대표적 예로 손꼽히고 있으며, A. E. Winship의 "*Juks-Edwards : A study in education and heredity*(1900)"란 연구보고서에 의하면 Jonnathan Edwards 가계는 교사, 목사, 과학자, 그리고 정치인 등 우수한 자손이 많아 미국에 있어서 우수가계의 표본이 되어 있다.

(3) Galton의 우수가계 연구

F. Galton의 "*Hereditary genius*(1869)"란 연구보고서에 의하면 영국의 저명인사 332가족(부 : 89명, 형제 : 114명, 자 : 129명)을 대상으로 한 연구에서 우연히 성공할 수 있는 기대 수보다 이들은 1200배 이상의 더 많은 성공률이나 우수성을 보여 주고 있다는 점에서

저명인사의 가계는 유전되고 있다고 결론짓고 있다.

(4) Holzinger의 쌍생아 연구

K. J. Holzinger는 H. H. Newman 및 F. N. Freeman과의 공동연구인 "*Twins : A study of heredity and environment* (1937)"에서 일란성 쌍생아는 이란성 쌍생아에 비해 심신 양면에 있어서 더 유사하다는 점을 밝히고 있다.

그리고 신체적 · 정신적 양특질에 대한 K. J. Holzinger 등의 연구결과를 열거하면 〈표 2-1〉과 같다.

〈표 2-1〉 쌍생아형제의 심신의 유사도(상관계수)

심신의 특질	일란성	이란성
신장	.93	.65
체중	.92	.63
두부의 중량	.91	.58
지능연령	.86	.60
지능지수	.88	.63
학력검사	.89	.70
정서검사	.56	.37
운동속도 검사	.69	.38

2) 유전성 정신질환의 예

현재 유전성 정신질환으로 생각하는 것은 정신분열증, 조울증, 진성간질, 일부 정신지체 등이다. 유전소질이 정신병을 출현시키는 힘은 정신병의 종류에 따라 같지 않고 발현 확률은 각각 다르다. 예를 들면, 정신분열증의 발현 확률은 70~80%인데 그 출현에는 20~30%의 오차가 있는 것이다. 동일질환의 출현빈도는 H. Luxenburger에 의하면 경험상 〈표 2-2〉와 같다고 하며, 이것을 경험적 유전예후라고 한다.

〈표 2-2〉 정신병의 경험적 유전예후

	정신분열증	조 울 증	진성간질
자	16.4%	32.3%	11.0%
손	3.0%	-	-
질	1.8%	3.4%	1.2%
증손	-	-	-
종손	1.6%	-	-
사촌	1.8%	2.5%	-
형제자매	10.8%	13.5%	4.1%
일반인	0.85%	0.44%	0.3%

지능은 일란성 쌍생아의 일치율은 90%, 이란성 쌍생아는 52%라 한다. 정신지체는 신진대사의 장애, 염색체 이상, 기타 등의 유전적 원인이 있다. 정신분열증은 일반 인구에 비하여(빈도 0.5~1%) 환자의 형제 자매에서는 10배, 양친이 모두 정신분열증인 경우 50배의 빈도를 나타낸다. 또, 일란성 쌍생아의 일치율은 76~86%인데, 이란성 쌍생아는 6~12%이다.

조울증의 일반인구 발생빈도는 0.4~0.5%인데 환자의 가까운 친척은 20배라고 한다. 치매에서 유전적 또는 가족적 관계가 있다고 알려진 것은 노인성 치매, Alzheimer씨병, Wilson씨병 등이다.

J. J. Binger에 의하면 범죄는 이란성 쌍생아의 반대성(opposite sex)에서 14%, 같은 성에서 54%, 일란성 쌍생아에서 65%의 일치를 나타낸다.

(1) 우성유전

우성유전의 예는 Huntington 무도병이다. 그러나 대부분의 경우 우성유전자의 표현은 완전치 못하고 불규칙적이다. 우성유전이 있다고 알려져 있거나 의심되는 병들 중에는 조울증이 가장 중요하다.

(2) 열성유전

대개 열성으로 유전되는 병은 변이가 적고, 우성유전보다 정도가 심한 것이 보통이다. 대표적인 열성유전은 Phenylketonuria이다. Luxenburger나 K. Kallmann은 이를 단일 유전자에 인한 열성유전이라고 주장했다.

2. 생리적 · 기관적 요인

인간 유기체의 규제체계는, 중추신경계와 말초신경계로 된 뇌척수계, 교감신경계와 부교감신경계로 이루어진 자율신경계 및 뇌하수체, 부신, 갑상선, 부갑상선, 성선 등으로 성립된 내분비계 등 세 가지로 구별되고 있다.

1) 뇌척수계

(1) 중추신경계

중추신경계통은 두뇌와 척수로 구성되어 있으며, 척수는 두뇌와 연결된 일종의 전선 케이블 같은 것이다.

① 두뇌의 구조

인간이 기억과 사고 기능을 발휘하는데 가장 큰 역할을 하는 것은 대뇌 부위이다. 이것을 대뇌피질(cerebral cortex)이라 부르는데, 그

용적은 1.5feet^2(0.14m^2) 정도나 된다.

피질은 사람의 두뇌 중에서 가장 크고 단일한 구조로 되어 있는 대뇌(cerebrum)의 표면에 해당한다. 대뇌는 사람의 두뇌의 여러 부분들 중에서 가장 높은 곳에 자리잡고 있다. 피질과 대뇌는 가운데 부분에서 좌우 반쪽, 즉 좌반구와 우반구로 갈라져 있다. 따라서 어떤 의미에서는 두 개의 두뇌가 인간의 사고기능을 수행한다고 볼 수 있다.

사람의 두뇌는 충분히 성숙했을 때는 무게가 거의 3파운드(1.4kg) 정도가 된다. 따라서 겉모양뿐 아니라 크기에서도 사람의 신체 중에서 큰 비중을 차지하지 못한다. 즉, 두뇌는 보통 사람의 전체 몸무게에서 고작해야 2퍼센트 정도밖에 안 된다.

그러나 3파운드의 조직 속에는 대략 100억 개의 독립된 신경세포, 즉 신경원(neuron)이 있다. 이 신경세포들은 대단히 복잡하게 상호 연결되어 있다. 섬유질같은 이 세포들은 수천의 다른 신경세포들로부터 메시지를 받아 가지고 다른 수천 또는 그 이상의 신경세포들에게 자기의 메시지를 전달할 수 있다. 신경세포들간에 가능한 연결방식과 통로의 총 수효는 너무나 커서 상상할 수가 없을 정도이다.

두뇌의 신경세포들은 사람이 출생하기 훨씬 전부터 활동하기 시작한 이후 일생동안 복잡한 메시지를 처리하면서 계속 움직이고 있다. 대뇌의 신경세포들은 사람이 잠들어도 결코 그 활동을 쉬지 않는다. 사람이 근육을 전혀 움직이지 않고 가만히 앉아 있을 때에도 사람의 전체 몸무게 중 2퍼센트 정도에 불과한 두뇌세포들은 들이마신 산소의 20퍼센트씩이나 소모한다. 즉, 몸전체에서 차지하는 비중에 비해 훨씬 큰 에너지를 소모한다.

① 시 상

간뇌의 최대부분을 차지하고 있는 시상(thalamus)이라 불리는 두뇌구조는 '정보처리 중심지'라고 말할 수 있다. 여러 가지 감각기관에서 출발한 신호는 결국은 시상에 도달한 후, 그 곳에서 조직화되어 시상 위에 있는 대뇌피질로 전달된다. 또한 시상은 반대방향으로 전달되는 신경충동, 특히 신체의 움직임을 요구하는 대뇌피질의 신호를 중계하는 역할을 한다.

시상의 일부분은 망상활성화 체계(reticular activating system)라 불리는 두뇌 내부의 회로망에 속해 있다. 망상활성화 체계는 감각정보처리(processing of sensory information) 과정에 관여한다. '망상'이란 말은 그 부분을 현미경으로 관찰하면 신경섬유가 상호교차된 모양을 이루고 있기 때문에 붙여졌다.

감각기관으로부터 두뇌의 최고 기관까지 신호를 전달하는 신경통로는 그 일부가 망상활성화 체계와 연결되어 있다. 이 신경충동이 두뇌의 상층부분을 자극시켜서 각성상태에 도달하게 한다. 이와 같은 각성작용, 즉 망상활성화 체계가 파괴된 동물은 평생동안 무의식상태에서 깨어나지 못한다.

② 시상하부

시상 아래에 자리잡고 있는 시상하부(hypothalamus)는 몸과 마음의 관련성을 관찰하는데 있어 변연계 이외에는 가장 흥미 있는 뇌부분이다. 왜냐하면, 그것의 핵영역이 자율신경계 뿐만 아니라 호르몬선 기능에도 영향을 주고 있고, 시상하부에 있는 세포영역이 자극됨으로써 수면행동, 공격행동, 섭식행동 및 성행동과 같은 그런 일정한 행동양식을 야기시키기 때문이다. 우리는 여기서 신진대사, 체온, 기아와 갈증 내지 감정적 상태를 규제하고 있는 중추를 보게 된다. 뇌하수체와는 해부학적이고 기능적인 긴밀한 관계가 성립되고 있다.

③ 소 뇌

신체의 움직임을 통제하는데 핵심적인 두뇌 구조는 소뇌(cerebellum)이다. 이 소뇌는 뇌간의 뒷부분에 붙어 있다. 소뇌는 대뇌피질

중 근육을 움직이게 하는 부위와 밀접하게 연결되어 있다. 소뇌의 역할은 여러 가지 다양하고 섬세한 근육운동들을 조정한다. 소뇌가 손상되면, 몸놀림이 자연스럽지 못하게 된다. 또한 걷는 것 같은 자동적인 몸놀림을 하는 데도 노력과 주의집중이 많이 요구된다. 그뿐 아니라, 소뇌가 손상된 사람은 말하는데 곤란을 겪게 된다. 말할 수 있으려면 성대, 기관 및 입의 근육들이 공동으로 움직여야 되기 때문이다.

소뇌는 신체의 균형도 조정한다. 사람이 바른 자세를 유지할 수 있는 것은 소뇌의 덕분이다. 대뇌(cerebrum)와 마찬가지로, 소뇌도 두 개의 부분, 즉 반구로 나누어져 있다. 소뇌의 좌·우 반구는 뇌교(pons)에 의해 연결되어 있다.

④ 해 마

기억에서 중요한 역할을 맡고 있는 두뇌 구조는 해마(海馬, hippocampus)이다. 심리학자들은 아직까지 해마의 기능을 잘 이해하고 있지 못하지만, 해마가 **장기기억**(long-term memory : LTM) 저장에 깊게 관여한다는 증거가 많다.

⑤ 변연계

해마는 두뇌 속에 있는 변연계(limbic system)의 일부이다. 변연계는 해마의 일부분을 포함하고 있는 망상체(network)로서 자율신경계 및 뇌하수체선과 연결되어 있기 때문에 사람이 정서적 행동을 하는 데 중요한 역할을 담당한다. 변연계는 신체기관에 주는 식물성 자극 전달과의 관계 때문에 '**내장뇌**(visceral brain)' 혹은 '**신체자아**'라고도 불려지고 있다.

⑥ 연 수

호흡이나 심장박동 같은 생명유지에 필요한 신체활동이나 건강관리를 조정하는 두뇌구조는 연수(medulla)이다. 연수 덕분에 우리는 살아 있는 것이다. 또한 연수는 중계소의 역할도 맡고 있다. 즉 연수에는 척수와 두뇌 상층부 사이에서 신호를 전달하는 신경세포들이 있다.

2 좌뇌와 우뇌

두뇌에서 가장 중요하고 인간의 행동과 밀접한 관계에 있는 부분—대뇌와 대뇌피질—은 두 개의 반구로 나뉘어진다. 두뇌와 신체 여러 부분을 직접적으로 또는 척수를 통해서 연결하고 있는 대부분의 신경섬유들은 상호 교차하고 있다. 이것은 좌뇌가 신체의 우측 부분으로부터 오는 감각신호를 받아들이고 그 부위의 운동을 통제한다는 것을 의미한다. 우뇌는 신체의 왼쪽 부분을 담당한다. 대부분의 사람들은 오른손으로 글씨를 쓰는데, 이 경우 손을 움직이는 것은 좌뇌이다. 좌뇌는 언어구사 능력을 통제한다. 즉 언어를 구조화하기, 낱말의 의미를 파악하기, 계산하기, 숫자(digits)나 낱말(words 혹은 letters)을 차례대로 외우기와 같은 일들은 좌뇌반구의 기능으로 특징지워진다. 그리고 얼굴 기억하기, 환경적인 소리(새소리, 물소리, 바람소리, 기적소리 등의 자연음), 멜로디, 소음 인지하기, 점 위치 등을 찾기, 시각적인 형태 파악하기(그림이나 사진의 지각과 해석 등)와 같이 덜 구조화된 일들은 우뇌반구의 기능으로 특징지워진다.

반구들간에는 수많은 통로가 있다. 특히, 두뇌 속에는 두터운 전화케이블과 흡사한 뇌량(corpus callosum)이라는 구조가 있어서 좌뇌와 우뇌를 밀접하게 연결시켜 준다. 많은 심리학자들이 내린 결론에 의하면, 좌뇌는 정보를 논리적인 순서로 하나씩 하나씩 처리한다. 특히 우리가 추리력이라고 부르는 사고 과정에서 볼 수 있듯이, 좌뇌는 논리적인 결론에 도달하기 위해서 차곡차곡 단계를 밟아가는 기능을 전담하고 있다. 좌뇌는 특히 능통한 언어구사와 관련되어 있다. 좌뇌에서는 논리적인 순서로 배열되어서 단어를 구성하고, 다시 단어가 모여서 문장이 완성된다. 우뇌는 사물을 전체적으로 한꺼번에 파악하는, 즉 여러 가지 세부 내용을 한꺼번에 고려하는 기능을 전담하고 있다. 이와 같이 우뇌는 시각적, 특히 형태와 공간에 관한 시각적 정보뿐 아니라, 언어와 무관한 음악과 소리에 대한 정보를 처리하는 데 뛰어나다. 우뇌는 또한 직관적인 능력을 발휘하는 것으로 알려지고 있다.

3 두뇌의 신경세포와 신경전도체

두뇌 속에 있는 100억 개의 신경세포들은 미지의 수많은 연결통로를 통해 상호간 정보를 교환하고 있기 때문에, 두뇌가 많은 기능들을 수행할 수 있다. 특히 두뇌의 기능이 다양한 한 가지 이유는 두뇌의 신경세포들이 각각 전문적 기능이 다른 여러 종류의 신경세포들로 구성되어 있기 때문이다(그림 2−1 참조).

두뇌에 있는 대부분의 신경세포들의 주요한 기능은 신호를 전달하는 것이다. 신경세포는 근접해 있는 다른 신경세포들로부터 정보를 받아들여서 여러 가지 방식으로 처리한 다음, 수십억 개의 가능한 통로를 통해서 내보낸다. 그러나, 어떤 신경세포들은 다른 일을 수행한다. 예를 들면, 시상하부에는 감각기관과 아주 흡사한 기능을 갖고 있는 세포들이 있다. 즉, 이 세포들은 혈관 속의 변화를 '보고', '듣고'하는 기능을 수행하며 우리의 몸 속에 음식이나 물이 모자라는 것을 탐지한다. 다른 두뇌 세포들은 우리 몸의 내부온도에 민감한 감각기관으로서 기능을 발휘한다.

신호를 전달하는 관건은 **접합**(synapse)이다. 이 곳은 어떤 신경세포의 송신기와 다른 신경세포의 수신기가 현미경을 통해서야 겨우 볼 수 있을 정도의 거리를 두고 있는 연결점이다. 두 개의 신경세포들이 거의 맞닿고 있는 접합에서는, 여러 가지 방식으로 신호가 전달될 수 있다. 어떤 경우에는, 접합에 도달한 전하의 양이 커서 그것만으로도 건너편에 있는 신경세포에 영향을 줄 수 있다. 그러나 보통의 경우에는 화학적 작용을 통해서 건너편 신경세포에 전달된다.

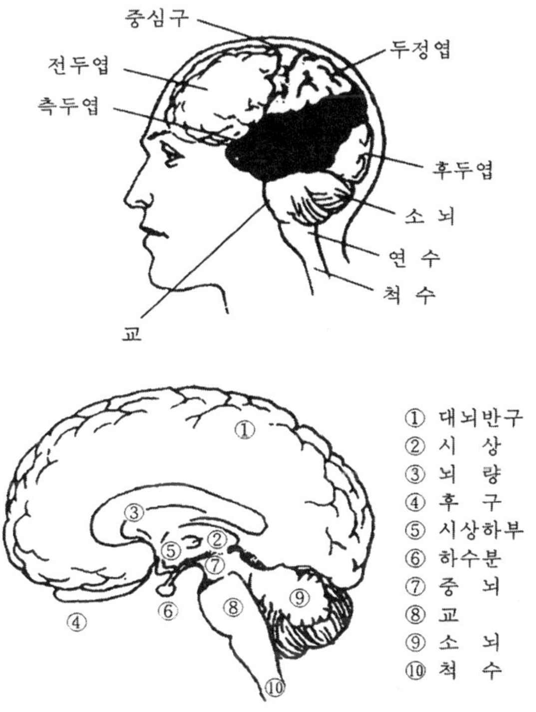

(a)측면도

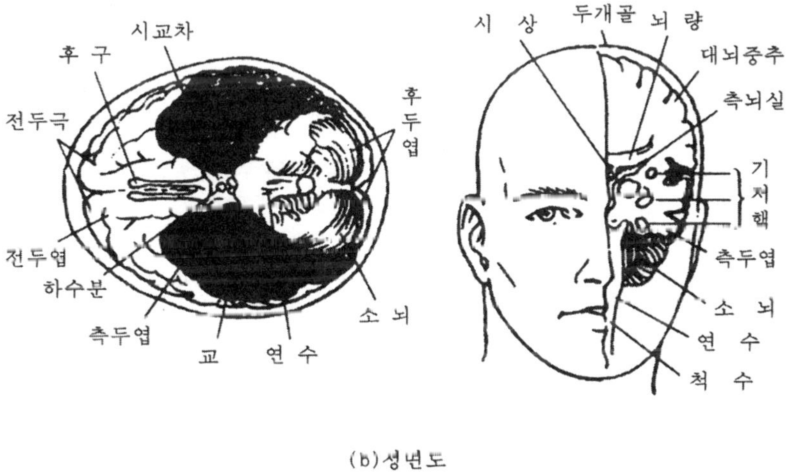

(b)정면도

[그림 2-1] 인간 뇌의 단면도

신경세포들은 그 종류에 따라서 각기 다른 신경전도체를 생산한다. 현재까지 여섯 가지 종류의 신경전도체가 밝혀졌다. 어떤 종류의 신경전도체들은 자극제로서 작용한다. 즉, 그런 **신경전도체**(neurotransmitter)들은 건너편 신경세포가 활성화되지 못하도록 제지한다.

예컨대, 정신분열증이라 부르는 심한 정신장애는 신경전도체의 양과 활동양상을 변화시키는 약물을 사용하여 호전시킬 수 있다. 그리고 우울한 감정은, **노르아드레날린**(noradrenalin, 부신선에서 생산되는 강력한 호르몬)이라고 불리는 신경전도체가 두뇌 속에 적은 양밖에 없기 때문에 일어나는 것 같다. 이와 같이 노르아드레날린의 양이 두뇌 속에서 적어지는 현상은, 사람이 물리적이거나 정서적인 스트레스를 강하게 또는 지속적으로 받았을 때 일어날 수 있다는 것이 발견되었다. 우울한 감정은, 두뇌 속에 있는 노르아들레날린의 양을 증가시키고 노르아들레날린이 접합에서 효과를 잘 나타낼 수 있게 해주는 약물을 사용해서, 종종 성공적으로 치료할 수 있었다.

마리화나(marihauna)에서부터 수면제에 이르기까지 일반적으로 '약물'이라고 간주되는 모든 물질은 두뇌의 신경전도체에 작용하여 사람의 정신상태를 변화시킨다.

4 두뇌의 기능

우리의 감각기관이 포착한 모든 정보들은 두뇌 속의 복잡한 통로를 거쳐서 대뇌피질로 전달된다. 여기에서 시각과 청각을 통해 수용된 감각신호들은 해당되는 감각의 전문영역 속에서 분석되고 해석된다. 두뇌는 어떤 신호가 중요하며 그 신호의 의미가 무엇인지를 결정한다. 사람의 말소리도 그에 해당하는 전문영역이 있어서 그 말 속에 포함된 단어와 문장의 의미를 우리가 이해할 수 있게 된다.

우리의 감각기관에서 전달되어 온 신호는 때로는 우리가 적절한 근육운동을 취하도록 유도하거나 통제하며 기억된 정보를 저장하는 기능을 담당하기도 한다.

또한 정서도 두뇌의 산물이다. 정서는 그 중에서도 특히, 대뇌피질보다 밑에 위치하며 **시상하부**(hypothalamus)라고 부르는 두뇌의 부분 및 시상하부와 연결된 몇몇 회로에 의해 결정된다. 시상하부는 두뇌 여러 부분들 중에서 내분비선과 가장 밀접하게 연관되어 있는 곳이다. 내분비선은 공포, 분노 등의 정서 경험시 활발히 작동한다. 시상하부는 정서에 수반하는 신체적 '흥분' 상태를 일으키는데 관여하는 신호를 내보내는 두뇌의 여러 부위들 중 하나이다.

그리고 두뇌는 육체적 건강을 관리하는 기능도 갖고 있다. 사람의 몸이 건강을 유지하면서 효율적으로 움직이는 방식을 이해하는 데 중요한 개념은 동질정체이다. 동질정체란 세포가 필요로 하는 산소, 물 그리고 기타의 여러 가지 물질들이 적절하게 공급되고 있고 신체 내부의 온도와 화학적 균형 등이 안정되어 있는 상태를 의미한다.

시상하부는 정서적 행동의 중추이기도 하지만, **동질정체**를 유지하는 데도 기여한다. 즉 사람의 몸이 음식이나 물을 더 필요로 할 때 신호를 보내거나 각성과 수면상태를 조절해서 동질정체를 유지하는 데 기여한다. 두뇌 속에는 고도로 정확한 온도 조절장치 같은 부분이 있어서, 신체내부의 온도가 적정온도보다 다소 내려가는 순간 작동하다가 내부 온도가 적정온도보다 약간 높아지면 곧 작동하지 않는다. 두뇌의 어떤 구조는 숨쉬고 심장을 뛰게 하는 등 생명유지 과정을 조절하며 다른 구조는 몸의 균형을 조정하여 몸의 자세를 똑바로 유지할 수 있게 해준다.

(2) 말초 신경계

사람의 신경계통은 인체의 구석구석까지 그 신경섬유가 뻗쳐 있다. 인체의 변두리에 있는 신경세포들은 말초 **신경계통**(peripheral nervous system)이라 불리는 구조를 형성하고 있다. 이 구조는 손가락, 발, 눈 및 귀에까지 뻗쳐 있다. 말초 신경계통의 신경세포들은 중추신경계통(central nervous system)과 연결되어 있다. 말초 신경계통의 구심성 신경세포는 신호를 중추 신경계통에 전달한다. 이 신호가 두뇌에까지 도달하면 우리는 보고, 듣고, 촉각이나 통각을 느끼게 되는 것이다. 원심성 신경세포는 두뇌 또는 척수에서부터 뻗쳐나가는데 말초 쪽으로 신경충동을 전달하여 선, 내장 및 손가락, 발가락 같이 먼 곳에 있는 근육을 통제한다.

2) 자율신경계(식물성 신경계)

(1) 교감 신경계통

일반적으로, 교감 신경계통의 작용으로 나타나는 생리적 변화는 우리의 몸이 긴급행동, 예를 들면 싸움이나 도망가는 것 같은 행동을 수행할 수 있도록 준비를 마련해 주는 것이다.

교감 신경계통이 활동할 때, 예를 들면 공포나 분노를 느낄 때는 순식간에 많은 현상이 우리 몸에 일어난다. 가장 두드러진 현상은 교감 신경계통이 부신선에 명령을 내려서 강력한 흥분제(stimulant)를 혈액 속에 방출하도록 한다는 것이다. 또한 교감 신경계통은 부신선과 간장 및 췌장에 명령을 내려서 혈당수준을 증가시킨다. 그 결과 신진대사의 속도가 빠르게 되고 더 많은 에너지가 우리 몸에 공급된다.

또한 교감 신경계통은 혈관의 굵기를 변화시킨다. 즉 심장과 횡문근의 혈관을 팽창시키고, 위와 창자의 평활근을 수축시킨다. 교감 신경계통은 우리가 숨을 더 거칠게 쉬도록 만든다. 교감 신경계통은 평활근의 통제하에 있는 눈의 동공을 확대시키며, 타액선의 활동을 둔화시킨다. 교감 신경계통은 한선(sweat gland)을 활성화시킬 뿐 아니라, 신체모발의 기저에 있는 근육을 수축시켜서, 동물의 경우에는 모발을 빳빳이 곤두서게 하고 사람의 경우에는 소름을 끼치게 한다.

(2) 부교감 신경계통

부교감 신경계통(parasympathetic division)은 뇌간(brain stem) 및 척수(spinal cord)의 하위 부분과 연결되어 있다. 부교감 신경계통을 구성하는 신경절들은 광범위하게 퍼져 있는데 그 대부분이 부교감 신경계통과 연결된 선 및 근육의 근처에 위치하고 있다. 부교감 신경계통을 구성하는 신경절들은 촘촘히 연결되어 있지 않기 때문에 부교감 신경계통은 국소적으로 영향력을 행사한다.

〈표 2-3〉 자율신경계의 조절작용에 관한 본보기

실 행 기		교감신경계의 흥분 (adrenerg적 흥분)	부교감신경계의 흥분 (cholinerg적 흥분)
심 장	심장박동수	심장박동의 가속화	심장박동의 이완
	심방	심방수축력의 상승	심방수축력의 감소
	심실	심실수축력의 상승	흥분촉진 없음
혈 관	피부혈관	혈관수축	흥분촉진 없음
	근육혈관	혈관수축과 혈관확장	흥분촉진 없음
	성기의 혈관	혈관수축	혈관확장
기관지		이완	수축
타액선		분비억제	미세유동적 효소타액의 분비촉진
위·장 영여		소화와 선활동의 억제	소화와 선활동의 촉진
방광		배뇨억제	배뇨촉진
남성성기		사정	발기
동공		확대	축소

일반적으로 부교감 신경계통은 일상적인 생명유지 활동을 할 수 있는 평상시에 가장 중요한 역할을 발휘하는 것 같다. 부교감 신경계

통은 심장과 폐의 활동을 둔화시키는 경향이 있다. 부교감 신경계통은 소화를 촉진시키기 위해서 타액선을 자극하고 위와 창자의 근육을 파상적으로 움직이게 하며 위 및 간장에서는 소화를 돕는 산과 담즙(bile)이라고 부르는 소화액을 만들게 한다. 그 외에도 부교감 신경계통은 창자와 방광에 모인 노폐물을 제거한다. 그러나 긴급한 사태가 발생할 경우에는 부교감 신경계통은 정규적인 활동을 중지하고 우리의 몸이 긴급 행동을 취할 수 있도록 돕는다. 긴급사태의 경우에 부교감 신경계통이 취하는 방식은 알려져 있지 않지만 교감 신경계통(sympathetic division)의 활동을 보조하고 지원하는 것 같다.

3) 내분비계

내분비선은 발달과정에 영향을 미치는 중요한 생물학적 조직의 하나이다. 내분비선은 분비물을 혈관에 보급하는 관은 없으나 직접 혈액 속으로 들어가게 되어 있다. 내분비선에서 분비되는 화학물질을 호르몬이라 한다. 이 물질은 신체발달과 기능에 큰 영향을 미치고 있다.

내분비선은 본디 조정작용을 한다. 이 분비물은 발달 뿐 아니라 여러 가지 생리적 작용을 일으키게 하고 활동을 중지시키기도 하며 촉진 또는 지연시키는 역할도 하고 있다. 각 개인의 신체적 성숙이 일찍 되느냐 혹은 늦게 되느냐 하는 문제는 여러 내분비선이 좌우한다.

호르몬이 발달에 영향을 주는 또 하나의 측면은 신진대사에 미치는 효과를 통제하는 것이다. 골격, 근육 및 신경조직의 성장은 내분비선에 의하여 통제되는 신진대사 과정에서 비롯되는 것이다.

만일 혈액 내에서 당분이 과다하게 공급되면 어떤 내분비선 계통에서는 인슐린(insulin)이라는 호르몬이 분비하여 당분의 신진대사를 도와 혈액을 정상적인 화학상태로 환원시키게 한다. 신체를 일정한 상태로 유지시키려는 이와 같은 경향을 W. B. Cannon(1912)은 **동질정체**라고 불렀으며, 여기에는 내분비선은 물론 신경계통과 기타의 생리적 기제가 참여하고 있다.

동질정체, 즉 평형상태를 유지하기 위하여 여러 내분비선은 서로 복잡한 조정을 하고 있다. 한 계통의 내분비선의 작용이 지연되면 다른 계통의 내분비선은 기능을 촉진시키기 위하여 호르몬을 분비시키고, 또 과다한 것이 있으면 기능을 지연시키기 위한 호르몬을 분비시키는 것이다. 한 계통의 내분비선에 상해가 있으면 전 계통에 이상이 오는 것이다.

내분비선 계통을 주로 통제하고 있는 곳은 시상하부이며, 대뇌의 하부에 있어 여러 신체적 기능의 통제와 관계된다. 내부비선 계통에서 인간의 성숙과정에 가장 큰 영향을 주는 것으로는 뇌하수체, 갑상선, 부신선, 성선을 들 수 있다.

(1) 갑상선

갑상선(thyroid)에서 분비되는 **티톡신**(thyroxine)은 신체의 신진대사 기능을 조정하고 성장과 일반적 활동성을 통제하는 기능을 나타내며, 부갑상선 내분비기능의 감퇴는 **흥분성**과 **신경질경향** 및 **거부경향**(negativism)을 높이며, 과잉분비의 경우 권태, 근육이완 및 흥미의 결여현상이 나타난다고 한다.

목의 인후골 양쪽에 위치하고 있는 갑상선은 '티록신'이라는 호르몬을 분비한다. 뇌하수체와 밀접히 관련하여 갑상선은 신진대사에 영향을 주며, 신체적 성장을 조절하고 있다. 갑상선이 과도하게 분비되면 일반 활동성이 높아지고, 적게 분비되면 운동이 완만하게 된다.

갑상선은 신경계통의 구소와 기능, 특히 지능발달에 커다란 영향을 미치고 있다. 어려서 갑상선의 결핍이 오면 기형백치라고 하는 병에 걸리게 된다. 이와 같이 지능 수준이 떨어지는 것은 뇌의 신경조직의 불완전한 발달에서 오는 것이다. 대뇌피질의 성장이 빠른 생후 2개월경에 갑상선 결핍증이 오면, 지능수준이 떨어지는 결과를 가져오는데, 이러한 증상은 적절한 호르몬 치료를 하면 정상적인 지능을 되찾을 수 있게 된다.

(2) 뇌하수체

뇌하수체는 대뇌의 하부에 위치하고 있어 신체적 발달에 직접 관련되는 주요한 내분비선이다. 뇌하수체는 성장과 유지에 관련하여 여러 가지 기능을 하는 호르몬을 분비시킨다. 뇌하수체 성장 호르몬은 아동기의 정상적인 신체발달에 절대 필요한 것이다. 이 호르몬은 골격, 근육, 여러 내장기관의 성장을 조종하는 기능을 하고 있다. 이 호르몬을 분비하는 내분비선의 기능에 이상이 있으면 난쟁이, 거인, 말단 거대증과 같은 신체적 기형으로 나타난다.

뇌하수체의 조절 호르몬은 성적인 발달을 통제하는 내분비선이 갑자기 활발해지는 청년기가 되어야 분비되기 시작한다. 뇌하수체에서 때에 맞추어 호르몬을 분비하지 못하면 성발육이 지연되는 반면, 너무 일찍이 분비되면 어린이라 할지라도 성적인 조숙현상이 나타나게 되는 원인이 된다.

한편 뇌하수체 호르몬의 과잉분비는 적극성과 공격성을 증대시키며 과소분비는 그 반대현상을 나타낸다.

(3) 부신선

부신선(adrenals)은 모든 내분비선들 중에서 가장 중요한 것들 중의 하나이다. 부신선에서 분비되는 호르몬들 중의 하나인 아드레날린(adrenaline)은 심근에 영향을 미치고, 혈압을 높이며, 간장을 자극하여 혈액 속에 방출되는 당분의 양을 증가시킴으로써 우리 몸에 보다 많은 에너지가 공급되게 하는 강력한 자극제이다. 아드레날린은 소화기관의 근육을 이완시키고, 운동근육을 긴장시키며, 혈액이 소화기관에서 근육을 향해 흐르도록 하고, 혈액이 공기에 노출되었을 때, 즉 상처를 입었을 경우에 혈액이 보다 신속히 응결되도록 하는 응고제의 역할도 한다.

부신선은 노르아들레날린(noradrenalin)이라고 부르는 호르몬도 분비한다. 노르아들레날린은 격렬한 신체운동 특히 공격적이거나 분노의 행동을 나타낼 때 많이 분비되는 호르몬이기도 하다.

자극제인 아드레날린과 노르아드레날린을 생산하는 것 이외에도, 부신선은 신체의 건강에 필수적인 많은 호르몬들을 생산한다. 특히 이 호르몬들은 체내에서 적정한 수준의 염분이 유지되도록 하고, 신체에 대한 영양분과 에너지의 공급을 조절하는데 관여한다. 부신선이 육체적 또는 심리적 스트레스에 의해 과중한 활동을 해야 할 경우에는, 부신선의 활동상에 변화가 초래되어 여러 종류의 신체질환, 예컨대, 위궤양과 심장질환과 같은 병이 촉발될 수 있다.

(4) 성 선

성선(sex gland)은 여성의 경우 난소(ovaries)이고 남성의 경우 고환(testes)에 해당된다. 이들은 생식선으로서, 정자와 난자를 생산한다. 정자와 난자가 결합되면 새로운 생명체가 탄생된다. 정자와 난자는 인간의 유전인자를 전달한다. 그러나 성선은 내분비선으로서 신체발달과 행동에 영향을 미치는 호르몬을 혈관 속으로 분비하는 일도 한다.

난소는 에스트로겐(estrogen)이라고 부르는 호르몬을 다량 생산한다. 에스트로겐은 사춘기(puberty)에 2차 성징(secondary sex characteristics)이라고 알려진 신체적 변화를 야기시킨다. 또한 에스트로겐은 월경과 임신 중에 일어나는 많은 복잡한 신체과정을 조절한다. 고환은 안드로겐(androgen)이라고 부르는 호르몬을 다량 생산한다. 이 호르몬은 남자에게 수염이나 변성 같은 2차 성징을 가져다 주며 남성의 성적 흥분을 야기시키는 데도 관여한다.

여성의 성선도 소량이지만 남성호르몬을 생산하고, 남성의 성선도 소량의 여성호르몬을 생산한다. 그러나 여성의 혈액에는 에스트로겐이 많고, 남성의 혈액에는 안드로겐이 많은 것이 보통이다.

이상과 같은 인간 유기체의 세 가지 규제체제를 요약하면 [그림 2−2]와 같다.

4) 뇌의 손상과 기능의 변화

(1) 전두엽

인간의 구체적인 사고력 발달과 행동방식에 중요한 관계를 갖고 있는 것은 전두뇌(전두엽)이다. 전두뇌질환(예컨대 종양, 부상, 세포파손)의 임상적 특성은 뇌기관적 일반 정신지체 증후군을 능가하는 지적 퇴화가 나타난다는 점이다. 환자는 인지능력을 갖지 못하고 자기비판적이 못되며 또 **황홀경**(euphoria, 병적으로 태평적이고 낙천주의적이며 주관적 안녕 형태로서의 명랑한 기분)에 빠져 있을 때가 빈번하다. 안와(眼窩, orbita, 눈구멍뼈) 위에 위치하고 있는 **안와회**(眼窩回, 안와이랑, gyri orbitales)가 손상당했을 경우에는 오히려 수다벽, 예의범절의 상실과 접촉상태('접촉의 방자무례성')를 통해 특징지어지고 있는 탈억제적 행동이 출현할 수가 있다. 흉악한 범죄 및 성적 탈선도 관찰되고 있다. 지능검사로 측정되는 인지적 능력이 여기서 감퇴되고 있는 것은 더 말할 것도 없다.

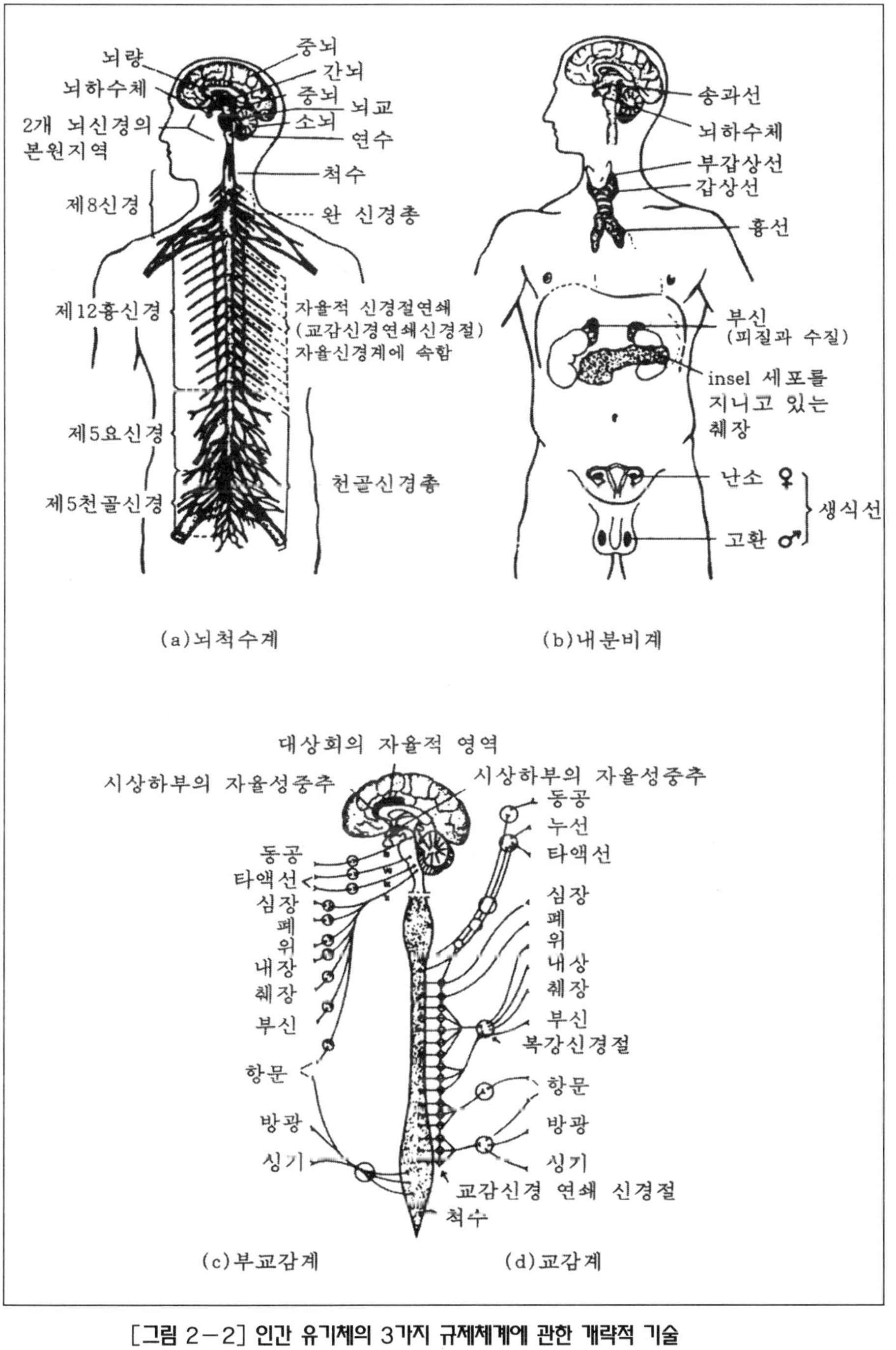

[그림 2-2] 인간 유기체의 3가지 규제체계에 관한 개략적 기술

이와 같이 전두뇌 부분이 파괴되었을 경우에 나타나는 비교적 고정적인 기능변화에 비추어 보아, 우리는 이런 뇌부위와 윤리・도덕적 행위 및 사고가 요구되는 능력간에 관련성이 있다고 가정해도 좋을 것이다.

(2) 측두엽

측두엽 절제 이후에는 정서적 장애 외에도 새로운 정보 획득에의 능력을 완전히 상실하는 것이 두드러지게 눈에 띈다. 그렇게 해서 파지능력의 전제가 결여되어, 다시 말해서 단기기억이 더 이상 기능을 발휘하지 못하게 된다. '직접적 기억(현재적 기억)'은 장애를 받지 않는다. 예컨대 숫자, 단어의 일련을 말해 주어도 환자는 곧바로 반복할 수가 있다. 그러나, 아무것도 파지할 수 없어 정보를 저장할 능력을 잃게 된다. 그것의 결과는 시간적이고 공간적인 방향 감각 상실화에 이른다. 이를테면 어떤 행위를 잠깐만 중단했다가는 그것을 더 이상 계속 수행할 수가 없다. 환자는 무엇을 시작했던가에 대해서 더 이상 기억하지 못한다. 이에 비해 구기억은 대개의 경우 그대로 보존되고 있다. 그래서 환자는 이미 지나간 체험이나 혹은 손상받기 이전에 획득한 지식에 대해서 보고할 수 있다.

3. 환경적 요인

1) 경험설

경험설(empirism)은 개인의 발달이란 외부에서 주어진 감화 영향에 의한다고 주장하는 입장이다. 원래 이 설은 인식론으로서 J. Locke에 의해 주창되어 발전되어 온 것이지만 발달론적으로는 환경론을 채용하고 있다. 즉, 생득설이 주장하는 것처럼 발달의 기능성은 개체의 내부에 있다고 하더라도, 환경을 달리하면 많건 적건 간에 발달모습이 다르게 나타나는 사실이 존재하기 때문에 개인의 발달은 여태까지 받은 모든 외적 영향의 결과라고 주장한다. 늑대소녀(1920, Amla와 Kamala의 예)와 Aveyron의 야생아(1795, Itard의 연구) 또는 맹모삼천지교설은 경험설에 입각한 주장이기도 하다.

이 밖에 B. Bernstein의 사회계층에 따르는 지적 발달의 차이에 관한 연구나, L. Bender(1947)의 모성실조가 정신질환의 병인적 요인이 된다는 연구 또는 교사의 신경질적인 성격이나 정서적 불안정의 경향이 학생들의 학업성취는 물론 그들의 퍼스낼리티에 부정적인 영향을 미친다는 M. L. Cogan(1988)이나 H. B. Leed(1981) 등의 연구 등도 경험설에 바탕을 둔 연구라 하겠다.

특히 소련의 새 유전학자 T. D. Lysenko는 환경조건을 변화시킴으로써 품종을 개량하는 연구를 통해 환경만능론을 주장하기에 이르렀으며 K. Lewin의 장설에 입각한 B=f(P・E)이론 또한 환경론적 요인의 절대성을 강조하는 입장이기도 하다.

2) 환경의 유형

(1) 구조적 환경과 과정환경

환경을 물리적 측면과 심리적 측면으로 양분하는 것이 일반적인 분류 방법이긴 하나 심리적 측면에 해당하는 변인과 물리적 측면에 해당하는 일부변인을 구조환경(structure environment)으로 개념화할 수 있다. 구조환경이란 개인에게 작용하는 외적 조건과 자극이 일정한 규칙에 의하여 조직되어 체제화되어 있는 구조적 상태를 의미한다. 이와 더불어 심리적 환경이라고 볼 수 있는 과정환경(process environment)을 생각할 수 있으며, 그것은 외적 자극과 조건 및 조직화된 체제가 개인과의 상호작용 하에서 일어나는 분위기 또는 풍토라고 규정할 수 있다.

(2) 지리적 환경과 행동적 환경

지리적 환경은 개인을 둘러싸고 있는 물리적 공간 및 그 안에 있고 모든 사물이나 사태를 말하는 것이며, 행동적 환경은 개인에 있어 의식되고 체험되는 환경을 말한다. 행동적 환경은, 지리적 환경에 의존되어 있기 때문에 지리적 환경은 직접적으로는 우리의 행동을 규정하는 것은 아니지만 간접적인 원인이 되는 것이다.

행동적 환경은 우리의 의식에 관계하고 있으며 우리들을 움직이게 하는 힘을 갖고 있다. 즉, 행동적 환경을 구성하는 사물은 우리들의 요구에 대응하고 있으며, 우리의 마음을 그쪽으로 쏠리게 한다든가, 멀리하게 하는 심리적인 힘을 갖고 있다. K. Lewin은 이러한 환경의 힘을 유인성(valence)이란 개념으로 나타내고 있다.

(3) 자연적 환경과 인간적 환경

자연적 환경은 물질적 환경은 물론 동식물 등 인간 이외의 모든 생물을 포함하는 환경으로서 자연과학의 대상이 되는 세계이다.

이에 대한 인간 환경이란 개인은 물론 개인에 의해 구성되는 집단, 사회, 국가 등을 말한다.

넓은 뜻으로는, 문화적 환경도 일종의 인적 환경이다.

3) 가정환경

(1) 기초적 환경

인간형성이라는 관점에서 가정환경은 학교환경이나 사회환경에 비하여 보다 강한 영향력을 지니는 기초적 환경이다. 이 진술을 뒷받침할 수 있는 논거는 주로 두 가지 근거에서 찾을 수 있다. 하나는 인간형성의 기초작업이 대부분 취학 전의 가정에서 이루어진다는 근거이며 다른 하나는 취학 전의 발달이 다른 시기에 비하여 가장 왕성하게 이루어지기 때문에 가정환경의 영향을 가장 크게 받는다는 근거이다.

인간형성의 기초작업이 대부분 취학 전에 이루어진다는 것은 그렇게 새로운 것은 아니다. 인생의 기본구조가 6세 이전에 형성된다는 것은 이미 S. Freud가 지적하고 있는 것이며, 태도와 가치관의 형성도 1차적으로 부모를 동일시의 모형으로 하여 이루어진다는 것도 널리 알려져 있는 일이다. 인간의 정의적 특성뿐만 아니라 지적 특성도 상당한 정도가 취학 전에 성취된다는 것이 여러 증거에 의하여 주장되고 있다.

인간의 지적·인성적 발달의 대부분이 역시 취학 전 시기에 왕성하게 이루어진다는 점에서 가정환경은 인간형성에 있어서 다른 환경보다도 보다 크게 작용하는 기초적 환경이라 할 수 있다.

① 양육태도

부모의 양육태도가 자녀의 성격형성에 미치는 영향에 대해서는 P. M. Symonds의 '지배 – 복종'과 '보호 – 거부'의 두 가지 형에 대한 연구를 위시해서 A. L. Baldwin, J. Kallhorn 등의 연구가 대표적이다.

이들의 연구에 의하면 익애형 또는 과보호적인 가정에서 자라난 아동은 신경질, 의존심, 자기 중심성, 비사회성이 나타나기 쉽고, 거부형과 방임형의 가정에서는 반항적·공격적이며 불안정한 성격이, 전제적인 가정에서는 수동적·순종적인 성격과 면종복배적 성격이, 결손가족에서는 애정의 결핍이나 대인기피 같은 성격특성이 형성되기 쉽다.

2 가정의 파탄

가정의 파탄은 어린이에게 여러 가지 정신 건강상 문제를 일으킨다. G. Spitz의 연구에 의하면 한 살 미만의 어린이가 어머니의 보호와 사랑을 박탈당했을 때 심신발육의 장애와 질병이 많고 심하면 죽음에까지 이른다고 했다. Bowlby는 3~4세 미만의 어린이들이 어머니의 박탈을 경험한 결과 정신병질적(psychopathic) 또는 무정한 성격이 됨을 보았다. 또, 여러 학자들의 연구에 의하면, 정신분열증의 34~40%, 조울증의 17~34%에서 부모의 박탈이 보고되었다. 그러나 이것만으로 그 원인을 생각하는 것은 곤란하다. 가부장적 사회에서는 아버지가 어린이의 초자아 형성에 가장 중요한 요소임을 염두에 둘 필요가 있다.

(2) 기본적 욕구의 박탈

영유아기에 우리 몸의 기본적인 요구(산소, 영양, 수분, 수면, 감각적 자각)의 결핍이 많거나 길게 계속되면 중대한 신체적 결함을 일으킬 것이다. 특히 발육기에 오면 더할 것이며, 발육기 후에 오면 여러 가지 뇌증후군의 원인으로 작용할 것이다.

1 수면 박탈

자각적으로는 졸리고 기분 나쁘며 기운이 없어지고, 용모 · 말 · 감정 · 사고 등이 변한다. 집중력 장애와 무기력을 보이고, 물체의 형태, 크기, 움직임, 색깔 등을 오인하게 되고, 착각이나 환각이 있고, 시간관념장애가 있어서 처음에는 시간이 느린 것 같이 느끼며, 다음 단계에서는 시간이 틀리게 되며, 나중에는 지남력을 상실한다. 그래서 횡설수설하게 되고 이인증(depersonalization)이 오며, 생리적으로도 체온, 근육상태 등의 기능저하가 온다.

2 지각 박탈

일정한 감각의 자극은 정상적 기능 유지에 필요하다. 무인도에의 표류나, 북극탐험 또는 사막여행 등의 자연적인 감각 박탈 상태에서 사람들은 불안, 시간관념 장애, 착각, 환각, 망상 등을 일으킨다. 이것은 세뇌받은 자, 인공호흡기가 부착된 환자, 만성병으로 격리된 환자, 어두운 곳에 놓인 환자들의 정신이상을 어느 정도 설명해 준다. 실험적으로 정상인을 외딴 방에 움직이지 못하고 묶고 귀와 눈을 가리고 몇 시간을 경과하면, 불안을 느끼고 외계의 자극을 갈망하고, 사고의 장애가 생기며, 3일이 지나면 착각, 환각, 망상도 생긴다.

3 경험의 박탈

어릴 때의 정상적 성장에 필요한 경험을 박탈하거나 사회적으로 격리시키면 정서발달에 큰 장애를 주기 쉽다. J. Bowlby에 의하면, 어머니의 보호를 박탈당한 어린이는 발달(신체, 정신, 사회적)이 지연되고 정신적 또는 신체적 증상이 생길 수 있다는 것이다. 어린 시절에 어머니를 박탈당한 어린이가 후에 정신질환을 일으키는 확률은 7~8%라고 하며, 이것은 일반 인구보다 훨씬 높다.

어린 시절의 헤어짐을 상징적으로 재연하듯 불안 발작이 어떤 특정한 날짜에 일어나는 수가 있는데 이를 '기념일 반응'(anniversary reaction)이라 한다.

(3) 모성실조 현상의 역기능

가정환경을 물리적 측면과 심리적 측면으로 양분하는 것이 일반적인 분류 방법이긴 하나 심리적 측면에 해당하는 변인과 물리적 측면의 일부 변인을 **구조환경**(structure environment)으로 개념화할 수 있다. 구조환경이란 개인에게 작용하는 외적 조건과 일정한 규칙에 의하여 조직되어 체제화되어 있는 구조적 상태를 의미한다. 이와 더불어 순전히 심리적 환경이라고 볼 수 있는 **과정환경**(process environment)을 생각할 수 있으며, 그것은 외적 자극과 조건 및 조직화된 체제가 개인과의 상호작용하에서 일어나는 분위기 또는 풍토라고 규정할 수 있다. 이러한 과정환경에 있어서 가장 큰 역기능을 나타내는 것은 **모성실조**(母性失調) **현상**이다.

모성실조는 아동의 발달과정에서 어머니로부터 받아야 할 적절한 심리적 양육과 지도의 부적합성과 결핍에서 기인되는 지적·사회적·정서적 발달과 성격형성상의 왜곡 및 장애의 현상을 말한다. 모성실조의 현상은 적절한 양육과 지도의 부적합성과 결핍에서 기인된다고 볼 수 있다. 주목해야 할 것은 그와 같은 부적합하고 결핍된 양육과 지도가 아동발달의 전체적인 면에 걸쳐서 왜곡과 장애의 결과를 수반하는 점이다. 따라서 모성실조의 현상은 인간들의 어느 한 면에 있어서의 발달에 장애를 가져오는 것이 아니라 전체적인 지장을 초래한다고 보아야 할 것이다.

이 분야의 고전적인 연구로서 J. Bowlby의 연구를 들 수 있는데 그는 44명의 청소년 비행범에 대한 임상적인 조사에 의하여 그 중 14명은 **애정결핍**아로 진단하였는데 그들의 생육사를 조사한 결과 그 중의 12명이 아동초기에 모성으로부터 분리된 경험이 있다는 것이 나타났다. 더욱이 그는 모성실조의 경험은 애정결핍을 일으키고 그것은 결과적으로 청소년 범죄로 발전될 가능성이 농후하다는 주장을 하고 있다.

모성실조가 현저하게 영향 주는 것은 지금까지의 증거로 보아 감정 통제력의 결핍, 공격적 행동의 무분별한 표현, 죄의식의 결여 또는 초자아의 미발달, 인내심 또는 불쾌자극에 대한 참을성의 부족, 대인관계 부적응 등으로 요약된다.

4) 학교환경

아동들은 각기 소속된 집단 내에서 일정한 지위(status)와 역할(role)을 취득하고 연출하게 됨에 따라 준거집단(reference group)이 제시하는 집단표준(frame of reference)을 학습하게 되며 아동 상호간의 교우관계 및 교사 학생의 인간관계가 또한 모방의 동일시, 동화와 조정의 과정을 통하여 학생개인의 성격형성에 큰 영향을 미치게 된다.

5) 사회 · 문화적 환경

아동은 성장과정에서 사회가 기대되는 행동양식을 학습하고 그 사회의 가치와 규범을 받아들인다. 따라서 개인의 성격은 그가 생활하는 상황의 제반 사회 · 문화 조건의 영향을 받게 마련이다. 문화는 일반적으로 개인의 경험을 결정하며 인간관계를 규제하고 개인의 사고방식과 행동방식을 크게 통제하기 때문에 문화는 사회화(socialization)의 과정에서 개인의 성격형성에 영향을 미치며, 또한 개인은 내면화(internalization)의 과정을 통하여 문화를 섭취하고 성격을 체제화하는 것이다. M. Mead의 '뉴기니아의 3부족의 사회 문화형과 성격 특성과의 관련성에 대한 비교연구'가 보여 주는 결과는 그 전형적인 예라 하겠다(표 2-4 참조).

그 밖에, 오늘날의 사회적 환경의 일면으로서 특히 매스미디어(TV, 라디오, 신문, 잡지, 영화, VTR 등)의 영향도 무시할 수 없다. 나아가서는 기후나 지리적 조건 같은 자연적 환경도 성격 형성에 미치는 영향이 결코 적지 않다.

〈표 2-4〉 New Guinea 3부족의 문화형(Mead, 1935)

부족		Arapesh	Mundugumor	Tchambuli
	부족명	Arapesh	Mundugumor	Tchambuli
	거주지역	산 지	하 천	호 수
문화적 특징		여성적 · 협동적 사회, 남녀노소 차별 적음	남성적, 식인습관, 호전적, 공격적	남녀의 역할이 우리 사회와 정반대, 여성이 생산적 노동에 종사, 경제권 장악, 남성은 미술, 공예, 제사에 종사
남녀관계		성적 갈등이 없다. 가족간에 애정적 · 상호의존적 결합	공격적, 남녀 간에 권력 투쟁	우월적 · 지배적인 여성과 무책임적 · 의존적 남성과의 결혼, 성적으로도 남성이 종속적
육아법		남녀 다같이 애기 보기, 어린이에 관대 · 우애적	아이에게 무관심, 거부적, 아이들에게 잔혹한 체벌	1세부터 양육은 아버지가 한다. 아동기 이후는 통제 가함.
성격특성		자기 주장이 없다. 비공격적, 협동적, 애정적, 가정적, 온화, 친절	강한 주장(특히 여성), 소유욕 · 지도성 강함. 공격적, 잔혹, 비협동적	여성은 공격적 · 지배적 · 활발 · 쾌활, 남성은 여성에 대해 열등감을 갖고 음울하고 의심이 많다.

4. 유전과 환경의 관계

1) Stern의 폭주설

유전 대 환경의 대립을 극복하려는 시도는 W. Stern에 의하여 이루어졌는데, 그의 폭주설(輻輳說, convergence theory)은 대략 다음과 같다.

"정신적 발달은 단순히 출생에서부터의 성질이 서서히 나타나는 것만도 아니며, 또 외계로부터의 영향을 받아들여 이에 대한 반응을 함으로써만도 아니다. 즉, 이것은 내부적 소질과 외부적 환경인 양자의 영향이 폭주(두 개의 수레바퀴가 움직이는)하여 이루어진다는 것"이다.

2) Woodworth의 면적설

R. S. Woodworth는 「Dynamic Psychology」에서 유전을 사각형의 밑변으로 보고, 환경을 그 높이로 보아 한 개인의 발달이란 결국 그 밑변과 높이로 이루어지는 사각형의 면적이라고 보았으며, 밑변이 없어도 사각형을 이루지 못하며, 높이가 없어도 역시 마찬가지여서, 환경과 유전 중에서 어느 것이 보다 중요하다고 할 성질의 것이 아니라고 말하였다. 이 관계를 도표로 그리면 [그림 2-3]과 같다.

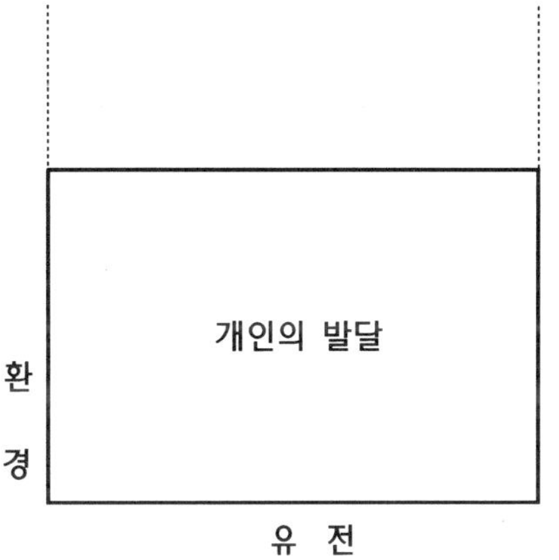

[그림 2-3] 유전과 환경

따라서 일정한 밑변(유전)을 가지고 나온 우리는 높이(환경)를 되도록 높게 함으로써 이 사각형(발달하는 개인)의 면적을 크게 할 수 있을 것이다. 유전은 매우 좋으나 환경이 안 좋은 사람의 발달과, 유전은 그다지 좋지 못하나 환경이 매우 좋은 사람의 발달과를 비교하여 보면 여러 가지 경우가 성립될 수 있는 것이다.

3) Jensen 상호작용설

A. R. Jensen은 그의 저서 「IQ : 유전과 교육」에서 발달을 규정하

는 이론으로서 유전과 환경의 대표적인 상호작용설인 **환경역치설**(environmental threshold value theory)을 들고 있다.

그에 의하면 심신의 기능이 발달함에 있어서 환경은 역치적 요인으로 작용한다고 한다. 즉, 어떤 유전적 소질이 특성으로서 현실화되기 위해서는 필요한 환경적 요인의 질과 양이 각각 특성에 따라 다르며, 각각 고유한 일정한 수준(환경역치)이 따로 있다고 본다. 소질이 있더라도 환경적 조건이 충분하지 못하고 역치 이하이면 그 특성의 발현은 방해받지만, 역치를 넘어서면 현실화되어 간다는 것이다.

[그림 2-4]에서 특성 A(신장)는 유전에 의한 규정이 강하며, 극도로 부적절한 환경적 조건이 아닌 한 소질은 그 가능성을 완전히 현실화할 수 있다. 이에 대해 특성 D(외국어 발음구별 등)는 환경의 강한 규정하에 있으며 특별훈련이나 풍부한 환경 조건하에서만 가능성이 실현된다. 또 특성 B는 지능검사 성적이 좋은 예이며, 특성 C는 환경적 조건이 전체에 걸쳐 영향을 주는 것으로서 학업성적이 그 예이다.

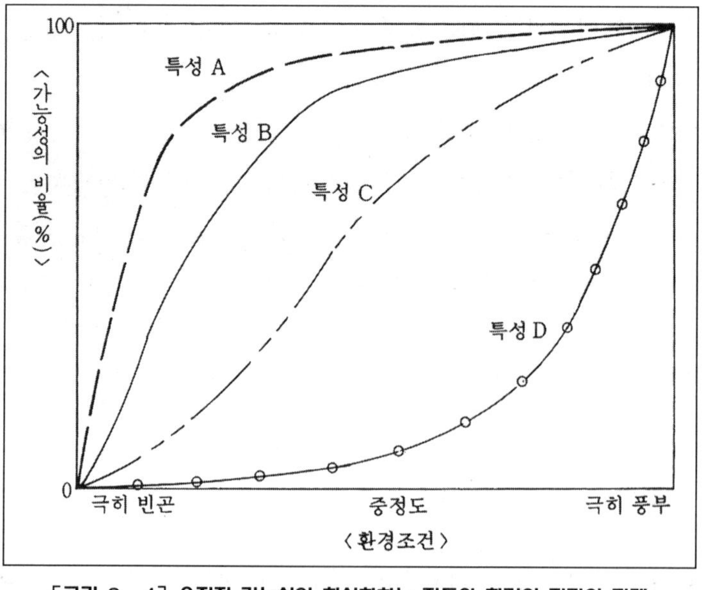

[그림 2-4] 유전적 가능성이 현실화하는 정도와 환경의 질과의 관계

제 3 장

아동발달의 기본원리

1. 아동발달의 형

일정한 나이에 이른 아동의 발달적인 연구에 의하면, 행동발달은 한 개의 형에 따르고 있음을 알 수 있으며, 이 형은 경험에 의한 영향을 거의 받지 않음을 시사하고 있다.

출생 전후의 신체적 발달에는 규칙적이며 예견적인 형이 있다는 많은 실증적인 자료를 찾아볼 수 있다. 즉, 신체발달은 머리부분에서 발달하기 시작하여 다리부분으로 전개함이나, 중추신경부터 발달하기 시작하여 말초신경 부분으로 전개되는 형을 찾아볼 수 있다.

치아의 발달에도 신체적 발달의 예견적인 형이 있다. 하악치는 상악치보다 먼저 돋아나는 법이며, 보통 최초로 돋아난 유치가 제일 먼저 영구치와 교대하게 된다.

사춘기의 신체적인 변화에 관한 연구에 의하면, 성기의 발달과 제2차 성징의 발현도 일정의 계열에 따라 생긴다. 지능의 종단적 연구에 의하면, 정신적 발달의 형은 신체적 발달의 형과 같이 예견될 수 있다고 한다. 이외에 발달의 특수영역도 예견적인 형을 취할 수 있다. 즉 운동발달, 정서적 행동, 언어, 사회적 행동, 학습 등 여러 가지 면에 있어서의 발달의 형을 찾아볼 수 있다.

위에서 언급된 발달의 형에 있어서 "**기본적인 발달의 형**"만을 일컬어 발달의 원리라고 부르게 된다.

2. 아동발달의 기본원리

1) 일반적 유사성의 원리

모든 인간은 유사한 발달의 형에 입각해서 다음 단계로 옮겨간다. 가령 유아는 걷기에 앞서서 똑바로 서게 되며, 네모를 그리기 이전에 원을 그리게 된다. 이 순서가 거꾸로 되는 일은 결코 없다. 그리고 일반적인 형은 발달의 속도에 따른 개인차 현상은 나타나지 않는다. 조산아는 1년쯤은 발달이 늦은 것처럼 보이지만, 일단 만기 출산아의 기준에 도달한 뒤에는 만기 출산아와 똑같은 형에 따라 발달의 속도도 거의 같게 발달된다.

조산아가 출생 전이나 출산 중에 손상을 받은 경우에 한해서 발달의 정상적 계열은 변화되기 쉬우나, 그렇지 않은 경우에는 지적으로 뛰어난 아이나 열등한 아이라도 보통의 아이들과 같은 발달의 계열에 따라 발달이 이루어진다. 그러나 지적으로 뛰어난 아이는 지적으로 열등한 아이에 비하여 발달의 속도가 빠르다.

2) 연속성의 원리

발달은 수태의 순간부터 죽을 때까지 연속적인 과정이다. 또, 어떤 때에는 원만하게 어떤 때에는 급속도로 이루어지고 있다.

발달이 연속적이기 때문에 어떤 단계에서 일어난 현상은 다음의 단계에 영향을 줄 수 있다고 말할 수 있게 된다.

발달단계 사이에는 단절이나 비약은 있을 수 없다. 심신의 발달변화는 돌발적으로 생기는 것이 아니고 어떤 준비 기간을 거친 결과로서 나타나는 것이다.

발달은 연속적이지만 반드시 그 속도는 같지가 않다. 이와 같은 유동성이 있어서 급속히 진행되는 시기와 비교적 완만한 시기가 있다. 이를 잘 시사해 주는 것이 [그림 3-1]과 같은 R. E. Scammon의 발달곡선이다.

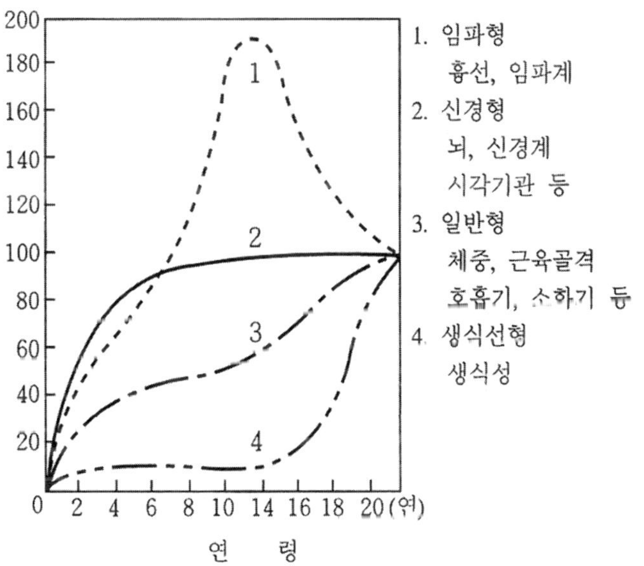

[그림 3-1] 신체 발육곡선
(20세의 중량을 100으로 한 중량비)

3) 분화 통합성의 원리

운동반응의 경우처럼, 정신적인 반응의 경우에도 일반적인 활동이 특수적인 활동에 선행한다. 출산 전에는 태아는 신체 전체를 움직일 수는 있어도 특수한 반응은 할 수가 없다.

출생 후의 초기에 있어서도 마찬가지이다. 유아는 손을 뻗치는 특수한 반응을 할 수 있기 전에 팔을 흔드는 일반적인 운동이 관찰된다. 즉 미분화된 **전신운동**(mass action)으로부터 특수한 부분의 **특수운동**(specific action)으로 분화되어지는 것이다.

이와 같이 미성숙한 구조로부터 특정한 구조와 기능을 가진 새로운 기관이 발생하는 과정을 발생학(embryology)의 입장에선 분화(differentiation)라고 한다. 행동의 발달에 있어서 처음은 내부적인 분절의 빈약한 전신운동(mass action)으로부터 보다 명백하고 세련된 행동으로 분화되어 간다.

이때 분화란 분열을 의미하는 것이 아니고 전체로서 통합(integration)되는 과정이다. 즉, 분화작용과 통합작용을 하는 가운데 발달이 이루어지며 이와 같이 하여 행동은 체제화・구조화된다. 그러므로 발달은 통합적 분화과정에 대한 체제화・구조화의 과정이라고 할 수 있다.

독일의 심리학자인 H. Werner도 정신발달의 본질은 정신현상과 기능이 점차로 분화하고 중심적 통합을 하는 것이라고 하였다. 즉, 이 분화와 중심적 통합은 복합적인 것으로부터 단편적인 것으로, 융합적인 것으로부터 분절적인 것으로, 불명료한 것으로부터 명료한 것으로, 불확정한 것으로부터 확정적인 것으로 진행하는 과정이라 보았다.

4) 발달속도차의 원리

개인에 따라 발달의 속도가 다른 현상을 개인차라 부른다. 보행의 시기나 말의 시작 또는 제 2차 성징의 초조·변성 등은 사람에 따라 발현하는 시기나 나타나는 모습이 같지가 않다. 이러한 발달속도는 개체적 요인과 환경적 요인의 상호작용의 방식에 따라 영향받는 것이지만 W. C. Olson의 연구에 의하면 전체적인 면의 발달은 대체적으로 항상적인 진행을 보여 준다는 면에서 발달의 항상성을 엿볼 수 있다. 즉, 개개인의 발달은 항상적이어서, 발달속도가 빠른 사람은 빨리, 느린 사람은 느리게 발달하는 것이다. 따라서 개인차는 성장해 가면서 그 폭이 더 커지는 것이 보통이다.

개인의 발달은 횡단과 종단의 두 가지 면에서 종합적으로 연구되고 있다. '횡단적 연구'란 아동의 발달과정을 알아보기 위해 같은 연령을 대표하는 심신발달의 여러 가지 연령표준과 비교하는 방법으로서 개인간의 발달의 차를 확인하는 데 중요한 방법이다. 이것은 '개인간 차이'의 문제로서 일반적으로 '개인차(individual difference)'로 일컬어지고 있다.

'종단적 연구'란 아동의 발달과정을 일정한 시간적 경과에 따라 주기적으로 측정·조사하는 것으로서 아동의 개인 내에 있어서의 여러 가지 특성을 발달곡선 등에 비교하여 발달상태를 알아내는 방법이다. 이것은 '개인 내 차이'의 문제이다. 개인차 문제는 성(sex)에 의한 차이도 포함된다. 우선 남녀간에는 신체적 성장의 발달 속도에 차이가 있는데 일반적으로 여아가 남아보다 빨리 성장한다. 여아는 발달상 낳자마자 한 2주가 빠르고 학교생활을 시작할 정도면 1년, 그리고 사춘기에 다다랐을 때는 거의 2년 정도 신체적 성장에 있어서 앞선다.

또한 분만 당시에 얻어지는 힙병증만 보더라도 여아보다 남아가 훨씬 많으며 아동기에 전염병으로 죽는 비율도 남아가 많고 방사선이나 기타 독물에 의한 성장의 저해도 더 많이 받는다. 그리고 평균수명도 남자가 짧은 것은 잘 알려진 사실이다.

아기를 수태할 당시에 남녀의 비는 125 : 100인데 분만 당시의 남녀의 비는 102 : 100, 그리고 일반인에 있어서 남녀의 비율이 거의

100 : 100이거나 혹은 남자가 적은 경우를 보더라도 남자가 실제적으로 태중이나 분만 당시 혹은 아동기 이전에 많이 도태되는 것을 알 수 있다.

5) 상관성의 원리

어떤 특성이 성숙하는 단계에선 다른 특성도 성숙하는 단계에 영향을 미친다. A. L. Gesell은 발달의 상관성의 중요함을 강조하고 있는데 그에 의하면 "성장의 소산은 직물에 있어서 날실과 씨실의 관계"와 같다.

신체적 발달과 정신적 발달간의 상관은 특히 뚜렷하다. 신체의 형태는 취학 준비도에 관계가 있지만, 이것은 정신적 발달과 신체적 발달 간에 상관이 있기 때문이다.

성적 성숙과 흥미 또는 행동의 유형간에도 명확한 관계가 있다. 그 결과, 조숙한 자는 동일 연령의 미숙자에 비하여 신체적인 면 뿐만 아니라 정신적 발달과 행동적 발달의 면에 있어서도 다른 점이 많다.

천재아를 중년까지 추적 연구한 L. M. Terman의 결론에 의하면 바람직한 특성은 동시에 생기는 경향이 있다. 지능과 신체의 건강, 또는 정서적 안정성 사이에는 부적(負的) 상관은 없다. 또한 개체는 일정한 환경 속에서 성장하고 발달하는 것이어서 그 발달은 환경의 변화와 불가분의 관계에 있다. 예를 들면 집안에서만 키운 아이는 사회성이 발달하지 못하는 경향이 있다.

6) 방향, 순서, 계열성의 원리

발달에는 일정한 순서가 있다. 즉 모든 어린이는 앉기 시작한 후에 설 수 있으며, 동사를 써서 말하기 전에 명사를 사용하여 말한다.

원을 그리다가 점차 사각형을 그릴 수 있게 된다.

즉 시간의 흐름과 같이 발달은 거꾸로 될 수 없는 과정인 것이다. 발달이 진행되는 순서 또는 방향에는 세 가지 기본적인 법칙이 있다.

첫째, **두미(頭尾)의 방향**(cephalo-caudal direction : head-foot)으로서 예를 들면, 태아는 아래 부분보다 먼저 머리의 발달이 진행되며 또한 팔이 손보다 먼저 발달한다. 즉 [그림 3－2]와 같이 머리부분에서 아래부분으로 발달이 진행되어 감을 말한다.

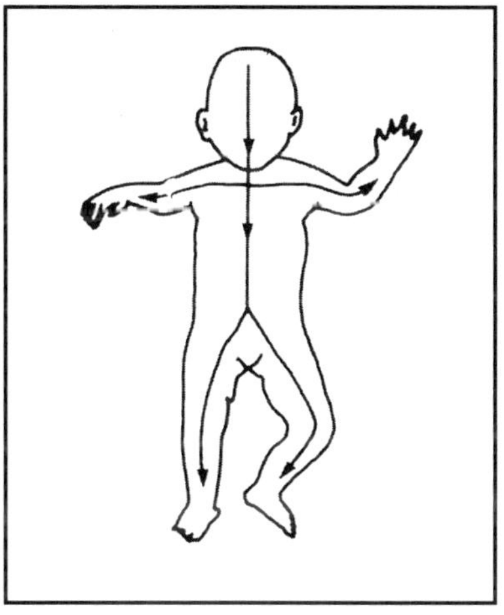

[그림 3－2] **발달의 방향의 원리**

둘째, **근처－원처의 방향**(proxims-distal direction) 또는 중추에서 가장자리의 방향으로 이동하는 것으로 신경계통에 있어서도 예를 들면, 대뇌 등이 먼저 발달하고 점차로 말초신경이 늦게 발달하는 것이다.

셋째, **전신운동에서 특수운동**(mass-specific direc-tion)의 방향으로서 대근육에서부터 소근육으로 발달해 가는 것이다. 어린이에게 처음으로 나타나는 반응은 대부분 전신반응이며 신체의 큰 부분을 움직이는 전체적 · 미분화적 운동인 것이다.

7) 성숙과 학습의 상호작용의 원리

출생 후의 성숙과 학습은 밀접한 관계를 가지고 있다. 한쪽이 다른 한쪽에 영향을 주고 있다. 성장과 운동(기술) 사이에는 높은 상관관계가 있음은 신체의 전체적인 발달에 따라서 성장되어온 신체 각 부분을 원만하게 사용할 수 있는 능력이 생겼음을 시사하는 것이다. 이와 같이 발달은 유전적 소질만으로 이루어지는 것이 아니고 이런 소질과 환경의 사회적・문화적인 요인간의 상호작용에 좌우되는 것이다.

즉, 발달단계의 특징은 **성숙**과 **학습**이라는 두 가지 요인간의 상호작용의 결과로 형성된다. 여기서, 성숙이란 말은 성장의 결과로 나타나는 변화를 지칭하는 것이며 학습은 주로 후천적 경험의 결과로 나타나는 변화를 뜻한다.

제 4 장

발달의 단계와 과업

1. 발달단계

1) 발달단계의 의미

앞에서 진술한 바와 같이 심신의 발달은 연속적이지만 거기엔 리듬이나 파동성이 존재한다. 이러한 양적·질적 변화의 여러 가지 특징을 잡아서 발달 과정을 구분한 것이 '발달단계'이다. 발달단계를 구분하면 다음과 같은 이점과 한계가 있다고 지적되고 있다.

(1) 발달단계 구분의 이점

① 그 시기에 있어서 아동의 전체적인 모습이나 특징을 직관적으로 파악할 수 있다.

② 각 발달단계에서 아동이 달성해야 할 발달상의 과업이나 척도를 알 수 있다.

③ 특정의 심신의 기능이 저차원에서 고차원의 단계로 변화하는 과정을 발달적으로 파악하는 일이 가능하다.

(2) 발달단계 구분의 한계

① 어떤 단계에서 다음 단계로의 이행은 서서히 그러나 연속적으로 이루어지는 것이어서 현실적으로 각 단계간에 명료하게 선을 긋기가 곤란하다.

② 심신의 발달에는 개인차가 작용하기 때문에 개개인을 연령에 따라 일률적으로 특정의 단계에 구분한다는 것은 불합리하다.

2) 발달단계의 구분

발달단계의 구분은 많은 연구자에 의해 시도되고 있지만 발달의 어느 측면에 역점을 두는가, 무엇을 기준으로 하는가에 따라 다음의 네 가지로 대별된다.

(1) 사회적 관습이나 제도에 의한 구분

대부분의 사회에서는 그 사회 특유의 문화나 관습에 의해서 승인되고 있는 발달단계의 구분이 있다. 예컨대, '학교 교육제도'에 의한 구분이 대표적인 예이다. '일반적' 구분은 교육적 입장을 가미한 종합적 구분으로서 교육심리학에 있어서의 기본적인 발달단계 구분으로 사용되는 수가 많다.

(2) 신체적 발달에 의한 구분

이것은 신체나 체중의 증가, 골격의 발육상태, 성적 성숙 등 신체적인 발달에 역점을 두고 구분한 것이다. 잘 알려진 예로서는 C. H. Stratz의 구분이 있다. 그는 인간의 성장과정에 있어서 체중의 증가가 눈에 띠는 충실기와 신장의 자람이 크게 엿보이는 신장기가 교체함에 역점을 두고 구분을 하였다.

(3) 특수한 정신기능의 발달에 의한 구분

이것은 인간이 갖는 어떤 특수한 정신기능의 발달에 입각해서 구분된 것이다. 사고방식의 발달, 언어의 발달, 사회성의 발달, 독서 흥미의 발달, 놀이의 발달, 도덕성의 발달 등 여러 가지 단계 구분이 시도되고 있다. J. Piaget의 '사고발달'의 구분이나 L. Kohlberg의 '도덕성 발달'의 구분이 그 좋은 예이다.

(4) 전체적인 정신구조의 변화에 의한 구분

이것은 개개의 기능의 변화가 아니라, 정신구조 전체의 변화에 입각한 구분이다. 개체와 환경과의 상호작용 방식의 변화를 중심으로 구분하는 것이어서 발달심리학에서는 가장 많은 관심을 쏟고 있으며, 이와 같은 구분을 시도한 연구자가 많다. 예컨대, Ch. Bühler는 자아의 주관화와 객관화의 시기가 교체한다는 생각에서, S. Freud는 리비도의 발달에 입각해서, E. H. Erikson은 자아발달의 관점에서 발달구분을 시도하고 있음이 대표적인 예이다.

2. 발달과업

1) 발달과업의 개념

발달과업(developmental task)이란 특정한 발달단계에서 개인이 배우지 않으면 안 되는 여러 가지의 과제, 즉 발달의 과제를 뜻하는 것으로서 이는 개인으로 하여금 사회에 있어서 건전한 성장발달을 지향할 과업인 것이다.

환언하면 발달과업은 개인의 생애에 있어서 일정한 시기 혹은 그 이전에 나타나는 여러 가지 과제로서 그 과제를 훌륭하게 성취하면 개인은 행복하게 되고 그 후의 과제도 성공하지만, 실패하거나 기회를 놓치면 그 개인은 불행해지며 또한 사회에서 승인을 받지 못하며 그 후의 과제의 달성도 곤란해지게 된다.

R. J. Havighurst는 각 발달단계에서 획득해야 하며, 만약 획득하지 못하면 적응에 장애가 되는 행동 특징을 발달과업이라고 정의하고 있다.

2) 발달과업의 내용

발달과업은 각 발달단계에 놓여 있는 인간에 대한 교육적 입장에서 하나의 과제로 설정한 것이다.

발달과업은 전 인류에 있어서의 보편적·절대적인 것은 아니며, 사회나 문화의 차이에 따라 그 내용은 다르다. 그러나 보통 그 내용은 ① 신체적 성숙이나 건강에 관한 과업 ② 사회적 요청에 역점을 둔 과업 ③ 개인의 퍼스낼리티, 자아욕구 등에 관해서 일어나는 과업 등의 세 부분으로 나누어진다. 일반적으로 신체적 성숙이나 건강에 관한 과업에 대해서는 사회적·문화적 영향은 적지만 개인에 대한 사회적 요청에 관한 과업에 대해선 그 영향이 크다. 또한 문화적 변동이 심한 사회에 있어선 발달과업에 대한 신구 세대간에 차이가 생기기 쉽고 신세대에 있어서는 구세대의 낡은 과업은 그 중요성이 감퇴되며, 새로운 과업이 부가되어 시대에 합치되는 새로운 발달과업이 설정되는 수가 많다.

Havighurst가 설정한 발달과업의 리스트는 〈표 4-1〉과 같다.

〈표 4-1〉 발달과업 리스트

발달단계	발 달 과 업
영·유아기	① 걸음걸이 배우기 ② 언어 배우기 ③ 배설행위 통제 배우기 ④ 생리적 안정 유지하기 ⑤ 선악의 구분과 양심의 학습
학령기	① 운동경기에 필요한 신체적 기능의 학습 ② 동무와 사귀기를 배우기 ③ 성적 역할을 학습하기 ④ 독·서·산의 기초기능의 학습 ⑤ 일상생활에 필요한 개념의 학습 ⑥ 양심, 도덕성, 가치척도의 발달

제 II 부 아동발달의 영역별 특성

제 1 장

신 체 발 달

1. 태아기

1) 배아기

생명의 시작은 남성의 정자와 여성의 난자가 결합하는 과정, 즉 수정의 순간부터 시작된다. 정자나 난자는 모두 23개의 염색체 중 하나는 성염색체이고(X염색체와 Y염색체), 난자는 모두 X염색체를 가지고 있으나 정자의 반은 X염색체, 반은 Y염색체를 가지고 있다. 난자의 X의 염색체가 정자의 X염색체와 결합되면 성염색체 XX가 됨으로써 여자의 태아가 되고 Y염색체를 가진 정자와 난자가 결합될 때에는 성염색체 XY가 됨으로써 남성의 태아가 된다.

수정된 난은 수정 후 2주일 이내에 자궁의 벽에 부착해서 모태로부터 영양공급을 받기 시작하여 태반이 형성된다. 수정 후 약 3주에서 8주 사이는 배아기(embryo)라고 하며 이 기간 중에 급속도의 성장을 보여서 이 때 많은 신체기관의 발달이 시작된다.

2) 태아기

8주 이후부터 40주까지를 태아기(foetus)라고 부르고 이미 배아기에서 시작된 기관이나 신체적인 구조가 점점 더 커지고 좀더 정교하게 되며, 이들이 5~6개월이 되면 기관과 기관이 연결되어 7개월 이후가 되면 태아가 태반에 의존하지 않아도 생존이 가능할 만큼 발달이 된다. 태아는 태아기부터 조금씩 움직이기 시작하여 7~8주가 되면 전체적인 반사운동을 보이는데 꿈틀거리는 동작은 임신 7~8개월 중에 가장 빈번하게 느껴지고 커갈수록 줄어든다. 태아의 운동은 자신의 반사적인 운동이기도 하지만 외부로부터의 자극, 예컨대 큰소리나 어머니의 정서적인 상태에 따라 영향을 받아서 어머니가 공포나 불안을 느끼면 태아도 동시에 과잉활동을 보이는 수가 많다.

태아기에 이상이 있으면 모든 발달에 지장을 초래하는데 그 이유는 태아기가 일생 중 가장 활발히 성장하는 시기로서 이 왕성한 성장시기에 어떤 위험성에 부딪치게 되면 그 성장하는 부위가 가장 타격을 받기 때문에 조그마한 상처에도 그 영향이 크다. 태아기가 정신건강과도 밀접한 관계가 있는 것은 태아기에서 출생 후 1~2년까지 다른 기관도 그렇지만 특히 중추 신경계통, 즉 뇌의 발달이 다른 기관보다 가장 활발하기 때문이다.

2. 신생아기

신생아기는 출생 직후부터 1개월까지를 의미한다. 이 시기는 모체의 자궁 내에서 의존하여 생활하다가 출생 후 새로운 환경에서의 신생아의 발달은 출생 전 발달의 계속이라고 볼 수 있으며 출산은 임신 후 280일에 이루어지거나 개인차가 심하고 신생아의 발달 정도도 일정치 않다.

1) 신체의 크기

(1) 신장과 체중

출생시는 머리는 크고 동체(trunk)는 길며, 하지는 비교적 짧고, 팔은 다리보다 길다. 사지는 동체보다 빨리 자라고 머리는 가장 서서히 자란다. 신생아의 신장과 체중은 성(sex)과 인종에 따라 다소 차이가 있지만 평균신장은 50～52㎝이며, 체중은 3.4㎏으로 남자가 여자보다 약간 우세하며 또한 초산부보다 경산부가 약간 우세한 경향이 있다. 신생아의 신체 비율을 보면 신장은 어른의 1/3～1/4이다. 신생아는 특히 눈 위의 면적과 얼굴과의 불균형이 가장 심하고 두위는 흉위보다 크며 가슴과 배가 크다. 또 엉덩이는 작고 수족이 짧다.

(2) 머 리

머리의 성장은 뇌의 발달과 밀접한 관계를 가지고 있다. 머리 둘레는 33～35.6㎝이며, 키의 약 1/4에 해당하며 성인의 1/2 정도이다. 두부는 뇌 부위와 안면 부위로 나눌 수 있는데 신생아기는 안면 1에 대해 뇌 부위가 8의 비율이다. 안면은 연령이 증가함에 따라 상하악골이 발육, 유치, 영구치 등에 의해 발육이 완성해진다. 신생아는 두개골 상호간의 봉합이 불충분하므로 두부정준선 전후에 2개의 부드러운 부위가 있다. 전방에 있는 것을 대천문(aneterior fontanel), 후

방에 있는 것을 **소천문**(posterior fontanel)이라고 한다. 전자는 생후 10개월 경까지 점차 증대되고 그 후 축소되어 생후 16~18개월 경에 밀폐되며, 후자는 생후 6~8주에 완전히 밀폐된다.

2) 뇌와 신경계

체중에 대한 뇌의 비율은 출생시에 가장 무겁다. 신생아의 뇌는 두개강의 97%의 용적을 차지하며 수분함량이 많아 매우 부드럽다. 출생시 뇌의 무게는 350gm이며 성인은 1,350gm이다. 운동・감각신경의 발달은 **두미의 법칙**(cephalo-acudle law)에 의해 발달한다.

다음은 신생아기에 나타나는 정상 신경반사이다.

(1) **모로반사**(Moro reflex)

급격히 가해진 자극으로 인하여 근육이 수축하면서 아기는 등을 벌리고 마치 무엇을 포옹할 것 같은 모양으로 손바닥과 손가락을 펴면서 양팔을 벌리는 반사이다. 생후 3~4개월이면 완전히 소실되며 일생 동안 다시 나타나지 않는 반사이다. 특히 출생시 뇌손상 또는 두개 내 이상이 있으면 모로반사가 나타나지 않는다.

(2) **목강직반사**(tonic neck reflex)

안정상태(supine position)에 있는 신생아의 머리를 한쪽으로 돌리면 돌린 쪽의 굴근(flexor)의 긴장이 사라져서 팔과 다리를 펴고 반대쪽의 굴근은 긴장을 유지하여 구부린 상태를 나타내는 반사이다. 신생아 초기에는 이 반사는 완전하지 않으며 신생아 말기에 잘 나타난다. 그러나 영아기 후기에서도 이 반사가 계속 나타날 경우에는 운동장애가 있음을 말한다.

(3) **파악반사**(grasping reflex)

손에 잡힌 것을 꽉 쥐어서 놓지 않는 반사이며 쥐는 힘이 매우 강하다. 발바닥을 후방에서 전방 쪽으로 자극하면 발가락을 앞으로 오므린다. 이 반사는 3~4개월이면 완전히 소실된다.

(4) **바빈스키반사**(Babinski reflex)

발바닥 외면을 후방에서 전방 쪽으로 가볍게 자극을 가하면 발가락을 부채 모양으로 쫙 펴거나 구부리는 반사를 의미한다. 이 반사는 2~3개월 후에 소실된다.

(5) **근원반사**(rooting reflex), **흡인반사**(sucking reflex), **연하반사**(swallowing reflex)

근원반사는 입 부근에 부드러운 자극을 주면 자극 있는 쪽으로 입을 벌리는 반사이며, 흡인반사는 입에 닿는 것은 무엇이든지 빠는 반사운동이며, 연하반사는 삼키는 반사운동이다. 이들은 신생아가 젖을 빠는 데 중요한 반사들이다.

(6) **수영반사**(swimming reflex)

생후 첫 1주일에 존재한다. 아기의 배 부분을 수평으로 받쳐 주면 아기는 팔과 다리를 교대로 움직이며 입으로 숨을 쉰다. 마치 수영하는 모습과 같이 움직인다.

(7) 영속적 반사

신생아는 위의 반사 이외에 **동공반사**(빛에 의해 동공이 작아진다), 하품, 구토, 딸꾹질 등 많은 반사운동을 보인다.

(8) 걷기반사(walking reflex)

팔을 잡고 발을 바닥에 닿도록 해 주면 발을 마치 걷는 것처럼 교대로 들어올린다.

3) 호흡계

자궁 내 생활에서 자궁 외의 생활로의 전환에 있어서 가장 큰 변화를 갖는 것은 호흡계이다. 태생기에도 호흡운동은 있었지만, 첫울음에 의해 공기가 처음으로 폐까지 들어가서 비로소 산소의 독립적 섭취가 가능하고 동시에 폐순환도 시작된다.

(1) 코

신생아는 코의 연골이 대단히 부드럽고 비강은 좁다. 때문에 호흡이나 포유의 곤란을 일으키기 쉽다.

(2) 인 두

연골이 몹시 연하고 성인에 비해 후두부가 상위에 있다. 또한 기관 및 기관지의 내경이 신생아에 있어서는 비교적 넓고 폐와 기관의 용적 비율이 성인은 200 : 1인데 신생아는 20 : 1이다.

(3) 흉 부

출생시의 흉부(chest)는 원상이며 성장함에 따라서 횡경이 전후경보다 길어진다. 출생시의 흉위는 두위보다 1.25㎝ 정도 작으나 그 후 점차 두부보다 더 커진다. 신생아의 호흡은 비교적 얕고 약간 불규칙한 호흡을 하며 횡경막과 복벽근육을 사용하며, 흉식호흡은 거의 없다. 호흡수는 1분에 40~50회이다.

4) 감각기관의 발달

신생아의 감각은 유전적 영향과 환경, 즉 건강상태와 자극요인 등에 따라서 발달에 개인차가 심하다. 특히 신생아는 약한 자극에 대해서는 반응하지 않는 경향이 있고 강렬하고 갑작스러운 자극이나 고통을 주는 자극에 민감한 반응을 나타낸다.

(1) 시각발달

눈의 구조, 신경근육의 기능은 출생 직후에는 미숙하나 출생 후 2일이 되면 신생아는 동공반사(pupillary reflex)가 잘 이루어진다. A. Gesell은 신생아가 24시간이 지나면 눈꺼풀과 안구가 율동적으로 움직인다고 하였다.

시각발달의 측정은 시각자극에 따라 눈꺼풀이나 목의 움직임, 눈동자의 고정 및 추적을 관찰하는 것과 자극에 대한 반응으로써 일어나는 혈액순환, 호흡의 변화, 심장박동, 신체의 움직임, 울음 등으로 가능하다.

대부분 출생 직후에는 사시경향이 있으나 점차적으로 눈의 협응작용이 잘 이루어지며, 출생 후 7주~8주가 되면 협응과 집중작용이 완전하게 된다. 생후 15일이 되면 색채 식별이 가능하며 특히 흰색, 황색, 녹색, 적색, 청색의 순으로 반응을 보인다. 색채 식별은 여아가 남아보다 더 잘한다고 하는데 이는 남아의 색맹에 기인한다고 생각할 수 있다. 신생아의 시각 발달을 세분하여 보면 다음과 같다.

① 안구진탕(nystagmus), 즉 생후 12시간 이내에 눈동자가 상하좌우로 왔다갔다 하는 반응을 보인다.

② 눈꺼풀의 개폐운동은 의식적으로 가능하고 특히 다른 감각기관을 통한 자극으로 나타나며 또한 두 눈이 동시에 반응하기도 하지만 자극된 눈이 더욱 강하게 반응을 나타낸다.

③ 동공은 졸리울 때나 밝은 광선에서 작아지며, 반대로 깨어 있을 때나 자극 광선이 약해지면 커진다.

④ 수면시에는 동공의 위치가 위쪽에 위치하고 초점이 없는 것은 성인과 같다.

⑤ 신생아 초기에는 두 눈의 협동작용이 잘 이루어지지 않아서 사시경향을 나타내며 특히 졸리울 때나 피로시에 더욱 현저하게 나타난다.

⑥ 시각자극에 따라 눈을 돌리고 움직이며 물체를 따라가는 추적운동(생후 4주)이 가능해진다.

⑦ 사물의 형태를 식별하는 것은 대체로 가능하지 못하나 색채식별은 생후 15일 경이면 가능하고 푸른색은 신생아의 보호색으로서 의미를 갖는다

⑧ 신생아에 있어서는 눈물은 잘 나오지 않으나 특히 눈, 코를 자극받았을 때는 눈물이 나온다.

(2) 청각발달

출생 직후에는 귓속에 양수 등 점액질이 있기 때문에 청각기관은

양호하나 반응은 잘 나타나지 않는다. 그러나 양수가 제거되고 잔설(debris)이 중이에서 없어지면 청력은 출생 후 수일 내에 예민해진다. 신생아에게 높은 소리나 강한 소리 또는 약하게 변화시켜 보면 신생아는 강한 반응을 보인다. 즉, 신체의 운동이 증가하고 맥박과 호흡이 빨라진다. 이러한 반응은 신생아가 소리의 강약에 차이를 느낄 수 있다는 것을 의미한다. 그리고 지속적인 자극음은 신생아의 활동을 억제하는 경향이 있고 급격한 자극음은 운동을 유발하는 데 효과가 있다. 즉, 어머니의 자장가는 지속적인 음의 자극으로 잠을 자게 하는 효과를 가져다 준다. 일반적으로 신생아는 4주가 되면 어머니의 음성을 식별할 수 있다.

(3) 미각발달

신생아는 냄새에 의해 쾌와 불쾌를 느낄 수 있지만 맛의 차이에 대한 식별은 생후 2주일 후에야 성인과 같은 적극적인 반응을 보인다. 즉, 신생아에게 단 것을 먹이면 입맛을 다시고 빨아 먹으나, 쓰거나 신 것을 먹이면 내뱉고 얼굴을 찡그리며 호흡이나 순환이 불규칙하게 된다. E. Shirley는 연구결과에서 출생 후 2주 내의 14명의 신생아의 혀에 산성이나 쓴 것을 접촉시키면 머리를 흔들거나 안색이 변하고 우는 반응을 볼 수 있었고, 단 것을 접촉시켰을 때 12명의 얼굴에 반응이 나타남을 볼 수 있었다고 한다.

(4) 후각발달

후각은 출생 직후에는 미각과 같이 발달이 완전치는 못하나 그 후 차차 발달하게 된다. 그러나 신생아에게 자극적인 냄새, 즉 초산, 암모니아 등으로 코를 자극시키면 반응을 나타낸다. 특히 신생아는 젖 냄새를 맡을 수 있다.

(5) 촉각발달

출생시 신생아에게는 촉각, 특히 온도감각과 통각 등이 발달되어 있다. 촉각은 출생시 가장 잘 발달된 특수감각으로서 입술, 혀, 이마 등에서 잘 나타난다. 통각은 출생 직후에는 발달되어 있지 않다가 3일 후부터는 빠르게 발달한다. 통각에 대한 감수성은 여아가 남아보다 더 민감하며, 신체부위의 통각반응은 하체보다 머리(입술, 속눈썹, 이마) 부분에 더욱 민감하고 적극적인 반응을 나타낸다. 온도 감각은 신생아가 차거운, 혹은 뜨거운 자극에 의해서 민감하게 반응하는 것으로 관찰할 수 있다. 특히 우유의 온도가 너무 차거나 뜨거울 때 호흡과 맥박이 일정치 않으면서 우는 신체반응을 나타낸다.

신생아는 출생 직후부터 감각적 탐지를 통해서 자신의 환경과 접촉을 시작한다. 그리고 이러한 감각적 경험을 통하여 사물을 판단할 수 있으며 또한 적응능력이 발달한다. 만일 신생아에서 감각기관의 장애가 있을 때에는 지적 발달의 지연을 초래하는 중요인자가 된다.

3. 영아기

출생 후 1개월부터 12개월까지를 영아기라고 한다. 이 시기는 걷지 못하고 말하지 못하는 것이 특징이며 주로 전반기에는 감각기관이 현저하게 발달하고 후반기에는 지능의 발달이 뚜렷하게 나타난다.

운동능력의 발달로 인하여 자신의 신체를 조정할 수 있고 또한 성인의 도움으로부터 점차 독립하여 가는 능력이 형성되는 시기이다. 수유(feeding)와 이유(weaning)의 방법 여하는 영아의 발달에 지대한 영향을 미친다.

이 시기는 인간의 어느 시기보다 발달 속도가 가장 빠르며, 즉 신체적·지적·정서적·성격적 발달이 가장 현저하고 왕성한 때이다. 이러한 발달 등은 새로운 환경에 적응해 가면서 발달하기 때문에 자극요인에 따라서 발달의 정도에 개인차가 형성된다.

1) 신체의 크기

(1) 신장과 체중

일반적으로 영아의 평균신장은 1년 내에 약 50%가 증가하는데, 즉 처음 6개월 동안은 1개월에 2.54cm 정도 증가하여 15~17cm 커지고 그 후는 1개월에 1.2cm 정도 증가하여 약 7cm 커진다. 출생 후 1년이 되면 출생시 신장의 1.5배가 된다. 신장은 남아가 여아보다 발육이 좋다. 한국 소아의 발육 표준치에 의하면 1개월된 영아 중 남아는 57.0cm, 여아는 56.2cm이며, 6개월 남아는 69.2cm, 여아는 67.4cm이며, 12개월 남아는 77.8cm, 여아는 76.2cm이다.

신장은 체중에 비해 환경의 영향을 적게 받으나 정상보다 심하게 신장발육이 나쁠 때는 뇌하수체 혹은 갑상선 등의 장애 유무를 파악해야 한다.

남아는 여아보다 체중의 발육이 좋으며 여아의 체중은 신장, 흉위, 두위의 증가보다 더욱 빠르다. 체중 증가는 생후 3~4개월에 출생시 체중의 2배가 된다.

(2) 두 부

출생시의 뇌중량이 약 350gm(성인의 약 1/4)이던 것이 생후 9개월이 되면 성인의 약 1/2이 되고 1년 후에는 약 3/5, 1년 반만에 약 7/

10이 된다. 영아기에는 대뇌의 발달보다 소뇌의 발달이 현저하여 운동발달이 활발하다. 그리고 뇌는 지적 활동의 중심이 될 뿐만 아니라 모든 정신기능의 중심이 되므로 영아기의 뇌의 발달은 매우 중요한 것이다.

출생시 두위는 흉위에 비하여 1.5cm 크며, 1개월에는 두위가 남아 38.1cm, 흉위는 38.6cm, 여아는 두위 37.4cm, 흉위 37.8cm를 나타낸다. 3~4개월이 되면 두위 42.0cm, 흉위 43.0cm로 흉위가 약간 크며 그 후 계속하여 흉위가 커진다. 흉위와 두위는 생후 처음 6개월 동안 가장 활발한 증가를 보인다.

2) 골격과 근육

(1) 흉 부

흉위는 위에서 언급한 것처럼 생후 3~4개월쯤 되면 두부둘레와 비슷하며 그 후에는 정상적으로 두위보다 커진다.

폐는 흉곽 내의 다른 기관들보다 빨리 그 크기가 확장되며 그 때문에 호흡수는 30회/1분 정도로 감소한다. 심장도 그 크기는 증가하나 흉곽의 증가에 비해 저조하며, 맥박은 80~160회/1분으로 아직 불안정하고 외부 환경의 영향을 잘 받는다. 혈압은 85/60mmHg이나 측정하기가 어렵다.

(2) 복 부

복부근육의 발달은 미숙하여 영아의 배는 불룩 튀어나와 있다. 간은 촉지할 수 있고 신장의 기능은 출생시에는 오히려 감소되나 점차 그 기능이 회복되어 생후 6~7개월 이후에는 거의 발달된 기능을 갖는다.

(3) 피부와 머리털

피부는 점차적으로 윤활작용을 하는 피지를 많이 분비하게 되며 신생아 시기에 있었던 피부낙설 혹은 피부가 벗겨지는 경향은 사라진다. 영아의 피부는 유연하나 외부자극에 의해 대부분 적응해 간다. 땀샘은 출생 후 1∼2개월부터 그 기능이 활발해져 체온조절에 기여한다. 솜털은 생후 1년이 지나는 동안에 모두 소실되며 그리고 머리털도 새로 난다. 머리털이 빠지는 시기나 양상은 개인 차이가 있다. 새로운 머리털은 일정한 규격으로 솜털처럼 자라난다.

(4) 골 격

신장은 골격의 발달에 의존하며 특히 척추와 긴뼈의 성장에 의해 결정된다. 골격의 발달은 뼈의 크기·수·구성에서의 변화를 의미한다. 영아의 골격은 연골상태가 대부분이며 점차적으로 청년기까지 장골이 가장 늦게 화골화가 되어진다. 생후 1년 동안에 화골화된 족근골은 2∼4개, 수근골(hand & wrist)은 0∼2개가 된다. 화골화(calcification)는 여아가 남아보다 빠른 편이며 개인차도 심하고 뼈의 종류에 따라서 다르다. 즉 손과 손목뼈는 다른 부위의 뼈보다 일찍 화골화되며 1세 때에는 거의 성인과 비슷하다.

유치(milk teeth)의 발육은 영아의 화골화 작용을 나타낸다. 치아의 생성은 태아기에서부터 형성되며 치아의 발생은 출생 후 6∼8개월에 나타나는 것이 정상이다. 뼈와 같이 치아도 여아가 빠르다.

(5) 근 육

근육섬유 수는 출생시 성인이 가지고 있는 것을 다 가지고 있다.

그러나 조직의 섬유수의 크기나 길이는 작다. 근육발달의 방향은 두미법칙에 의존하여 머리부분의 근육에서 꼬리부분의 근육으로 그 섬유수의 크기와 길이, 기능이 발달한다.

영아는 1세까지 골격근이 완전한 기능을 할 수 있을 만큼 발달하지 못하기 때문에 신체활동에 피로를 빨리 느끼고 또한 회복도 쉽게 된다. 또한 근육의 종류에 따라서 성장속도가 다르며 근육의 신체비율은 남아가 여아보다 크다.

4. 유아기

1) 신장 · 체중의 발육

유아기의 신체적 발육은 영아기에 이어서 현저하며, 6세 때는 생후 한 살 때의 체중의 약 두 배가 되고 신장은 약 1.5배가 된다. 신장은 탄생시의 약 2배쯤 되는 것이 일반적이다.

2) 뇌발달

신생아의 뇌의 중량은 체중의 10%쯤인데 그것은 성인 뇌의 중량의 약 25% 정도이다. 그런데 H. Vierordt의 연구에 의하면 [그림 1-1]과 같이 4~5세 때에는 성인의 약 80%, 6세 때에는 약 90%에 이른다.

3) 신체의 발육에 영향을 주는 조건

유아기에 있어서 신체의 발육을 저해하거나 또는 촉진시키는 조건

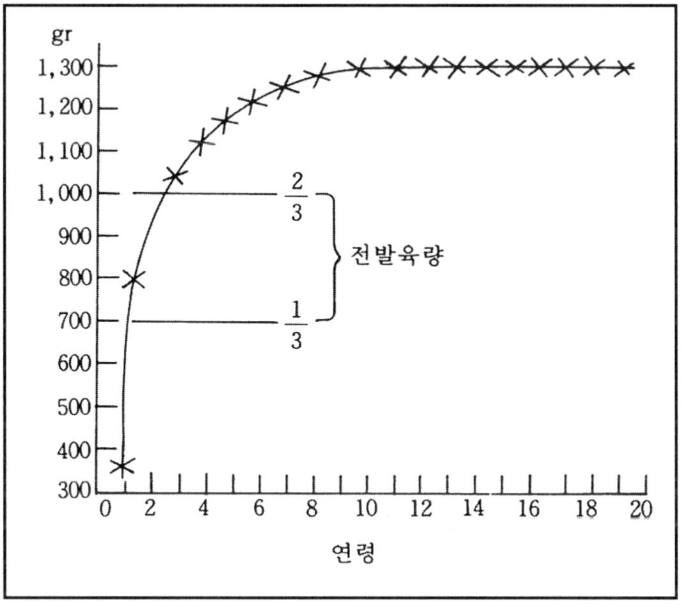

[그림 1－1] 두뇌 무게의 발육

으로는 다음과 같은 것이 있다. 그 하나는 ① 선천적 소질이지만, 이것은 ② 영양, ③ 운동, ④ 휴식이나 수면 등에 의해서 제한된다. 다시 ⑤ 질병에 의해 방해되고, 그밖에 ⑥ 사회환경(도시와 농촌) ⑦ 민족(의식주 생활의 차이), ⑧ 계층(빈부의 차) ⑨ 시대의 영향, 계절이나 기후의 영향, 정신적 부담 등을 들 수 있다.

5. 학령기

1) 신체의 크기

학령기 아동의 신체발달을 보면 남아가 평균 6년 동안에 신장이

113㎝에서 136㎝로 약 23㎝쯤 자라며, 1년에 4㎝ 정도 자라는 셈이다. 보통 학령기 남아의 평균체중은 약 6년 동안 20㎏에서 30㎏로 증가하며 약 1년에 1.5㎏~2㎏ 증가하여 총 10㎏ 정도의 증가를 보인다. 12세 경의 신장은 출생시에 비해서 약 2.8배, 체중은 약 8배가 된다.

흉위는 6세에서 57㎝, 11세에는 66㎝로 되어 9㎝ 정도 증가한다. 신장·체중·흉위는 여아도 남아와 비슷한 성장 속도를 유지하고, 모든 면에서 남아가 약간 우세하나 11세부터는 여아가 더 우세해진다. 이러한 현상은 여아들에게 있어서 급격한 성장률을 수반하는 사춘기의 변화가 남아보다 약 2년쯤 먼저 시작한다는 사실에 기인한다. 따라서 초등학교 5~6학년이 되면 남아보다 더 많은 수의 여아들이 성장 속도가 갑자기 빨리지는 것을 볼 수 있다.

2) 신체적 비율

아동기의 신체 구조를 보면 머리는 아직도 체격에 비해 큰 편이지만 안면의 면적은 전체 면적의 10%로 줄고 두뇌는 성인의 95% 정도가 된다. 영구치가 생겨나 턱이 더욱 길어지고 신속히 증대되는 부비강의 성장으로 코도 커져 유아기의 귀여운 모습은 사라지고 보기 싫게 된다.

소위 미운 7살이란 말이 있듯이 개구쟁이가 되는데, 신체적 외양이 보기 싫게 되는 이유는 영구치가 나기 시작하여 이가 없기 때문이며 머리털이나 솜털이 억제되고 또한 손질을 하지 않으며, 외모에 무관심하고 청결에 대하여 반항적 태도가 있어 지저분하게 보이기 때문이다. 특히 남아는 여아에 비해 이러한 경향이 더욱 심하다.

3) 골격과 치아의 발달

초기 학령기까지 대부분의 골화중추(occification center)가 형성된다. X-ray 소견에 의한 골화중추의 크기와 모양에 의해서 뼈의 성숙도를 측정할 수 있다.

사춘기에 이르면 골화중추와 인접된 뼈 사이의 거리가 차츰 좁아져서 특히 골단과 장골(ilium)의 종축(shaft)과의 융합이 나타나게 되어 어떤 뼈에서는 성장이 멈춘다. 때로는 뼈의 성장이 근육의 성장보다 빠를 때가 있는데, 이러한 일은 성장 속도가 빠른 아동에서 볼 수 있다. 이러한 아동에서는 근육통이 밤에 잘 초래되는데, 이는 근육이 새로운 골격의 크기에 미치려고 하는 근육성장기 골통(growing pain)이다.

6살을 전후해서 제1 대구치가 나오며 유치 제2 대구치 뒤에 자리잡는다. 다른 영구치들은 대부분 유치가 난 순서대로 영구치로 교대하여 그 자리에 나온다. 대부분의 아동들은 제2, 제3 대구치를 제외하고 모든 영구치를 갖게 된다.

4) 기타 신체기관의 발달

신경계의 발달을 보면 6세 경에 뇌중량은 성인의 90%에 달하고, 12세 경에는 95%에 이르며, 거의 성인의 수준에 달한다. 임파선은 이 시기에 최대의 크기로 증대되어 큰 편도선을 가지고 있다. 생식기관은 별로 발달하지 않아 아동기를 성적 중성기라고 한다. 심장은 7세 때에 출생시의 4~5배가 되고 12세 경에는 7배에 이른다.

출생시의 심장은 체중에 대한 비율이 일생 중 가장 무겁지만 사춘기 직전에는 이 관계가 반대로 되어 가장 가볍다. 폐는 10세까지 비교적 완만하게 발달하나 그 후는 급격히 발달한다.

유아의 위는 관상이며 용적이 적으나 학령기는 식사량이 늘고 위 용적도 성인의 약 2/3에 달한다.

제 2 장

운 동 발 달

1. 신생아기

1) 신생아기의 운동 경향

신생아의 운동 경향은 다음과 같다.

① 운동횟수는 아침에 가장 활발하여 정오에 가장 적고 만복시보다 공복시에 운동량이 많다.

② 운동량은 명암과 관계가 깊은데, 즉 미광에서는 운동량이 많고 밝은 광선에서는 적다.

③ 옷을 두껍게 입혔을 때보다 얇게 입혔을 때 운동량은 많다.

④ 수면시에는 활동시보다 1/9 정도 운동량이 감소한다.

⑤ 남아가 여아보다 더 활동적이다.

2) 전신운동

신생아의 운동은 전신운동과 신체 어느 특정 부위의 활동으로 분류할 수 있는 바, 전신운동은 출생 후 10일 동안 가장 활발한데 이는 신경근육계통의 불완전한 발달로 미분화되었기 때문에 신체 전체가 산발적으로 움직인다.

이러한 운동은 극소자극에 대해 신체 전체가 반응을 하기 때문에 신생아는 에너지 소모가 많아 빨리 피로가 온다.

3) 특수운동

신체 각 부분의 특수운동은 다음과 같다.

(1) 얼굴과 입의 반응

입을 열고 다물며 촉각자극을 주면 입술을 빠는 반응(rooting reflex)을 보이며, 또한 미각자극에 의해서도 젖빠는 반응(sucking reflex)을 보인다. 기침, 하품을 하며 뱉기도 하고 상을 찡그리며 반사적 미소(생후 1주)를 나타낸다. 각종 감각 자극을 줄 때, 운동을 방해할 때에는 울기도 하고 자발적으로 울기도 한다. 또한 연하운동이 가능하여 구토반응을 나타내며 딸꾹질, 재채기도 한다. 입 주위에서 가장 예민한 반응 부위는 윗입술, 아랫입술, 볼 순서이다.

(2) 머리운동

해롭고 아픈 자극으로부터 고개를 돌리는 운동반응이 있다. 특히 엎드려 놓거나 코를 잡거나 눈을 덮을 때, 울 때에 머리운동을 볼 수 있다.

(3) 팔의 반응

손바닥에 자극을 주면 손을 오므리며 파악반사(grasping reflex)를 볼 수 있다. 급격한 자극에 대해서는 팔을 벌리는 반응(Moro reflex 또는 statle response)을 보인다. 자발적으로 움직이기도 한다.

(4) 발과 다리 반응

슬개건반사(knee jerk reflex)가 있고 한쪽 다리나 팔을 자극하면 다른 쪽의 다리를 늘려서 그 자극물을 차버리는 데, 이를 보호반사(protective reflex)라 한다. 발바닥을 자극하면 바빈스키반사(Barbinski reflex)가 나타난다.

(5) 눈의 반응

자극에 의해 눈을 보호하려는 눈의 개폐운동이 있으며 또한 동공반응이 잘 이루어져 눈꺼풀과 안구가 율동적으로 움직인다.

(6) 신체반응

배에 자극을 주면 몸을 움찔하는 반응을 보인다. 또한 등을 뒤로 젖히기도 하고 뒤틀고 꿈틀거리는 반응을 할 수 있다.

(7) 생식기관

하체에 자극을 주면 고환이 수축하며 자발적으로 음경이 발기하기도 한다.

(8) 부분운동 반응

쉬거나 수면시에는 다리와 팔을 구부리고 주먹은 턱밑에 있다. 울 때는 머리를 뒤로 젖히고 다리를 뻗치며 등이 활모양으로 휘어 근수축의 자세를 보인다.

한쪽 옆구리를 손으로 찌르면 그쪽이 오목하게 굽어지고 그쪽 다리는 뻗치고 반대쪽 다리는 굽힌다. 이 반사를 **등뼈반사**(back bone reflex)라 한다. 신생아를 바로 세운 자세로 붙잡고 발바닥을 땅에 닿게 해 주면 마치 걷는 듯한 운동을 나타낸다(stepping response). 배뇨시에는 몸을 쭉 뻗거나 약간 떤다. 급격하고 강한 자극을 받았을 때에도 반사가 나타난다.

신생아는 포유시 외에는 대부분, 즉 1일 15~20시간 잠을 자고 매번 두 시간 간격으로 잠깐 깼다가 또 잔다. 신생아는 초기에는 전신운동을 보이지만 점차적으로 **부분운동**을 한다. 이는 신경계통의 발달이 미성숙하여 중심적 통일이 불완전하고 또 자극과 행동이 직접 결부되어 의식적인 조정이 불가능하기 때문이다.

2. 영아기

1) 이동운동

이동(locomotion)이란 생물체가 자기의 몸의 위치를 스스로 움직여 옮기는 현상을 의미한다. 영아가 1개월이 되면 엎드려서 고개를 쳐들 수 있지만 부축해 주지 않으면 머리를 떨어뜨리는 경우가 많다.

2개월이 되면 머리를 30° 정도로 들며 4개월이 되면 머리를 옆으로 돌릴 수 있게 되고 엎치게도 된다. 5~6개월이 되면 머리와 고개의 운동은 자유롭게 할 수 있다. 앉는 자세는 3~4개월에 몸을 받쳐 주었을 때 가능하며, 9개월 때에는 도움을 받지 않고도 혼자 앉아 있을 수 있다. 영아의 최초의 이동운동은 배를 밑으로 대고 누워서 회전을 한다. 3개월부터는 발로 방바닥을 차고 몸이 머리쪽으로 이동해간다. 5개월이 되면 엎드리는 운동을 취할 수 있고 8~9개월이 되면 배를 바닥에 대고 기는 운동(crawling)을 하는데 이 때는 아직 손과 팔·다리의 근육 등 신체 각 부위의 발달이 신체를 지탱할 정도로 발달되어 있지 못하다. 그러나 10개월이 되면 배를 바닥에 대지 않고 손과 발로 기는 운동(creeping)이 이루어진다. 이 단계는 개인차가 심하며 어떤 영아는 중간 단계를 거치지 않고 직접 기는(creeping) 경우가 있다.

보행의 발달을 보면 10개월 이후가 되면 물체를 잡고 설 수 있고 또한 물체를 잡고 걷기(cruising)도 한다. 12개월 때에는 잠깐동안 혹은 오랫동안 서 있을 수 있고 도와 주면 걸을 수 있다(그림 2-1).

[그림 2-1] 이동운동의 발달순서의 표준

미국의 C. K. Mead의 연구에 의하면 미국의 정상 영아 보행 시작은 남아가 14개월, 여아가 13개월이라고 하였다. 일반적으로 여아가 남아보다 보행시작이 빠른 편이다.

2) 조작운동

손과 팔은 물체를 쥐거나 조작하는 데 있어서 가장 중요한 부위이다. 영아의 손과 팔의 운동은 눈의 발달과 관련이 있으며 서로 상호 협응되어야 물체를 잡을 수 있게 된다. 손과 팔의 운동은 도달(reaching), 파악(prehension), 손조정(manipulation) 및 손가락 운동으로 발달한다.

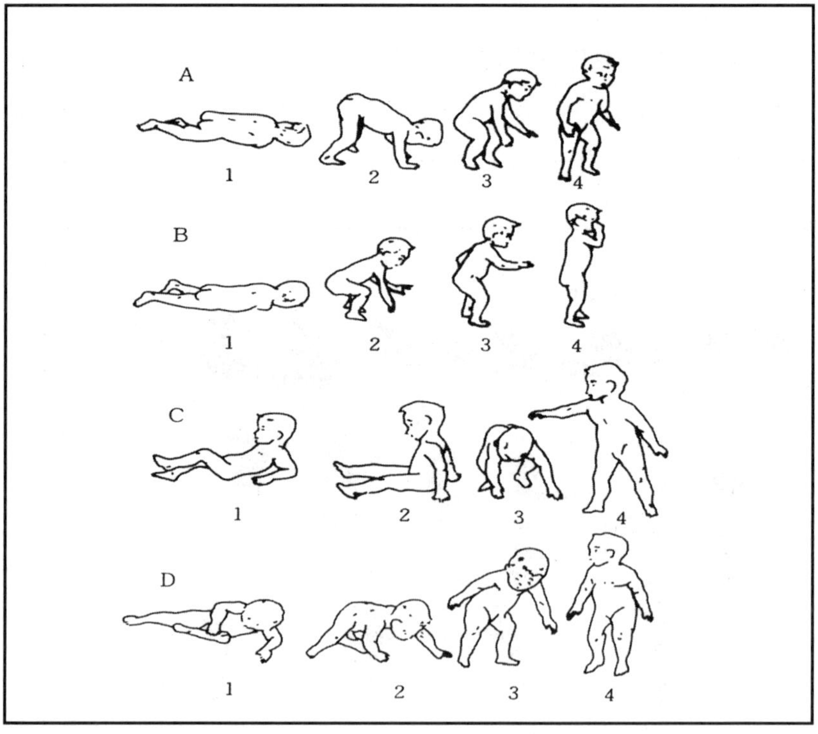

[그림 2-2] 4명의 다른 유형의 아기가 엎드린 자세에서 서 있는 자세로 발달해 가는 모습

팔이나 손의 운동으로서는 신생아기에 이미 **파악반사**(grasping reflex)가 있지만 자신의 의도적 파악으로서는 생후 5개월 이후에는 시각적 공간적 자각이 발달하고 엄지손가락을 쓸 수 있고 몸과 손과 팔이 협응하여 손을 물체 쪽으로 뻗어 잡으려고 한다. 그러나 정확히 파악할 수 있는 시기는 7～10개월이다.

K. Halverson의 **조작운동** 기능의 발달과정에서 보면, 즉 16주에는 손을 뻗쳐 물체에 가까이 가나 도달하지 못하며, 20주에는 물체에 손이 도달하거나 스치며, 24주가 되면 물체를 손바닥으로 잡을 수 있게 되며, 특히 24주에서 30주까지는 손으로 물체를 파악하는 운동이 발달한다. 36주가 되면 모든 손가락을 이용하여 비교적 정확히 물체를 잡을 수 있으며, 1세가 되면 3개 혹은 4개의 손가락 끝으로 물체를 정확하게 잡을 수 있다.

3) 정상운동 발달수준

운동발달을 편의상 **대운동**(gross motor)과 **섬세운동**(fine motor)으로 나누어 정상운동 발달수준을 제시하면 〈표 2－1〉과 같다.

〈표 2－1〉 영아기의 정상운동 발달수준

	4주이전	4주	16주	28주	40주	52주	15개월
내운동	엎어 놓으면 머리를 든다.	목경직반사가 있다 손은 주먹을 쥔 상태이다.	엎어 놓으면 머리를 90°로 쳐든다. 머리를 가눈다. 반듯이 누워 있다.	앞으로 기울이고 앉는다. 세우면 다리로 어설프게 뛴다.	혼자 잘 앉는다. 기어 다닌다. 붙잡고 일어선다.	잠깐 동안 혼자 선다. 한 손 잡고 걷는다.	혼자 걷는다. 계단을 기어 올라간다.
심세운동	종소리나 움직이는 물체에 순간적으로 반응한다.	움직이는 물체를 중앙선까지 따라가며 본다.	천천히 움직이는 물체를 따라 주시한다. 매달려 있는 장난감을 보면 손을 움작거린다.	한 손으로 장난감을 잡는다. 다른 손으로 장난감을 옮겨쥔다. 장난감을 흔든다.	2개의 장난감을 쥐고 맞부딪쳐 소리를 낸다. 작은 물체를 엄지와 집게 손가락으로 집는다.	엄지와 집게 손가락으로 정확히 물체를 잡는다.	크레용으로 선을 그리는 시늉을 하다

3. 유아기

1) 유아기 운동의 특징

유아기에 접어들면서부터 시청각과 손발 운동의 협응동작과 어느 정도 목적적 · 능동적으로 운동할 수 있는 유아운동이 발달되고, 운동감각 · 위치감각 · 자세감각 등이 발달되면서 여러 가지 협응동작이 가능하게 된다.

2) 손가락 동작의 발달

일반적으로 유아기의 운동발달은 ① 전신운동에 바탕을 둔 보행의 발달, ② 달리기, 뛰기, 나무에 오르기, 미끄럼타기, 세발자전거 타기 등 ③ 손가락 끝의 세부적 · 기교적 운동 등의 발달이 현저하다.

그 중 손가락 끝의 세부적 동작의 발달은 전신운동에 비해 늦게 발달된다. 두 살 때는 직목놀이가 가능하고, 공을 아무렇게나 던질 수가 있고, 세 살이 되면 수직선을 그릴 수 있고 가위질이나 젓가락질이 가능하다. 네 살 때에는 원이나 사각형을 그리거나 단추 끼우기와 풀기가 가능하고 팬티나 블라우스를 혼자 입고 벗을 수 있다.

3) 가정 및 유치원에서의 운동지도

운동의 정확성, 확실성, 속도, 순발력, 민첩성을 기르면서 또한 판단력, 관찰력, 인내심, 주의집중력, 과제집착력, 관찰의 섬세성 등 지적 능력을 계발 · 촉진할 수 있는 작업놀이에는 크레파스나 연필에 의한 자유화 그리기, 기하학적 도형 그리기와 형태학습, 색종이접기 놀이와 가위질 놀이, 허리띠 매듭짓기와 풀기, 옷의 단추 끼우기와 풀기, 나무토막 쌓기 놀이, 찰흙으로 물건 만들기 놀이 등이 있다.

4. 학령기

1) 일반적 경향

학령기는 이 시기 전기에 비해서 성숙요인보다 학습요인이 그 발달에 더 큰 영향을 준다고 할 수 있다. 물론 운동발달은 성숙과 학습의 상호작용에 의해서 이루어지는 것이다.

이 시기는 학령전기에서 배운 운동기능을 더욱 발달시키면서 장난감이나 기구를 사용하는 것보다 자신의 신체를 사용하는 것에 더 흥미를 갖는다. 달리기, 줄넘기, 돌차기, 던지기, 자전거타기, 산과 들로 다니기, 수영 등 에너지를 발산하는 여러 가지 활동을 즐긴다. 보행능력은 현저하게 발달하여 보행속도는 10세 경에는 성인의 90% 수준에 미친다. 전체운동에서의 남녀의 차이는 남아가 우세하나 연령이 증가함에 따라 그 차이는 줄어든다.

팔, 어깨, 손목의 근육통제는 6~12세 사이에 현저하게 발달하여 12세에 이르면 거의 성인의 수준에 달한다. 소근육동세는 대근육동세보다 느린 속도로 발달한다. 예를 들면, 글씨쓰기 속도는 초등학교 4학년에 급속하게 발달하여 1학년생의 2.5배를 쓸 수 있고 6학년에서는 3배를 쓸 수 있다.

이 시기의 운동 능력의 발달은 운동의 역량(강도)과 속도의 성장이 기초가 된다. 대체로 운동속도의 발달 경향은 연령에 따라 규칙적인 증가를 보이는데 소리를 듣고 자발적으로 운동으로 반응시켜 보면 3.5세에 0.5초, 4세에 0.4초, 11.5세에는 0.2초로 반응한다. 운동의 세기도 연령의 증가에 따라 점차 증진된다. 특히 F. Smedley는 악력(grasping power)은 남녀 6세의 악력을 1로 잡으면 12세에는 2, 3배로 발달한다고 보고하였다. 세기의 정도는 아동의 건강상태와 비례하며 신장과 체중에 비례하고 남아가 여아보다 우세한 경향이 있다.

2) 건강과 위생의 지도

이 시기에는 폭음 · 폭식이 많아 복통이나 설사 등이 많으며, 또 놀이가 활발하기 때문에 신체적 부상이 많다. 아동기는 일반적으로 사망률이 가장 낮은 시기이며 일생 중 가장 건강한 시대이다. 따라서 질병에 의한 사망률보다 익사나 교통사고 등 사고에 의한 사망률이 가장 높아 안전지도가 특히 요구되는 시기이기도 하다.

제 3 장

지 적 발 달

1. 영아기

1) 일반적 경향

분신적이고 전체 반사운동으로 시작한 영아의 행동은 2~3개월 후부터는 외부의 환경에 대하여 지적 능력이 발달한다. 즉, 환경의 자극을 수용하고 반응하며 이해하는 것으로 행동한다. 2~3개월 된 영아는 어머니의 목소리와 우유병을 인식한다. 4개월이 되면 지적 능력이 더욱 발달하여 낯선 사람을 구별하고 반응한다. 6개월이 되면 어머니의 얼굴, 유방, 장난감 등에 대한 기억이 점점 분화・발달한다. 8~9개월부터는 언어의 기억과 손 운동의 기억 사이에 상호 통일적인 역동관계를 형성하여 아기다운 재롱을 부린다. 특히 지적 발달이 미숙한 정신박약아는 재롱 등 지적 행동이 거의 없다.

2) 시각과 지각의 발달

시각적인 지적 발달은 지능발달에 중요한 역할을 한다. 지능발달은 인간의 감각발달을 기반으로 하고 있기 때문이다. 시각의 발달을 보면 신생아 시절에는 막연한 명암의 변별 정도이지만, 2개월쯤 되면 물건의 '모양'을 명료하게 지각하게 되고, 3개월이 되면 신경세포의 유수화(myelinization)로 물체를 볼 수 있는 기능이 발달하여 눈이 목적물을 응시하고 눈 앞에서 움직이는 장난감을 보거나 자신의 손을 본다.

4~6개월이 되면 시각과 손과 팔의 운동이 협응되고 눈으로 보이는 사물을 파악한다. 또한 소리가 나는 쪽으로 눈을 돌려 찾는다.

6개월에서 10개월이 되면 멀리 떨어진 사람과 사물에 대하여 주의를 집중하고 사소한 일에도 주의를 집중할 줄 안다. 10개월에서 12개월이 되면 분별력이 발달하기 시작하고 보이지 않는 것도 찾아낼 수 있다.

인간의 감각 중, 미각・후각・촉각 등의 소위 '근(近)감각'은 신생아기에 성숙되는 부분이 많으나 시각이나 청각 등의 '원감각'은 영아기에 들어서면서 비교적 서서히 시간을 갖고 성숙해 간다.

3) 인지기능의 발달

생명을 유지하고 자기의 주어진 환경에 보다 잘 적응하기 위해서는 환경으로부터 자극이나 정보를 선택적으로 수용하고 그것을 적절히 처리해 나가는 일이 필요하다. 이것을 '인지기능'이라 부른다.

시각의 발달은 손놀림의 조작적 기능발달의 도움을 받아서 5~6개월쯤된 영아에게는 '보이는 것'에 대해 손을 뻗쳐 '잡으려고 하는' 등 감각과 신체운동의 협응에 따라 목적적 행동이 나타나게 된다. 이것은 지능의 싹트기인 것이다. 그 후의 반년간 손의 조작과 보행 등 이동능력의 발달이 이루어지면서 영아는 자기 주변의 흥미를 끄는 대상에 접근하여 잡기도 하고 입에 집어 넣거나 던지는 등 자유스런 탐색행동을 활발히 행하면서 지능을 발달시켜 간다.

이와 같이 영아기의 특징 중 하나는 감각과 운동의 협응을 통한 지적 행위의 되풀이인데, 이른바 감각운동적 지능의 시기에 해당되는 것이다.

4) 언어의 발달

언어란 이해할 수 있어야 하고 정확하게 단어를 발음해야 하며, 단어와 목적물이 관련이 있어야 하는 것이다. 이와 같은 사실로 비추어 볼 때, 영아의 대부분은 전 언어의 형식을 취하고 있다. 전 언어의 형식이란 언어가 충분히 발달되기 전에 의사전달이나 언어의 연습형식으로서 나타나는 행동을 의미하며, 즉 울음, 옹알이, 몸짓 등이 있다.

(1) 울음(crying)

출생 후부터 3주까지는 반사적인 소리와 유치한 몸짓을 하지만, 3주 이후부터는 최초의 울음과는 성격이 다른 생리적·정서적 상태를 알려주는 도구로서 표현한다.

(2) 옹알이(babbling)

3~4개월이 되면 혼자 소리로 옹알거리며 여러 가지 모양의 음성

이 표현되며 주로 모음이다.

5~6개월부터는 옹알이다운 것이 나타나 제법 옹알거리며 "음마음마, 마마, 나나" 등의 의미 있는 옹알이를 하며 자신의 귀로 들으면서 활동을 계속한다.

8개월이 되면 옹알이는 그 절정에 이른다. 9~11개월이 되면 성인들이 말하듯 중얼거리며 엄마, 빠빠, 다다 등 의미 있는 말을 한다. 특히 환경에 예민해지고 성인의 억양을 모방하는 능력이 생긴다. 발성놀이를 즐기고 짝짝꿍놀이를 즐긴다.

12개월이 되면 영아는 자신이 자발적으로 표현할 옹알이의 모방을 통하여 소리의 결합능력이 형성되며, 상황에 따라 단어를 모아 의미 있는 말로 타인에게 전달한다. 대체적으로 3단어 정도 정확하게 말할 수 있다. 그 말은 주로 맘마, 엄마, 아빠 등과 같은 명사를 사용하며, 자신의 이름을 안다. 이 시기는 걷는 것에 대한 흥미 때문에 말 배우는 것이 느리다. 언어 발달의 개인차는 심하며, 지능이 높은 아기는 4개월 가량 빠르며, 언어 발달은 여아가 남아보다 월등하다.

(3) **몸짓말**(gesture language)

옹알이와 함께 자신의 감정을 몸짓으로 보충한다. 예를 들면, 손을 벌리고 웃는 것은 안아달라는 의사 표시이며, 우는 소리를 내면서 그릇을 밀어내는 것은 먹기 싫다는 의사 표시이다. 월령이 증가함에 따라 몸짓은 다양해지며, 어른들은 어느 정도 아이의 뜻을 이해한다. 영아는 언어로서 의사소통을 완전히 못하지만, 대신에 타인의 말을 이해하는 것이 먼저 발달한다. 즉, 타인의 안면표정, 음성, 몸짓에 의해 그 말뜻을 짐작한다. 만일 영아의 울음이나 몸짓말을 주위 사람들이 너무 잘 들어주는 경우에는 언어발달의 지연요인이 될 수 있으므로 어머니나 그 보호자는 매번 말로서 응답을 하여 언어발달을 촉진시킬 수 있도록 해야 한다.

2. 유아기

1) 언어발달

유아기엔 1어문에서 2어문으로, 다시 3어문에서 다어문(多語文)으로 등 차츰 장문으로 발달해 간다. 기본적인 품사도 거의 다 나타난다. 사용되는 어휘수는 1세에는 몇 개에 지나지 않으나, 2세에는 50~100어, 3세에는 400~500어, 4세에는 1500어, 5세에는 약 2000어, 6세에는 2500~3000어 정도로 증가한다.

3세 경에는 이야기에 필요한 기초적인 문법이 습득되는 시기이며, 유아기 후반에는 일상생활에 필요한 회화능력이 크게 발달된다.

처음에는 사물들의 이름 등 명사부터 습득되고, 동사・형용사가 그 다음에 그리고 두 살 반 이후에는 접속사나 조사 등을 사용하게 된다.

유아의 언어발달에 영향을 주는 주요조건으로서는 ① 지능 ② 신체적 결함(특히 시청각과 발성기관의 장해) ③ 성(대체로 여아가 남아보다 빠르다) ④ 정서적 적응 ⑤ 사회・경제적 환경(직업 등) ⑥ 교우(독자, 쌍생아 등) 등을 들 수 있다.

2) 지각의 발달과 미분화성

영아기에 기본적인 지각기능은 성립되어 있지만, 유아기에 들어서면 그 발달은 현저하다. 예컨대, 도형변별력의 경우 형의 변별은 4세 때에 이미 성인 수준에 거의 도달되고 이어서 크기의 변별, 최후에 방향의 변별 순으로 발달되며, 6세 경에는 어느 것이나 성인수준에 도달하게 된다.

그러나 유아기 지각의 특징은 아동이나 성인과는 달라서 '미분화성'이 엿보인다. 이른바 **상모적 지각**(相貌的 知覺, physiognomic perception)이다.

이것은 사물을 사물로서, 동물을 동물로서 객관적으로 파악하지 못하고, 사물을 활동하는 것, 용모를 지니고 있는 것, 살아 있는 것으로 주관적 · 정서적 · 표면적으로 그것을 파악하는 유아의 지각적 특성을 H. Werner는 상모적 지각이라 칭하였다.

3) 전조작적 사고

Piaget는 사고발달의 제1단계인 '감각운동적 지능기'(0～2세)에 이어서 제2단계로서 유아기를 '전조작적 사고기'(2～7 · 8세)라 말하면서 다시 4세 경을 경계로 전반을 '전개념적 사고기' 후반을 '직관적 사고기'로 구분하고 있다.

(1) 전개념적 사고

이 시기의 유아에 있어선 객관적 개념이 갖고 있는 일반적 내용과 개별적 요소간의 관계가 불명료하며, 언어가 개념으로서의 기능을 다하지 못하는 전개념적 사고의 단계에 놓여 있다. 즉, '개'라는 말은 반드시 '개' 일반으로 사용되지는 않고 어떤 특정의 개 또는 산양 등 개를 닮은 모든 것에 '개'라고 부른다.

(2) 직관적 사고

4세를 넘기면서 **개념형성**이 발달해 가지만 아직 사고는 논리적 수

준까지는 이르지 못하고 있다. 이 시기의 사고의 특징은 언어보다는 이미지를 수단으로 하여 이루어지는 경향이 강하며, 사고가 지각과 미분화 상태에 있기 때문에 지각경험에 의해서 영향을 받기가 쉽다.

이러한 직관적 사고의 특징은 이 시기의 유아에게는 **'보존개념'**(concept of conservation)이 결여되어 있는 점에 잘 나타나고 있다.

직관적 사고기에 있는 유아는 사물의 본질적 특징이 변화하지 않는 경우에도 그 외관이나 형상만의 변화에 의해서 본질까지 변화하였다고 생각하며, 논리적 사고 또는 **가역적 사고**(可逆的 思考, reversibility)는 미발달 상태에 있다.

4) 자기 중심적 사고와 유아의 세계관

유아기 사고의 미분화성은 Piaget가 말하는 **자기 중심성**(egocentrism)으로 대표된다. 유아는 객관적 사실과 주관이 미분화되어 다른 사람의 관점을 이해할 수가 없으며, 자기 주변의 세계는 모두 자기를 위해서 존재하는 것처럼 행동한다. 자기 중심성이란 이기성(selfish)이란 말이 아니다. 자타의 구별이 잘 이해되면서, 사회성이 분화되어 간다. 유아의 자기 중심성은 다음과 같은 외계에 대한 특유의 인식(세계관)을 갖고 있다.

(1) **물활론**(animism)

무생물을 포함해서 모든 사물은 인간과 똑같이 살아 있으며 의식을 갖고 있다고 생각하는 경향으로, 범신론이라고도 말한다

(2) **실재론**(realism)

꿈이나 머리 속의 공상적·주관적 생각이 객관적으로 실재한다고

생각하는 경향으로서, 주관과 객관의 미분화를 나타내는 것이다.

(3) 인공론(artificialism)

외계의 자연현상이나 사물은 모두 인간에 의해서 만들어진 것으로 생각하는 경향이다.

이와 같은 자기 중심성은 다른 사람과의 사회적 상호작용을 거듭하는 가운데 차츰 감소하여 7~8세 경에는 거의 사라지게 된다.

5) 호기심과 흥미

유아의 인지발달을 촉진하는 한 측면은 그들을 둘러싸고 있는 외계의 사물이나 현상에 대한 호기심 · 탐구심 · 흥미이다. 3~4세 경부터 유아는 여러 가지 사물이나 현상에 대해서 흥미와 관심을 갖고, '무엇?', '왜?', '어떻게?' 등의 의문이 많아지며 질문의 횟수가 증가한다. 이 시기는 '질문기'라고도 불리운다. 주변의 어른들은 유아의 질문을 방치하지 말고 적절한 응답이나 설명을 해 줌으로써 유아의 지식이나 이해력 또는 사고력을 발달시켜 주는 마음가짐이 필요하다.

6) 지적 발달의 조건

가정이나 유치원에서 유아들의 지적 발달을 촉진시키기 위한 교육적 지도 조건은 다음과 같다.

① 유아교육에 있어서 중요한 것은 자연이나 사회 속의 사물이나 현상을 잘 관찰 · 비교시키며, 그것을 언어와 결합시키는 일이다. 이른바 직관교수법은 유아교육의 기초인 것이다.

② 유아기 때부터 생각하는 힘, 생각하는 자세를 연령에 알맞게 기

르는 일이다. 또한 호기심, 이상한 의문을 품게 하며, 질문하거나 자기 스스로 문제를 풀어나가는 힘을 기른다.

③ 손가락의 활동을 연습시킨다. 그림 그리기, 점토세공(粘土細工), 종이 오려내기, 색종이 접기 등을 연습시키면서 기본적인 형태나 색채의 지식을 기르는 것이 중요하다.

④ 집 밖의 활동을 장려한다. 체력은 물론 의지력, 특히 주의집중력, 인내력, 지구력 등을 기르는 일은 지적 발달에 큰 도움을 준다.

⑤ 주의집중력은 기억을 확실히 하는데 효과가 있다. 이 밖에 반복연습은 기억력의 발달에 중요하다.

⑥ 되도록 칭찬을 해 주거나 안아 줌으로써 정서적 안정감을 부여하고, 행동상의 실수를 질책으로 다스리지 않는 부모의 부드러운 태도가 요구된다.

3. 학령기

1) 지각 및 시간의식의 발달

(1) 지각의 발달

지각의 정확성은 나이가 듦에 따라 증가하며 객관적인 인지력이 향상된다. 특히 주의력의 발달에 있어선 주의력의 배분(하나의 동작을 하면서 다른 일에 주의를 던지는)이 발달되고 있다. 또한 주의력의 지속시간이 영아기에 비해 현저하게 발달하게 되며 고학년에 이르면 거의 성인수준에 달하게 된다.

유아기 시기에는 오늘과 어제를 구별하는 분화수준은 낮으며, 언어

능력과 생활공간의 확대에 따라 분화가 진행되지만 3~4세 경에는 어제와 오늘을 혼동하는 수가 적지 않다.

(2) 시간의식의 발달

아동기에 접어들면서 과거·미래가 분화되기 시작한다. 때와 날짜를 확실히 이해하기 시작하는 것은 8세 경부터이며 여기에는 학교교육이 크게 관계한다. 시간의식의 추상적인 확립은 고학년이 되면서부터이다.

역사의식이 나타나는 것은 3~4학년 경이며, 아동 후기에 이르면 시간의식도 복잡해지고 공간적 이해도 높아지면서 역사소설이나 탐정물을 즐기게 된다.

2) 지능 발달

지능검사에 의해서 일반지능의 연령적 발달을 연구한 것으로는 D. W. Wechsler 의 연구가 있는 바, 결과는 [그림 3-1]과 같이 아동기의 일반 지능은 거의 직선적인 발달의 일부를 나타내고 있다.

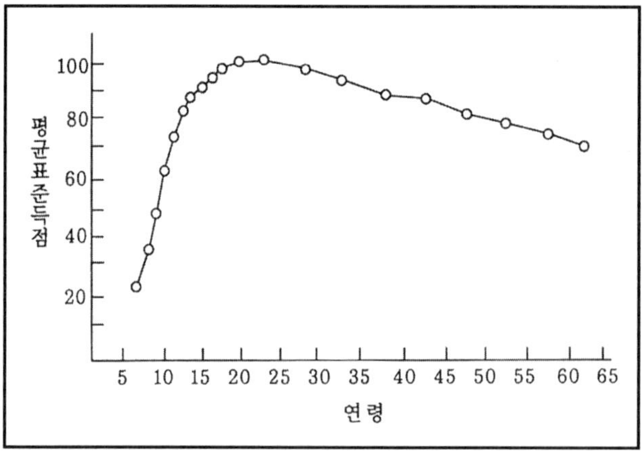

[그림 3-1] 지능의 발달곡선

3) 호기심의 발달

아동기의 호기심은 그들의 지적 발달에 따라 호기심을 끄는 영역이 넓어지고 따라서 더욱 많은 학습의 동기를 유발시키게 되어 학습과 행동을 능률적으로 하게끔 하는 역할을 한다. 학동기의 호기심의 대상은 주로 자연현상에 관한 객관적인 지식이다.

8세 경부터는 독서력의 발달에 따라 직접적인 탐구 또는 질문을 통해서 만족을 얻지 못한 호기심은 독서를 통해서 만족하게 된다.

아동기의 호기심의 경향을 독서 측면에서 볼 수 있는 바와 같이 그의 성장·발달 수준에 따라 호기심의 경향이 다르므로 아동의 학습이나 행동지도에 있어서 이 경향성을 항상 고려해야 한다. 아동들은 특히 정적인 대상물보다는 동적인 영화, TV 등에 호기심을 가지므로 이로 인해 다른 학습이나 그의 성격형성에 영향을 미치는 바가 지대하다.

호기심에 영향을 주는 주요인들은 생활환경, 교우관계, 시간적 조건, 아동의 내적 조건 등에 따라 다르다. 호기심을 지도하는 데 있어서 중시해야 할 내용은 아동에게 자극이 될 수 있는 환경요소를 정비하여 호기심을 다방면으로 가질 수 있도록 적성을 기르고 지적인 호기심을 가질 수 있도록 지도해야 한다.

4) 사고력의 발달

언어능력은 문자언어(읽기와 쓰기 능력)의 발달이 현저하며, 읽기는 1학년 1학기 말에, 쓰기는 1학년 2학기 말에 거의 전부 가능해진다. 이 시기는 어휘수의 증가가 심한데, 지적 흥미와 범위와 크기의 비약적인 확대에 비례한다. 그리고 기억이나 주의력의 지속적인 향상과 더불어 표현력이 높아지며 동일 주제에 대한 계속적인 추구도 가능해진다.

아동기에 들어서면 약간은 직관적 사고나 자기 중심성 등의 유아기의 전조작적 사고의 특징이 남아 있다. 그러나 7~8세 경에 이르면 구체적 장면에서의 구체적 사물을 통한 '논리적 사고'가 가능해지면서 Piaget가 말하는 구체적 사고기에 들어서게 된다.

따라서 유아기 때는 곤란했던 '보존의 개념'을 획득하게 되고, '가역적 사고'(논리적 사고체계의 기본인식의 한 측면)가 가능해진다.

아동기 중기 이후가 되면 '지식생활 시대'라고 불리어지는 것처럼 인과관계나 공간의 위치나 거리에 관한 지리적 관계, 역사적 사건에 대한 시간적 관계 등에 대해서 흥미가 왕성해진다.

11~12세의 아동기 후기에 이르면 청년기 사고의 특징이라 할 수 있는 형식적·조작적 사고의 싹이 돋아나게 된다. 즉, 현실경험과는 모순되는 순수한 가설에서 출발한 것이라도 형식적 조작에 의해 연역적 추리가 가능하게 된다. 따라서 아동기 사고의 특징은 '탈자기 중심성', 즉 객관적인 사고가 가능하다는 데 있다.

5) 기억력의 발달

(1) 기계적 기억과 논리적 기억

E. Brunswik는 기억실험의 결과를 재료·형태·의미의 세 가지 기준하에 분석·채점하여 6~18세까지의 기억발달을 밝혔다. 재료의 기계적 기억은 11~12세 경에 정점에 이르고 그 이후엔 정체된다. 순서나 위치의 기억(형태기억)은 15~16세 경에, 의미내용을 논리적으로 기억하는 의미기억은 17~18세 경까지 발달한다.

아동기의 기억기능의 발달에 있어서의 특징은 기계적 기억이 왕성하다는 데 있다.

(2) 시각적 기억과 청각적 기억

시각적 기억과 청각적 기억을 처음 발달적으로 연구한 사람은 F. Smedley이다. 숫자 재생의 실험 결과, 8세 경까지는 청각적 기억이 뛰어나며 9세 경부터는 시각적 기억이 더 발달되고 있음을 밝혔다. 따라서 아동기 중기부터는 음독보다 묵독이 더 바람직하다고 하겠다.

제 4 장

정서 · 태도 및 성격발달

1. 신생아기

1) 신체적 피부 접촉의 중요성

신생이의 새로운 세계에서의 가장 중요한 요소는 이제 그가 분리되어 나온 어머니이다. 아기가 어머니에 의해서 외부세계에 잘 적응하며 건강한 감정과 따뜻하고 평안한 환경을 가진다면 가장 바람직한 신생아 환경이다. 인간이나 동물에 있어서 접촉(touch)한다는 것은 관계를 형성하는데 있어서 가장 중요한 역할을 한다.

태아는 자궁 내 생활 동안 그의 어머니로부터 모든 욕구를 충족할 수 있는 관계에서 안락하게 의존하면서 보호를 받았다. 그러나 출생이란 신생아에게 좌절이고 위협적이다. 왜냐하면 그가 알고 있던 생리적·감정적 평안상태로부터 새로운 경험의 세계로 분리되어 나왔기 때문이다. 신생아가 계속적으로 우는 것은 신체적·정서적 긴장을 해소하기 위해서 따뜻한 모성애적 간호를 요구하는 것이며, 즉 신체적·심리적 분리감으로 어머니와 계속적인 접촉을 못하고 있어 불안감으로 인해 초래하는 것이라고 할 수 있다.

어머니나 대리모는 아기를 포근하게 안아 줌으로써 그가 갈망하는 접촉을 만족할 수 있도록 하여 분리감을 해소하고 평안함을 회복시킬 수가 있는 것이다.

2) 심리적 안정감과 신뢰감의 조성

신생아는 피동적이고 무력한 개체이다. 신생아는 태아기에 가졌던 안정감을 가질 수 있도록 도와 주어야 한다. 안정감은 신생아에게 미지의 세계에 대한 무력감을 극복하게 해 주고 두려움과 분노를 경감시켜 주며 고통을 해소시켜 주어 빠른 성장·발달을 도와 준다. 신생아의 여러 가지 욕구에 대한 즉각적인 반응과 만족을 주는 것은 신생아의 신뢰감을 촉진시켜 준다. 만족스러운 경험이 연속되면 그의 요구와 두려움은 진정되며 또한 자신에게 만족을 주는 사람에 대한 기쁨과 신뢰감의 싹이 튼다.

이러한 관계 유지는 타인과 밀접한 관계를 형성할 수 있는 사회화 과정의 가장 중요한 출발점이 된다. 인간생활의 가장 중요한 상호신뢰와 애정이 이 시기에 결핍되면 타인 또는 그 자신에게까지도 안정감·신뢰감을 형성하는 기초를 갖지 못하게 되며 사회화 과정은 더욱 어려워진다.

즉, 어머니와 신생아의 첫 번째 관계 형성은 신생아의 성격을 좌우하며 또한 신생아의 안정감과 신뢰감의 발달은 좋은 대인관계 형성의 기틀을 마련한다.

2. 영아기

1) 정서의 분화

내용이 다른 정서가 어떻게 형성되며 또 언제부터 분화되느냐 하는 것에 관한 연구는 일찍이 J. B. Watson이 수행하였다. 그는 생후 3개월 되는 유아를 관찰하여 공포 · 분노 · 애정의 3개의 정서 반응이 영아가 가진 기본 정서라고 결론지었다. 영아를 높은 곳에서 떨어뜨릴 것처럼 하고 붙잡아 주지 않아 몸의 균형을 잃으면 공포를, 움직이지 못하게 하면 분노를, 그리고 애무해 주면 애정을 구별하여 표현한다고 했다. 신생아기의 흥분 상태에서 점차로 성숙함에 따라 여러 가지 내용의 정서가 분화된다고 생각된다. 영국의 아동연구학자인 K. M. B. Bridges는 60명의 신생아를 4개월간 관찰하여 다음과 같은 결과를 얻었다.

ⓘ 출생시의 유일한 반응은 산만한 흥분상태이다.

ⓘⓘ 쾌정서는 출생시는 없었던 긍정적 반응이며, 불쾌는 싫어하는 반응으로서 출생시의 흥분 속에도 있었던 정서라 한다. 이 쾌 · 불쾌의 구별은 생후 3개월이 되어야 나타난다.

ⓘⓘⓘ 생후 5개월이면 분노와 혐오가 분화되고, 7개월이면 공포가 불쾌에서 분화되며, 애정과 기쁨이 10~12개월에 나타나기 시작한다(그림 4-1). 정서 과정이 이렇게 발달함에 따라 나타나기 때문에 그것을 학습의 결과라 생각할 수도 있다. 그러나 출생 당시 귀먹고 눈먼 아이는 촉각 이외에는 정서적 표현을 학습할 기회가 없었는 데도 해당되는 정서 자극을 주었더니 공포, 분노, 쾌 등에 대한 안면 표정이나 울음 또는 웃음이 정상 유아와 동일했다는 관찰 결과가 보고되고 있다. 이것을 보

면 몇몇 기본 정서는 성숙에 의하여 발달된다고 하겠다.

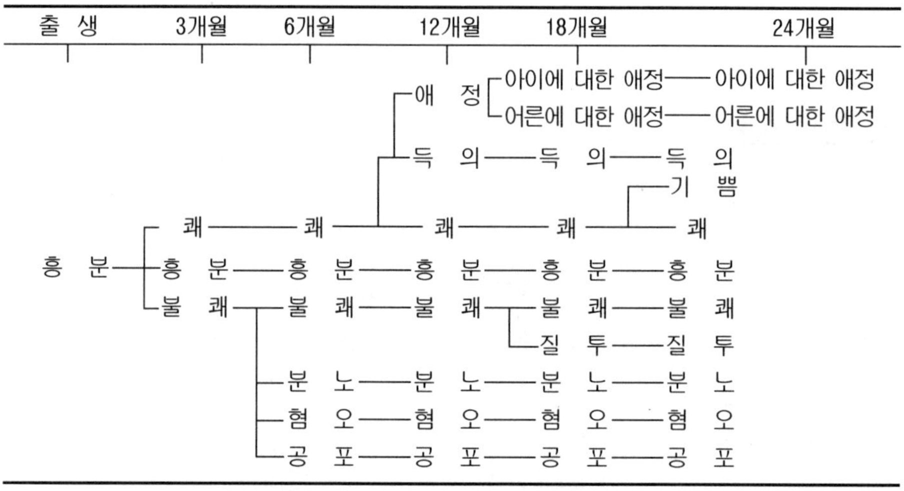

[그림 4-1] Bridges의 정서분화의 도식

(1) **공포**(fear)

공포반응은 놀라는 표정이나 행동으로 표출되며 대부분 운다. 모로(Moro) 반사에서 볼 수 있다. 공포를 일으키는 요인은 갑자기 영아를 이동시켰을 때, 큰 소리를 질렀을 때, 막 잠이 들려고 하거나 깰려고 할 때에 자극을 주면 반응을 나타낸다.

(2) **분노**(anger)

분노반응은 신체운동의 자유를 구속하고 방해당했을 때 나타난다. 영아는 손, 팔, 다리를 격심하게 움직이고 입을 벌리거나 우는데, 처음에는 소리를 내어 울지 못한다. 분노는 불쾌자극이나 압력을 극복하려는 반응이라 할 수 있다.

(3) **애정**(affection)

애정반응은 조용히 만져주거나 부드럽게 흔들어 줄 때, 평안히 안아줄 때, 무엇인가를 입으로 빨게 할 때에 나타나는 반응으로 미소를 짓거나 큰 소리로 웃으며 팔과 다리를 움직인다.

영아의 정서는 외적 자극이나 신체적 특성에 의한 운동현상으로 표현된다고 할 수 있다. 즉, 정서적 행동의 주요한 특성은 신체적 및 지적, 사회적 행동의 특성과 밀접한 관계를 갖는데, 이는 정서의 발달단계를 보면 잘 나타나 있다. 신생아기에는 신체적으로 갑자기 변화한 환경에 적응해야 하며, 사회적 의식은 거의 없는 상태이므로 정서적으로 조정이 안 되어 **원시적 · 반사적 수준**에서 정서반응을 한다. 그러나 영아가 1개월이 되면 정서반응이 어떤 특정요구에 따라 달라지며, 막연하게나마 웃을 수 있다. 3개월이 되면 사람의 얼굴을 보고 미소짓거나 웃게 되는데(social smile) 이는 사회적인 관계에 대한 적응이라고 볼 수 있다. 7~8개월에는 낯선 사람을 구별하여 자기 가족에게는 애정을 나타내는 반면 그 외의 사람은 그 얼굴을 구별하여 무서워하게 된다. 이를 외인 **불안증**(stranger anxiety)이라 한다. 이때쯤 되면 어머니로부터 떨어지는 것을 싫어하고 어머니가 그로부터 떠나지 못한다. 가능한 어머니 옆으로 좇아가는 행동을 보이고 있고, 전체적으로 어머니 곁에 머물러 있고, 어머니와의 거리를 좁히고 가능한 오랫동안 같이 있으려 한다.

그러나 점차 월령이 증가함에 따라 **낯선 사람**을 두려워하지 않는 정서적 태도가 형성된다. 이러한 사실로 비추어 볼 때, 정서는 어떤 사태에서 파악되는 자극이나 생각이 신체적 반응과 연합되어 형성 · 발달한다고 할 수 있다. 영아의 바람직한 정서 발달을 위해서는 안정된 환경과 자극 사태가 주어져야 한다. **분노정서**가 반복될 때에는 영아는 불신감을 갖게 되고 불안한 정서로 발달한다. 욕구가 충족되고 신체적 상태가 좋을 때에는 욕구충족 대상에게 애정과 신뢰감을 표시하며 안정감을 갖는다.

2) 애착행동의 발달

(1) 애착행동의 개념과 기능

애착행동(attachment behavior)이란 어머니와의 애착을 증가시키는 행동으로서 애착이란 미숙한 개체가 그의 생존에 필요한 어머니 혹은 다른 성인에게 가까이 있음으로써 그 생존의 안전을 꾀하려는 다분히 생물학적 현상이라고 할 수 있다. 말하자면 모르는 사람이 나타났을 때 울고 무서워함으로써 어머니 곁에 있게 되고 또 어머니가 떠나려 할 때 울고 따라감으로써 어머니로 하여금 머물게 하려는 행동이 애착의 행동이며, 실은 웃음도 일종의 애착행위로 볼 수가 있는데, 긍정적으로 웃고 재미있게 함으로써 어머니를 자기 곁에 오래 머물게 하는 기능을 가지고 있다고 하겠다. 이런 애착행동을 통하여 어머니와의 애착이 이루어지고 애착을 통해 영아는 어머니와 공생적 관계(symbiotic relation)를 이루게 되고, 어머니는 항상 자기를 도와 주며 위험으로부터 구제해 주고 자기에게 필요한 영양을 공급해 준다. 이러한 어머니로부터 보호와 사랑, 접촉 등을 통하여 영아는 기본적인 신뢰감(basic trust)과 기본적인 안정감(basic security)을 얻게 된다.

(2) 인간에 대한 신뢰 형성의 기초

영아의 초기 사회적 관계에서 가장 두드러지는 점은 양육자에 대한 정서적 애착이다. 애착은 한 개인이 자신과 가장 가까운 사람에 대해서 느끼는 강한 감정적 유대 관계를 뜻한다. 애착은 근본적으로 선택적인 특성을 갖고 있어서 극히 소수의 제한된 대상에 대해서 형성되며, 애착이 형성된 대상에 대해서는 가까이 다가가고 싶고 근접해 있고 싶은 욕구를 갖게 된다.

모든 영아는 한 살 이내에 어머니, 아버지 및 그 외 한두 명의 가까운 사람들과 특별한 유감을 형성하게 된다. 그밖에 영아는 형제자매, 조부모, 대리양육자, 탁아소의 보모, 또래들 그리고 타인들과의 상호작용 방식도 발달시킨다. 이런 초기의 애착 관계는 영아의 정서적 안정성과 대인관계 등의 사회적 발달에 중요한 기반이 된다.

애착 과정은 출생시부터 시작된다. 출생과 더불어 영아들은 감각적 자극에 반응하고 정보를 처리할 뿐만 아니라 환경에 대해 매우 능동적으로 빈응한다. 영아와 양육자 간의 관계는 결코 일방통행이 아니며, 아기의 작은 몸에 비해 그 영향력은 막대하다. 아기가 어머니를 쳐다보고, 미소짓고, 울고, 발버둥치고, 무력하게 보이는 것이 어머니로 하여금 아기를 껴안아 주고, 영양을 공급해 주고, 기저귀를 갈게 하는 등 돌보는 반응을 이끌어 낸다.

(3) 애착관계의 특성

첫째, 놀고 싶을 때 뿐만 아니라 괴롭고 피곤하고 싫증나고 배고프고 아프고 두려울 때와 같은 스트레스 상황에서 애착대상에 접근하려 한다. 둘째, 다른 사람 보다 애착 대상이 영아를 잘 달래고 안정시킬 수 있다. 셋째, 유아는 애착인물과 같이 있을 때 즐거워하고 낯선 대상을 접해도 불안을 덜 나타내고 애착 대상을 안전기지 삼아 주위 환경을 탐색한다.

(4) 애착관계의 형성과정

첫 단계로서 영아는 다른 대상에 비해 사람을 비롯한 사회적 대상을 선호하나 특정 대상을 구분하지는 않는다. 생후 5주 이후 영아는 특정 대상에 대한 구분 없이 사회적 미소를 표현하는데, '배냇짓'이 대표적 반응이다.

둘째 단계는 생후 5개월이 되면 친숙한 대상과 낯선 대상간의 구분이 생기면서 양육자에게 보다 분명한 사회적 미소를 자주 보낸다. 6~7개월 경이 되면 본격적인 애착 관계가 형성되기 시작한다. 영아는 엄마의 냄새, 음성, 안는 방법, 얼굴 모습 등 여러 감각, 지각적 단서를 통합해서 어머니를 알게 된다. 이 기간 동안 어머니도 아이의 독특성에 대해 잘 알게 되어 상호작용 방식을 조절해 간다.

셋째 단계에서는 영아가 비로소 특정 대상에 대한 강한 집착을 보이며 애착 대상과 떨어질 때에는 **분리불안**을 나타낸다. **낯가림**이 이 시기 동안 서서히 나타난다. 이런 **격리불안**은 애착 대상과 떨어지는 경험이 늘어날수록 강해지는데 6~8개월 경에 나타나서 10~12개월 경에 절정을 이루다가 2세 경에 이르러 소멸된다.

(5) 애착의 종류

① 안전한 애착

안전한 애착(secure attachment)을 이룬 영아는 그 어머니를 안전기지로 사용하며 어머니와 떨어지게 되면 싫어하고 무서워하고 당황하지만, 어머니와 재결합할 때 어머니를 환영하고 어머니에게 매달리며 어머니가 위로를 해 주고 토닥거려 주면 만족하고 다시 자기놀이를 한다든가 주의탐색을 하는 아이들이다. 말하자면 재결합시 어머니에 대하여 긍정적인 반응을 보이고 다시 확신을 가지고 자기의 활동에 들어 갈 수 있다.

② 양가적 애착

양가적 애착(ambivalent attachment)을 가진 영아는 부모와 격리했다가 재결합할 때 어머니를 반기는 듯하지만 어머니가 그를 위로하고 달래려고 할 적에 도망쳐 버리는 행동을 보이고, 쉽게 위로받지 못하고 화난 듯 하면서 감정적으로 불안정한 상태가 지속되는 경우이다.

③ 회피적 애착

회피적 애착(avoidant attachment)을 가진 영아는 어머니가 돌아왔을 때 별로 어머니와 접촉을 원하지도 않고 울지도 않는 상태이며 일반적으로 외부인이 다가올 때도 크게 당황하지 않는 경우가 많다.

3. 유아기

1) 가정환경의 중요성

이 시기의 위험성은 부모의 부부관계가 원만치 않을 경우, 또는 편모슬하라든가 결손가정의 경우 유아들이 남녀관계에 대하여 부정적인 관념을 갖거나 또는 정상적 외디푸스 콤플렉스(Oedipus complex)가 잘 해소되지 않음으로써 성에 대한 편견이나 불안이 이루어지고, 성장 후의 남녀관계에 영향을 미칠 수 있다. 또 이 시기에 중요한 생활경험을 하지 않고 집에서만 기른다든지 또래 친구와 접촉이 없다든지 한정된 경험만을 쌓음으로써 심리 · 사회적인 결핍증, 문화실조증 등을 일으킬 수 있다. 특히 우리나라의 경우 과잉보호와 과잉통제의 형태로서, 유아들을 밖에 나가 놀지 못하게 하고 또래 친구와의 접촉을 못하게 함으로써 사회성이 결여되는 경우가 있겠고, 이것은 또한 자녀의 수가 적은 핵가족에서는 극히 위험한 양육태도라고 할 수 있다.

최근 많이 생기는 유아원이나 유치원의 기능도 자녀의 수가 적어짐으로써 형제자매와의 접촉이 없는 상황에서 또래집단의 접촉을 하게 함으로써 사회성을 기른다는 중요한 목적이 있다고 하겠다.

문화실조는 특히 경제적으로나 사회적으로 빈곤한 환경에서 자라난 아이들에게 많을 수가 있는데, 이들이 지능이 낮고 문제성이 높은 것은 이 시기에 사회적 생활경험과 부모로부터의 자극, 경험들이 부족하기 때문에 오는 것으로 생각된다.

2) 정서발달

유아기의 정서는 영아기에 비해 더욱 분화·발달되고, 유아의 정신생활의 중심을 이루고 있다. 정서는 조기에 많은 종류로 분화되나 5~6세 경에는 성인과 같은 정도로 복잡한 정서로 분화하게 된다. 즉 좋다, 예쁘다, 재미있다, 고맙다 또는 선악의 정서 등이 그것이다. E. B. Hurlock는 유아기 정서의 특징으로서 ① 일과성 ② 강렬성 ③ 빈발성 ④ 정서표출의 개성화 ⑤ 정서표출 감축의 곤란성 등을 들고 있다.

(1) 공포 정서

G. Watson은 큰 소리, 암흑 등은 유아에 있어선 생리적 공포이며 특히 공포, 분노, 애정을 생득적 정서로 그 대상이 확실한 것은 후천적 공포로 나누고 있다. 그러나 G. W. Lowton은 공포의 습득은 불유쾌한 경험이나 이전에 형성된 공포심의 습성화(조건화) 또는 타인의 모방에 의해서 일어난다고 말하고 있다.

공포심은 일면으로는 위험에서 자기를 보호하기 위해서 필요한 정서이지만 부당한 공포심이나 병적인 공포심은 유아기의 발달에 해가 된다.

(2) 분노 정서

분노심은 요구가 충족되지 못하거나, 자유가 구속되거나 자기 몸에 상처를 스스로 입혔을 때 생기는 정서이다.

유아의 분노심은 놀잇감 싸움, 배변이나 옷입히기를 강제로 할 때, 흥미있는 활동이 방해될 때 생기기 쉽다. 분노심 표출은 울거나 뒹굴거나 하면서 직접적으로 표출된다. 세 살이 지나면서 난폭한 말을 구사하거나 표출하는 경향이 있지만 유아기에는 일반적으로 분노가 적다.

(3) 애정 정서

애정은 영아기엔 모자관계의 애정이나 장난감에 대한 애정에서 시작하여 유아기에는 널리 사회적인, 지적인 대상에까지 발전한다. 즉, 친구에 대한 애정, 친절한 사람에 대한 애정, 아기에 대한 애정, 예쁜 물건이나 새로운 것에 대한 애정 등이다.

유아의 애정은 안거나, 뽀뽀하는 등으로 표출한다. 애정이 감도는 가정에서 자라는 일이 중요하지만 과보호는 독립심이나 자주성이 없는 의지가 약한 아이로 기르기가 쉽다

(4) 질투 정서

유아의 질투는 자기에게 주어질 것이라고 기대한 애정이 자기에게 주어지지 않고 타인에게 주어졌을 때, 준 사람과 주어진 사람에 대한 분노의 정서반응이다. 유아는 어머니의 애정 상실로 인하여 질투를 나타낸다. 이 때의 경쟁자에게는 분노가 나타나고 애정대상자에게는 공포와 주의 획득기제를 나타낸다. 특히 유아는 부모의 애정을 동생

과 나누어 받기를 싫어하는 자기 중심적 사고를 가지므로 질투심을 갖는 것은 성장・발달 과정에서 볼 때 정상이라고 할 수 있다.

유아가 동생에게 취하는 분노 정서 혹은 **공격적 행동**은 친밀하면서도 미워하는 양가감정을 갖는다. 즉, 동생을 귀여워하면서도 은근히 괴롭힌다. 상대를 때리거나 놀리기도 한다. 어머니의 주의획득을 위해서 퇴행현상이 나타나는데 침을 흘리거나, 오줌을 싸고, 손가락을 빨거나, 말을 더듬을 뿐만 아니라 어리광이 심해지고 밥을 안 먹는 등의 현상을 보인다.

질투 정서는 대체로 남아보다 여아가 심하고 지능이 우월한 아이에게 더 많으며 가족수가 많은 가정의 유아일수록 질투심은 적다. 이러한 질투현상이 빈번히 일어나고 정도가 심하면 성격발달에 나쁜 영향을 주게 되므로 부모와 가족들은 유아에게 공평한 대우를 해 주고, 지나친 개인 경쟁을 유발시키지 말고, 특히 질투를 갖는 유아와 놀아줌으로써 욕구불만을 해소하도록 도와 주어야 한다.

(5) **어리광 정서**

어리광은 3~4세 경까지 주로 생기지만, 5세 이후에도 남아 있을 때는 유아를 질책하는 방법이 나쁘기 때문이다. 독자, 막내둥이 등 익애 또는 맹목적인 사랑의 분위기에서 자란 아이가 어리광이 더 심하다.

3) **성격의 기초형성과 사회성 발달**

(1) **자아의 싹틈**

① 모자분리

유아기에 들어서서는 여태까지의 일체적인 모자관계에 변화가 생긴다. 운동능력의 발달과 행동범위의 확대에 따라 유아의 심성에는 부모에 의존하지 않고 무엇이건 스스로 할 수 있다고 믿거나, 그런 일을 즐기는 기분, 즉 '자존심'과 '자립심'이 싹트게 된다. 이것이 '모자분리'의 경향이며, 인간발달에 있어서 극히 중요한 의미를 갖는 것이다.

② 제1반항기

유아기가 되면 부모 측에서는 기본적인 생활습관의 학습지도가 개시되지만 이것은 유아의 행동에 통제를 가하는 계기가 된다. 이러한 통제는 유아에 있어선 싹이 돋아난 자존심이나 자립심에 대한 부정 · 억제이기 때문에 유아는 여러 가지 행동을 통해 반항을 하게 된다. 이 시기는 일반적으로 O. Kroh가 명명한 **제1반항기**로 불리운다. 3세 전후에 가장 심하며 제1반항기의 출현은 유아의 자아가 싹이 트고 있음을 의미하는 것이다. 따라서 이것은 발달에 있어서 정상적인 하나의 과정인 것이다. 이것을 적절히 경험한다는 것은 자아의 발달에 있어서 중요한 의미가 있다.

이러한 반항적 현상 혹은 **거부증**은 1세 반부터 시작되어 3~4세에 정점에 이른다. 반항적 현상은 외면적으로는 순종성이 없어지고 고집과 억지를 부리지만, 내면적으로는 자아의식이 발달되고 자립심이 형성되기 시작한다. 유아의 반항적 현상의 심리적 특징은 유아의 운동능력 발달로 신체활동이 많아지고 이에 따라 욕구 충족을 스스로 자주적으로 하고자 함이며, 또한 자립심의 발휘라고 할 수 있다.

(2) 가족과의 관계

① 부모의 태도

유아의 사회성 발달에 있어서 부모의 태도는 큰 영향을 준다. 자녀를 대하는 태도는 익애·방임·엄격·과보호·모순·불일치 등의 유형에 따라 유아의 성격이나 행동에 변화를 초래하게 되며, 유아들은 특히 부모의 행동을 동일시 대상으로 삼아 성 역할을 학습한다는 점에서 중요한 의미가 있다.

① 모성애의 상실(maternal deprivation)

어머니의 양육이 정상에서 이탈 혹은 왜곡된 형태를 의미한다. 특히 이는 모성애의 상실이 있었던 시기, 계속된 시기, 모성애 상실이 있었던 기간의 사회·문화적 환경, 부모 대행자와 역할 모델의 유무에 따라 성격발달에 미치는 영향이 지대하다.

② 수용소 양육(institutionalization)

어머니가 있는 가정분위기와는 달리 고아원이나 병원, 육아시설 등의 수용소에서는 유아에게 주는 감각적 자극이 빈곤하고 감정적 자극들도 결핍되어 있으며, 사회적 접촉도 적고 언어나 행동을 학습할 수 있는 기회도 적다. 특히 언어발달의 지연은 어머니가 주는 칭찬이 부족하고 또 사회적 접촉 기회가 적은 결과라고 할 수 있다. 오랫동안 시설에 수용된 유아는 운동발달에 지연을 초래하며, 대인관계에서도 사회적으로 무감동하고 애정에 굶주려 의존하려 들고, 눈치를 잘 살피고 사회적인 센스가 부족하고, 대인 접촉에 적극성이나 신뢰감을 지니지 못한다고 지적되고 있다.

③ 모친 이별

어머니의 사망, 이혼, 별거, 또는 장기간 질병으로 어머니와 떨어져 있는 경우를 의미하며, 이는 이별기간에 따라 미치는 영향이 다르다.

㉠ 단기 이별 ― 처음에는 타인의 접근을 거절하며 울고 발버둥치며 어머니를 요구한다. 그러나 요구에 반응이 없고 타인의 보호

가 없을 시에는 무감동해지고, 대인관심을 상실하면 우울증에 빠지게 된다. 또한 생리적 반응으로 거식증 · 과식증이 나타나고 이 상태가 더욱 지속되면, 내성적 성격과 신체쇠약이 나타난다. 그러나 다른 대리 모친이 있을 경우에는 어머니를 찾으려는 요구를 단념하고 대리모친에게 애착을 가지게 되나, 이것마저 없을 경우에는 대인관계의 애정적 요구를 억압하고 정서적 부적응을 초래한다.

㉡ 장기 이별 ── 특히 모자관계가 좋다가 어떤 이유로 장기간의 이별이 될 때 애정표현을 잘 못하고 정상적인 애정관계 형성에 부적응을 초래한다. 그러나 애정관계가 원만한 대리모친이 있을 때에는 별 영향이 없다.

④ 왜곡모친

어머니하고 같이 있으나 어머니의 성격이 건전하지 못하여 유아에게 적대적이고 거절적이며, 또는 과잉보호적이거나, 사랑과 적대의 상반된 반응을 동시에 나타낸다거나, 변덕스럽다거나 하는 경우를 왜곡모친이라고 한다. 이러한 유아는 빈번하고 강한 정서자극으로 인하여 정신분열증 · 우울증 경향이 높다.

2 형제관계

형제관계는 부모와 자식간의 '종적' 인간관계로부터 친구와의 '횡적'인 관계에 적응해 나가기 위한 교두보 역할을 하는 것이다. 형제 수가 증가함에 따라 가정 내의 대인관계는 다양화되고, 직접적인 대인관계를 학습하는 기회에 그치지 않고 모방대상(modeling)에 의한 간접적인 학습의 기회도 증가하게 된다. 형제간의 놀이, 싸움, 경쟁 등을 통해 양보, 협조성, 자기주장 등 유아의 사회성이나 성격의 발달이 촉진되는 면이 크다.

(3) 놀이와 교우관계

① 혼자놀이

유아기는 하루의 태반을 놀이로 보낸다. 즉, 생활 그 자체가 놀이이다. 3세 경까지는 생활의 장은 거의 가정이다. 놀이의 상대도 부모나 가족 뿐이어서 혼자놀이 중심의 시기이다. 이러한 놀이를 통해 유아의 신체나 운동능력, 지각, 지능, 정서 등이 발달해 간다.

② 집단놀이와 사회성 발달

3세 경을 지나면서 생활의 장은 가정에서 이웃까지 확대되며, 같은 또래의 놀이 친구를 적극적으로 찾아 나서게 되며, '연합놀이' 또는 '협동놀이' 등의 상호교섭적인 놀이가 발달하게 된다. 특히 협동놀이를 통해 사회생활의 기본인 규칙의 준수 또는 집단 내 역할분담의 중요성을 학습하게 되고 리더십이 갖는 의미도 체험하게 된다.

4. 학령기

1) 정서발달

학령기는 일종의 충실기이며 안정기이다. 정서면에 있어서도 혼란이나 흥분은 비교적 적다. 활동범위의 확대에 의해서 많은 사람이나 사물과의 접촉경험의 풍부화가 안정화의 원인으로 작용하기 때문이다. 정서를 단순하게 표출하면 주변 친구들이 어린애 같다고 친구로 인정해 주지 않을까 염려되어 감정을 억제하고 통제하는 세련된 감정경향을 나타내는 수가 많다.

이와 같은 정서적 행동은 사회적 행동과 특히 밀접한 관계가 있어서 공포, 분노, 질투, 애정, 동정 등 어느 것이나 이를 사회적 행동으로 볼 수도 있다.

(1) 울음 정서

유아는 툭하면 잘 울어대지만 아동기에 접어들며서 부터는 통제가 가능하게 된다. A. Gesell이 지적하고 있는 것처럼 7세가 되면 우는 일은 매우 감소된다. 그리하여 9세가 되면 부당하게 화를 내게 하는 경우 이에는 울지 않는다. 울음을 나타냄에도 성차가 있이 여아 쪽이 남아보다 우는 일이 더 많다. 여성심리 특성의 하나라 하겠다. 남녀의 정서 차이가 그 원인이라 하겠다.

(2) 공포 정서

학령기의 공포 요인은 시각적 · 정서적인 대상이나 구체적이고 직접적인 자극에 의한 것보다는 상상적 · 가상적인 것, 비현실적, 초자연적인 것에 대한 공포가 많아진다. 즉, 어두움과 관련된 상징적인 사물, 귀신, 도깨비, 죽음과 사체와 연합된 사물 등과 같은 것에 공포 정서를 유발하고 실패와 조소 혹은 위신에 대한 공포 등을 경험한다. 이는 구체적 현실에서의 공포가 아니라 공포반응이 정미한, 즉 근심 걱정의 형태로 나타난다.

특히 근심은 가족에 관한 것, 학교일에 관한 개인적 · 사회적인 문제, 자기의 건강에 관한 것 등에서 많아진다. 또한 중시해야 할 것은 이 시기의 공포대상이 성인기까지도 그대로 공포를 유발한다는 것이다. 불, 질병, 물에 빠지는 것과 같은 신체적 상해를 두려워하는 것이나 동물을 위험시하여 무서워하는 것, 초자연적인 것의 공포, 암흑이나 홀로 있는 것을 두려워하는 것이 그대로 성인기까지 지속되는 것이다. 성인기의 이와 같은 불안정서는 아동기의 심한 공포 경험에 의한 것이라 할 수 있다.

(3) 불안 정서

불안은 미래의 위험을 예상할 때 생기는 **약한 공포반응**이다. 따라서 불안은 강렬하지 않고 지속적인 기분으로 나타낸다. 아동기는 지적 발달 특히 상상력의 발달과 생활권의 확대에 따라 여러 가지 문제에 대해서 불안이 생긴다.

이 시기의 불안은 주로 부모의 자녀에 대한 기대 과잉에서 오는 갈등과 교사의 전체적 지도에 대한 공포, 그리고 가정생활과 학교생활과의 부조화의 영향을 크게 받는다. 심한 불안의식은 문제행동을 일으킬 가능성이 많으므로 빨리 발견하여 해소시킬 수 있는 방법으로 지도해야 한다. 그러나 적당한 불안의식은 아동들의 여러 행동규범에 사회적인 통제를 할 수 있으며, 이는 또한 양심을 형성하는데 도움이 되므로 적절한 불안지도는 아동의 성장·발달에 도움을 줄 수 있다.

(4) 분노 정서

이 시기의 분노는 보다 많이 사회적 관계에 관련되어 일어나며 공포보다 훨씬 자주 나타난다. 표출방법도 파괴적 행동표출이 아니고 물건이나 사람에게 향한 행동으로 직접 나타난다. 또한 분노표출은 직접적 신체공격이 아니고 간접적인 방법으로 언어적 공격을 많이 사용한다.

이 시기의 분노 자극 요인은 욕망이 좌절되었을 때, 진행 중인 행동이 방해될 때, 자기의 결점을 들추어 낼 때, 놀림을 받을 때, 꾸중을 들을 때, 타 아동과 불유쾌한 비교를 할 때, 자기의 실수나 어리석음을 알았을 때, 또는 무시당할 때 등이다.

중학년쯤 되면 놀이 과정에서 욕구불만에 기인한 싸움이 빈발한다. 이러한 싸움은 저학년 때에는 신체적 공격이 많지만, 중학교 이후부터는 말싸움이 증가된다. 특히 사회적 명예의 침해가 원인이 되는 수가 많다.

(5) 정 조

정조(情操, sentiment)란 정신적 · 가치적인 대상에 향하는 세련된 고등감정 반응을 뜻하는 바, 아동기에는 도덕적 정조가 잘 발달되어 있으며, 특히 정의감이 강하나.

정조는 자기가 좋아하고 존경하는 사람이 갖는 가치감을, 그들에 대한 '동일시'로서 받아들이게 되고(접근의 법칙), 또한 자기의 가치체계가 여러 사람들에게 공감과 찬동을 불러 일으키는(효과의 법칙) 경우와 같은 환경 속에서 알게 모르게 학습되어 몸에 배게 되는 것이다.

2) 사회성 발달

(1) 학급집단과 또래 친구집단

학령기의 큰 특징의 하나는 사회성의 발달이다. 이것은 '학급집단'의 구성원으로서 경험하는 여러 가지 집단활동이나 아동기 중기부터 학교나 지역사회에서 형성되는 '또래 친구집단'에의 참가를 통해서 달성된다. 그러나 저학년에서는 학급이 하나의 집단으로서 형성되어 있지만 아동 상호간의 응집성은 약하고 개인 경쟁적인 관계가 심하여 한 사람 한 사람이 직접 교사와의 관계 속에서 인간관계가 전개되는 데 지나지 않는다.

학급집단이란 학교라는 조직체에 의한 인위적인 집단이며 학생의 자유 의사에 의해서 변경할 수 없는 강제적인 집단이다. 저학년일수록 학급집단은 교사의 힘에 크게 영향을 받으며, 고학년인 경우 교사의 힘보다 아동상호간의 관계가 강화되어 강한 통일적인 집단구조로 발달되어 간다.

(2) 교우관계의 발달

교우관계가 아동기 성장·발달에 중요성을 갖는 것은 아동에게 직접적 충족을 주는 것뿐만 아니라 보다 넓은 사회에 적응할 수 있는 자질을 형성해 준다는 데 있다. 사회적 지식을 넓혀 주고 성적 자각을 확고히 하고 이에 따라 관심·태도·기술이 세련되며, 집단생활의 주고받는(give and take) 요령을 습득하게 되는 것이다.

아동의 친구선택 및 거부의 조건은 일반적으로 빈번한 접촉의 기회와 동일한 흥미 및 요구가 친구선택의 중요한 조건이 되며 특히, 저학년에 있어서는 집이 근처다, 통학로가 같다, 좌석이 가깝다, 함께 논다, 어머니끼리 친구이다 등의 외부적·우연적 이유가 많지만 중학년부터는 이런 이유가 점차 줄어들고 성격적 이유, 즉 친절하다, 명랑하다, 온화하다, 호감이 간다 등의 이유로서 선택하고 또한 동무의 성격을 좋아하거나, 희망·목적·취미가 동일하다는 등의 내적·인격적 이유로서 결합된다.

G. Belden에 의하면 이 시기의 아동은 생활연령·정신연령 및 학업성적이 비슷한 아동끼리 상호적인 친구관계를 형성하려고 하며, 연령차가 많은 아동, 성적과 지능이 특히 우수하거나 열등한 아동, 적응성이 부족한 아동은 누구에게도 선택을 받지 못하고 고립되기 쉽고, 적응성이 뛰어난 아동에게 매력을 느끼며 상대방보다 정신적으로는 우수하나 학업성적이 떨어지는 아동 또는 상대방보다 정신적으로는

뒤지나 학업성적이 좋은 아동은 모두 상대방으로부터 거부되는 경향이 있다고 하였다.

아동의 사회집단에서 아동을 인기 있게 하는 요인은, 남아는 그 사회와 문화에서 전형적인 남성유형이라고 생각되는 성격이며, 여아는 전형적인 여성의 성격을 가졌을 때이며, 사회계층 요인도 중요한데 특히 하류계층 아동은 인기나 평판이 좋지 않다. 그 이유는 하류계층 아동은 행동이 공격적 · 호전적이며 건강상태도 불량하고 외모도 단정하지 못하고 불공평한 놀이를 하기 때문에 친구들이 싫어한다.

(3) 도당시대

학령기 전기에는 자연 발생적인 놀이 집단이나 **짝패**(同人, clique)를 이루어 놀았으나 아동 후기에 접어들면서는 강한 연대성과 소속감과 폐쇄성을 갖는 또래 친구집단인 '**도당**'(徒黨)을 형성하게 된다. 소위 **도당기**(gang age)라 불리우는 것이다. 이 시기가 갖는 특징으로서는 ① 친구와 같이 행동하기를 좋아하며 놀이나 운동경기, 때로는 장난도 공동으로 행한다. ② 친구로부터 승인이나 애정을 받고자 하는 욕구가 강하며, 친구의 의견에 동조하고 친구의 기대에 부합하고자 자기의 역할을 충실히 이행하며 ③ 자기들끼리 통하는 은어나 소지품을 가지며, **우리라는 감정**(we-feeling)이나 의식이 강하고 집단의 응집성이 높으며 ④ 외부에 대해서는 강한 폐쇄성과 배타성을 나타내는 수가 많다. ⑤ 또한 집단구성원 상호간에는 '**우리의 맹세**'와 같은 규칙을 정해 놓고 이에 대한 이행이 철저하며, 리더의 명령은 부모나 교사보다도 더 강할만큼 통솔 · 종속 관계가 철저하다.

(4) 집단생활과 사회성의 발달

학급이나 도당에서의 집단생활을 경험하는 일은 아동기의 발달에 있어서 극히 중요한 의미를 갖는다. 이러한 횡적 인간관계 속에서 집단을 유지하기 위한 **집단규범**의 준수, 상호협력, 욕구의 자기 통제 등 기본적인 사회생활을 영위하기 위한 기술이나 태도가 깊이 학습되어진다고 하겠다. 그러나 도당간의 대립항쟁 등은 경우에 따라서는 비행과 연결될 수도 있다는 점에서 교육지도상 특히 유의할 점도 많다.

3) 도덕성 발달

(1) 외적 통제에서 자기 통제로

유아기에는 자기의 욕구의 통제나 선악의 구별이 어느 정도 가능하지만, 이것은 무엇보다 유아에 있어서 신뢰의 대상인 부모나 보육자 등의 어른으로부터 받는 외적 통제에 의한 것이다.

결국 유아기에는 행위 그 자체의 기준을 이해하고 있는 것이 아니라 벌을 회피하고 어른으로부터 보상과 칭찬을 얻기 위해 행위를 구별하는 면이 강하다. 그러나 아동기에 들어서는 외적 통제 대신에 자신에 의한 '자기 통제'가 가능해진다. 이러한 자기 통제의 발달 과정은 다음과 같은 '**만족지연 행동**' 및 '**자기 강화행동**'의 **발달**에 잘 나타나 있다.

① 만족지연 행동의 발달

만족지연 행동이란, 장래의 '가치 있는 결과'를 손에 넣기 위해 당면의 욕구를 만족시키는 행동을 억제하는 것이다. W. Mischel과 R. Metzner의 실험에서는, 유아나 저학년에선 지연 후 대보수보다 직후 소보수를 선택했으나, 3~4학년 이후의 아동들은 지연 후 대보수가 우세했음을 시사하고 있다(그림 4-2 참조).

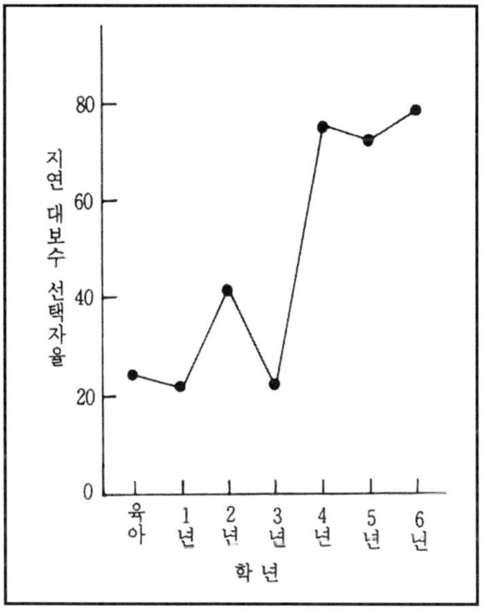

[그림 4－2] 만족지연 행동의 발달

2 자기 강화행동의 발달

학령기 중기에는 과거의 경험을 통해 차츰 자기 행동결과에의 기대가 형성되고 그 기대에 입각한 행동의 기준이 설정되게끔 된다. 만약 행동이 그 기준에 부합된 경우엔 정적 강화(자기 칭찬), 부합되지 못한 경우엔 부적 강화(자기 질책)를 자기 자신에게 주게 된다. 이러한 강화는 부모나 교사 등 외부인이 주는 것이 아니라 스스로 수는 것으로 이것을 자기 강화(self reinforcement)라고 말하며, 이후 인간의 동기유발에 중심적 역할을 하게 된다.

(2) 집단의 규범과 도덕성

도당시대에 들어서면, 또래 친구집단에서는 엄격한 상호견제에 의한 "동료간의 행동원리로서 도덕의식"이 발달하게 된다. 특히 또래 친구집단에서는 "모두가 지킨다", "모두가 실행한다"라는 공평과 평등의 원리가 엄격히 실천되고 불공평과 불평등은 최악의 일로 심판하게 된다.

따라서 이 시기의 도덕의식은 스스로의 자각에 의했다기 보다는 실제로는 그 집단의 규범이거나 부모나 교사로부터 주어진 경우가 많다. 이와 같이 학령기를 도덕성 발달의 관점에서 본다면 "집단적 도덕, 타율적·권위적 도덕"의 단계에 있다고 볼 수 있다. 그 후, 청년기에 들어서면 자기의 내적 가치관이나 양심에 따라서 행위를 검토하는 '자율적 도덕'의 단계로 이행되어 가는 것이다.

제 5 장

발달 및 행동장애

1. 신생아기

1) 수정시 요인

(1) 염색체 이상

염색체 이상은 발달장애로서 염색체 수의 이상으로 결정되는 것이다. 가장 대표적인 예로서 Down syndrome을 들 수 있다. 이 증후는 1866년 Langdon Down에 의해서 명명되었으며, 그 후에는 Mongolism 또는 Mongoloid idiocy라고 불리운 것으로 염색체 수의 변화로 결정되는 가장 빈번하고 의미있는 발달장애이다. 임상적인 형태는, 머리는 작고 둥글고, 눈과 눈 사이는 멀리 떨어져 있고, 목은 짧고, 피부는 거칠며, 목소리는 낮고 쉰 듯해서 갑상선 기능저하증과 대단히 비슷하다. 걸음을 늦게 배우며 말은 보통 4세 때부터 배우게 되고 지능지수는 50~60 정도이다. 보통 빈도는 C. E. Benda의 연구에 의하면 1 : 1000의 발생 비율을 나타낸다고 한다.

임부의 나이가 서른 다섯 이후가 되어서 첫 아기를 낳는 경우에는 여러 가지 위험성이 따르게 되는데 우선 분만이 길고 힘들어지며 사산할 경우가 많고 다운증후군이나 다른 유형의 정신지체아를 낳는 경우가 젊은 임부보다 훨씬 많은 것으로 알려져 있다.

(2) **성염색체 이상**

성염색체의 수의 편차로 결정되는 근본적 장애로 다음 것들이 있다.

① Klinefelter syndrome

이 증후군은 고환형성 부전증(Hodenhypoplasie)으로 제2차 성징과 더불어 나타나며 남성의 유방 돌출이 크고, 거세된 것 같이 키가 크며 골반의 둘레가 넓고 다리의 길이가 길며 털도 여자같이 적게 나 있다. 이 성염색체의 공식은 XXY(경우에 따라서는 XXXY)로 표시되며 빈도는 R. Lempp의 연구결과에 의하면 1000명 중 1~3명 꼴로 나타난다.

이들은 정신적으로 활기가 없으며 생식 불능증이 빈번하며 수동적이고 지능도 정상 이하가 많다.

② Ullich-Tuner syndrome

이것은 한쪽 부모의 X염색체가 다른 쪽 부모의 X염색체와 결합하지 않아서 염색체 수식으로 XO를 형성한다. 따라서 여자에게만 해당한다.

이 증후는, 항상 키가 작으며 충동적이고 심신발달이 미성숙한 장애현상을 나타내고 있다. 이 증후의 발생빈도는 1 : 5000이다.

③ Triple-X-syndrome

이 증후는 초여성적이며, 성기능이 미발달하고 불임증을 나타내며, 정신박약자가 많다.

2) 임신초기 요인

(1) 과잉구토증

임신구토가 아동에게 손상을 줄 수 있는 외인성 기질 요인으로 문제가 된다는 것은 R. Mey와 R. Holbein의 연구에 의해서이다. 물론 임신구토가 기형아의 원인이 되는 경우는 비교적 드물지만 뇌세포의 이동 제지의 원인이 될 수는 있다.

(2) 어머니의 바이러스병

가장 전형적인 예는 Gregg syndrome으로서 정신지체, 소두증, 백내장을 수반한 소안구증, 내이(內耳)의 난청현상, 귀머거리 내지 심장기형을 수반할 수 있다. 빈도는 병든 어머니의 12% 정도이다.

풍진(German measles)은 임부에게는 별로 큰 문제가 되지 않는 삼시 같은 병으로 나타나지만, 태아에게는 큰 영향을 미쳐서 풍진 바이러스가 태반에 들어가 태아에게 감염이 되면 여러 가지 심각한 문제를 일으킨다. 가장 흔한 것 중의 하나는 귀머거리이고 기타 심장기형, 백내장, 정신박약 등이 있을 수 있으며, 유아자폐증도 풍진을 앓

았던 어머니가 낳은 아이들에게 훨씬 더 많은 것으로 알려졌다. 풍진을 앓았던 어머니가 낳은 아이들이 모두 이런 기형을 갖는 것은 아니며 그 중에 몇 %에 지나지 않지만 심각한 문제성이 따르므로 첫 임신 3개월 동안에 특히 주의해야 할 것이다. 풍진은 풍진 면역주사가 있으므로 어린 시절에 풍진 면역을 받아두는 것이 좋다. 특히 여아의 경우에 그러하며, 어린 시절에 풍진 면역주사를 맞지 않은 성인 여자들은 적어도 임신 3개월 이전에 맞는 것이 좋다.

(3) 약물중독

별로 해가 없는 것으로 알려졌던 수면제며 진정제인 콘테간(손상물질, Thalidomide)으로 인하여 수많은 아동들이 손상을 받은 사실은 [그림 5-1]과 같이 약물로 인하여 어떻게 기형이 생길 수 있는가를 보여주고 있다.

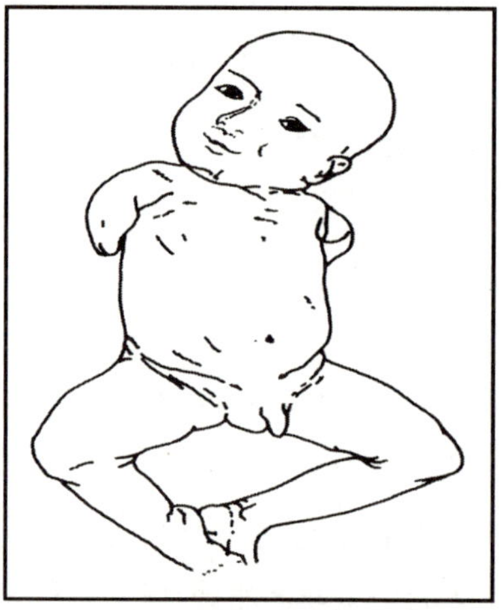

[그림 5-1] Thalidomide의 작용으로 인한 전형적인 신생아 기형

(4) 방사선

이는 원자탄 폭발 후 히로시마에 나타난 기형률을 통하여 잘 알려

진 사실이다. X선도 마찬가지여서 H. Verse에 의하면, 임신이 된 것을 알고 있는 경우에 하복부의 X선 진단시는 엄격히 통제되어야 한다는 것이다.

(5) 기타 요인

임신 중 출혈, 양수과다증과 같은 호르몬의 조정 이상, 유산시도 등은 기형아를 유발할 수 있다.

3) 태아기 요인

태아기의 외인성 손상을 유발하는 직접적인 요인은 다음과 같다.

(1) 임부의 정서적 상태와 스트레스

임부의 정서상태는 어머니의 내분비 조절에 영향을 미쳐서 이것이 태아에게 옮겨져 영향을 받는 것이라고 할 수 있다. 잘 알려진 소견을 보면 심한 스트레스와 정서적 불안 속에 있는 경우에 태아의 심박동과 운동량이 증가하고 이것이 오래 지속될 경우 태아의 운동은 지속적으로 정상보다 심해지는 경향이 있다. 임부가 지속적으로 긴장하고 불안한 경우 이들은 분만에 여러 가지 합병증을 일으키며, 아기가 태어났을 때 자주 울고 신경질적이며 행동상 다루기 힘든 경우가 많고, 특히 어머니 자신이 어떤 정신적 혹은 정서적 장애를 가지고 있는 경우나 임신에 대하여 부정적인 생각을 가진 경우에는 정상 임부에 비해서 입덧이 심하고 자연유산이나 난산을 하기 쉽다.

(2) 동물 기생충증에 의한 감염

O. Thalharmmer의 연구에 의하면 오스트리아에서는 살아서 출생

하는 아동 중 6%가 동물 기생충증인 toxoplasmosis병에 감염되어 있다고 한다. 전염은 보통 개나 고양이, 토끼 같은 가축을 통해서 감염된다. 감염시기에 따라서 출생 때 아동에게 급성뇌염이나 망막의 변화(망막염, 수두증, 뇌수석회화)와 정신박약을 수반하는 결함상태가 나타난다.

진단은 출생 후 특정 혈청검사(예 : Sabin-Feldman 검사)로 알 수 있다.

(3) 매 독

매독균은 태반을 통해서 자궁 속의 태아에게 전염되는데 일반적으로 초기전염은 보통 살아서 태어나지 못한다. 어머니의 매독은 태아에게 1/4의 확률로 감염되는데 이것이 유산의 원인이 되기도 하며 만일 태어난다 해도 정신박약이나 기타 신체적인 기형을 갖게 된다. 따라서 임부는 임신 전에 매독이 없다는 것을 확인해야 하고 치료를 받아야 되며 임신 중이라도 초기에 발견하여 치료하면 태아가 보호되는 것으로 알려져 있다. 후기전염은 피부변화, 코감기, 중이염, 매독성 골증을 수반하게 된다. 치료가 불완전하며 특히 난청, 수두증 및 정신박약으로 나타나는 수가 많다.

(4) 어머니의 중독성 수상

임신 중의 연탄 가스나 수면제 등으로 아동의 손상이 초래된다. 중독과 비슷하게 심한 빈혈도 영향을 크게 미친다.

(5) 신장병

신장병, 특히 이것이 급간(Eklampsie)으로 발전하면 아동에게 위험하다. 이 병은 신장의 기능정지나 기능저하로 어머니의 신체가 중독을 일으키는 경우를 말한다.

I. Gavaller와 그의 동료들의 연구에 의하면 급간아동 중 23.9%가 신경정신적 손상, 특히 정신박약과 간질을 나타낸다고 한다.

(6) 임부의 영양상태

임부의 영양상태는 근본적으로 중요한데 영양실조나 부족은 주로 태아의 중추신경계의 발달에 나쁜 영향을 미친다. 영양결핍이 있는 경우에 뇌세포와 이를 지지하는 여러 가지 형태구조에 큰 문제가 된다. 영양의 부족은 특히 임신 후반기에 큰 영향을 미치고 출산 후 태이가 죽을 가능성도 많으며 살아도 지적 능력 발달에 크게 영향을 미치는 것 같다. 또한 출산시 무게도 작다.

4) 출생시 요인

신생아의 출생 손상에 관한 자세한 개요는 P. Schwartz의 연구에서 볼 수 있다. 출생과정은 아동에게 부담이 되는데, 이는 커다란 압박 차이에서 오는 진통수축과 또 이 진통수축 동안에 매번 혈액공급이 차단되기 때문이다.

아동 두개골의 뚜렷한 기형을 초래하는 압박 부담의 외상은 흔히 출생시 뇌손상 가능성이 지적되고 있다.

겸자분만은 D. Muiller와 A. Treiber의 연구에 의하면 뇌손상이 정신박약의 직접적인 원인이 되고 있음을 시사받을 수 있으며, 제왕절개 역시 손상을 야기할 수도 있다고 한다.

특히 소산은 위험하다. 외견상 문제없이 진행된 출산에도 심한 뇌손상이 나타난다. J. Marti에 의하면 미숙아의 중추신경계는 성숙아보다 훨씬 덜 보호되어 있다. 이는 두개골 내의 연화성과 강한 변위 때문에 압력 이상이 크게 작용하기 때문이다. 조산아의 압력 이상은 성숙아보다 크며, 혈관은 쉽게 상처받기 쉽고 출혈경향도 혈전체계가 성숙되어 있는 성숙아보다 높다.

2. 영아기

1) 유전적 요인

실제 임신과정이 완전히 정상적이고 출산시에도 아무런 이상이 없다고 하더라고, 영아가 출생 후 처음에는 정상적으로 발달하다가 몇 개월 지나면서 차츰 발달지체나 발달균열, 발달퇴행으로 되는 수가 있는 바, 이러한 경우는 물질교대(metabolism)나 유전성 질병을 의심할 수 있다.

(1) 물질대사 장애

① Phenylketonuria syndrome

이것은 유전성 발달장애의 현저한 예로서 선천성 정신박약(백치)이다. 직접적인 원인은 아미노산 물질대사의 장애 탓이다. 보기에는 건강하나 일반적으로 흰피부와 밝은 색의 금발과 파란 눈을 가지고 있다.

이는 어두운 색깔의 피부와 신체색소에 필요한 멜라닌 색소가 물질대사 장애 때문에 전혀 또는 불충분하게 생산되었기 때문이며, 유전인자의 전달은 열성이고 유전될 확률은 1 : 10,000～1 : 30,000으로 추정되고 있다.

2 Niemann-Pick syndrome

이 역시 물질교대의 장애에 기인된 정신박약이며, 뇌척수에 퇴적을 야기하는 증후로서 Gaucher syndrome과 비슷하다.

3 Tay-Sachs syndrome

이것은 유아흑내장 치매증으로 불리우며 생후 5개월부터 8개월 사이에 시작되어 영양장애, 의욕저하를 보여 주며, 때로는 강직성 경련을 수반하며 망막이 변질되어 벚꽃색을 띠고 있는 것이 특징이다.

(2) 두개골 발달장애

1 소두증(microcephaly)

이것은 출생 때의 뇌손상으로 인해 뇌성장의 지체와 결함이 생겨서 소두증으로 되며 정신박약이 된다. 반대로 뇌가 이상할 정도로 큰 대두증(macroencephalia)은 백치가 아니면 우수한 지능을 갖기도 한다.

2 수두증(hydrocephalus)

이것은 뇌척수액의 증가가 원인이 된다. 액은 양적으로 증가하고 있기 때문에 두개골의 내면을 눌러서 뇌막의 위축을 가져오며 극단적인 경우에는 정신박약을 수반한다. 또다른 유형으로는 비정상적으로 뇌액이 많아 생기는 과다분비 수두증이 있다.

3 내분비선 발달장애

갑상선 기능감퇴증(hypothyrea)은 영아기에 현저하게 작용하며 생후 1~2개월에는 심신의 발달장애나 일반활동의 충동수준을 저하시킨다. 보통 피부가 건조하고 변비증 경향이 있으며, 심한 경우에는 난장이가 되는데 특히 골격성장의 장애가 특징적이다. 그리고 심한 난청과 정신박약을 수반한다.

2) 외인성 기질적 요인

(1) 접종에 의한 손상

접종결과로 나타나는 손상은 뇌손상의 결과와 대등하게 취급되기도 하지만 특수한 손상형태를 야기시킨다.

접종손상으로서는 다만 종두 후의 병발증(complication)만이 문제된다. 영아기의 기타 다른 모든 예방접종, 예컨대 소아마비, 디프테리아, 성홍열, 백일홍 접종에서는 이와 같은 손상결과를 걱정할 필요는 없다.

종두 후 뇌의 병발증의 빈도는 K. Berger의 통계에 따르면 오스트리아에서는 생후 1년 안에 접종으로 약 9,000명 중 1명이 사망하고 있다.

(2) 간 질

전형적인 영아기 간질형은 BNS-경련(Blitz-Nick-Salam-Krampf), 전진성 소발작, 또는 악성 소아경련이라고도 명명되는 것이다. 주 증상은 형태, 즉 몸 전체에서 나타나는 빠른 경련, 몸과 사지 및 동체를 앞으로 굽히며 끄덕이는 경련 그리고 앞으로 천천히 굽히는 긴장성 경련 등이다. 이 세 가지 형태는 모두가 짧게 계속되고 가볍게 놀라는 인상을 주며 또 반복될 때에는 독특한 습관으로 생각한 나머지 간질발작이라고 인식되지 않는 데 문제가 심각하다. 심지어 영아기

'경풍(기)'은 아무것도 아니며 영아기 때는 누구나 가볍게 경련을 일으키기 쉬운 것이고, 이것은 나중에 모두 없어진다고 생각하는 점이다. 바로 이 간질형태는 적시에 치료하지 않으면 정신적 황폐, 곧 치매와 정신박약을 초래하기 쉽다. 특히 소발작이 누적되면 자라면서 대발작으로 진행될 수도 있다.

3) 심리적 요인

(1) 접촉장애

접촉장애는 영아를 돌보는 사람과의 접촉 기회의 결핍 또는 돌보는 사람이 계속 바뀌거나, 정도는 약한 편이지만 어머니가 직업을 가져서 조모가 돌보는 경우도 포함된다.

수용소(탁아소) 환경에서 오는 결과상태를 'hospitalism'(시설증)이라 하는데, 이는 수용 환경의 결과에서 생기는 정서적 위축이다. 즉 이것은 영아의 정신적·정서적 및 신체적 발달장애를 초래할 수 있다. 이러한 영아들은 늦게서야 웃는 것을 배우거나 영 배우지 못하는 수도 있으며, 무표정, 무감각하게 되고, '머리를 끄떡이는'(체머리 흔드는) 것과 같은 상동적(常同的, stereotypical) 운동을 나타내는 경향이 있다.

이러한 현상은 영아가 스스로 외부자극을 반늘어서 율동적 움직임과 접촉으로 자기의 감각적 체험욕구를 스스로 만족시켜서 생기는 것이다. 이러한 'hospitalism'이 결과 영아들은 흔히 욕구가 좌절되는 느낌이 커지는데, 가벼운 정도 또는 심한 기관의 손상을 나타내기도 한다. 이러한 기관손상은 다시 이러한 상동적·율동적 운동형을 형성시킬 수 있다.

보호감과 무조건 수용된다는 느낌 및 영아가 이 세상에서 규칙적으로 만나게 되는 사람들과의 긍정적인 접촉 수용감과 같은 기본 욕구가 결여되거나 정서적 박탈(emotional deprivation)이 심하면, 이는 심리적 노이로제 발달의 중요한 요인이 되며, 영아의 노이로제의 주 증상은 식욕부진, 구토, 변비, 오줌싸개, 경련성 발작, 수면장애 등이다. 이 외에 노이로제의 일반 장애로는 과민성, 주의집중 장애, 흥분적 감정발작이 있다. 심리적 요인에 의한 노이로제는 발달장애가 아니라 행동장애의 하나이다.

(2) **반추장애**(rumination disorder)

이 장애는 음식을 자발적으로 반복적으로 토하며 토한 것을 자기 몰입되어 편안하고 즐거운 상태에서 다시 씹고 삼키는 장애이다. 시작 연령은 대개 3개월에서 12개월 사이이다. 반추장애의 합병에는 영양실조/성장 실패, 탈수증, 위장 문제 등이며 25%의 치사율을 보인다. 남아가 여아의 5배 이상 더 이 장애를 가진다. 반추장애에는 두 유형이 있는데, 첫째는 심리적인 것(더 어린 나이에 발명하며, 심각하게 혼란된 부적절한 양육환경과 관련됨)이고 둘째는 자기 자극적인(더 늦은 나이에 발병하고 정신지체와 관련됨) 것이다.

3. 유아기

1) 유전적 요인

(1) Heller**성 유아치매증**

T. Heller가 1908년에 보고한 유아성 치매는 보통 3세, 4세에 나타나며 특정적 증후상(像)으로는 정신박약 과정이 서서히 나타난다는

점이다. 이 증후가 나타나기 전까지는 별로 이상하지 않다가, 갑자기 불안해 하고, 환각(hallucination) 경향이 있으며 언어가 빈곤해져서 결국은 말을 못하게 된다. 치료효과는 작아서 결국 완전하게 접촉을 상실하고 백치가 되는 것이 특징이다.

(2) 과운동증후군

Heller성 치매와 함께 이 시기에 나타나는 과운동증후군(hyperkinetic syndrome)은 정상적 발달을 하다가 서서히 또는 갑작스런 변화를 나타낸다. 이 증후군은 강렬한 기분의 동요를 수반하는 심한 운동흥분을 나타내는 것이 특징이다.

이와는 정반대로 이상하리만큼 조용하고 활발하지 못한 아이를 무운동증후군(hypokinetic syndrome)으로 부르며 무표정, 무관심, 멍청하게 앉아 있는 무력형으로서 유아 정신분열증의 하나이다.

2) 외인성 기질적 요인

(1) 뇌 염

뇌염(encephalitis)은 뇌손상이 일어나는 질병으로서, 비이리스성 뇌염에 기인된다.

임상적 증후는 고열이 나고, 의식의 장애가 생기고 몽롱한 상태에서 혼수(coma) 상태에 이르며, 위장장애와 근육통과 같은 일반적 장애가 번갈아 나타난다.

(2) 실어증

실어증(aphasia)은 뇌손상이 언어가 학습된 후에 나타나서 언어장애를 초래한 것으로, 운동성 실어증(motoric aphasia)과 감각성 실어증(sensoric aphasia)으로 구별될 수 있는데, 전자는 발성기관은 장애가 없는데도 생각한 바를 말하지 못하는 운동성 언어형성 장애를 말하고, 후자는 듣게 된 단어를 이해 또는 연상을 하지 못하는 무능력을 말한다.

(3) 사고에 의한 뇌손상

교통사고 등 사고에 의한 두개골 외상의 경우 의식혼탁과 방향감각 장애를 수반하는 바, 급성 외인성 정신증후군은 외상 후에 뚜렷한 주의력 장애와 욕구저하, 정서의 변화를 나타내는 정신이상을 나타낸다. 유아의 경우에는 성인의 경우에서 볼 수 있는 심한 흥분성과 폭발성은 별로 나타나지 않으나 정서변화가 심하다.

(4) 소발작

소발작(petit mal)의 형태는 2세에서 3세 사이에 시작되며, 발작형태는 흔히 벼락에 맞은 것 같이 쓰러졌다가 그 후 곧 다시 완전하게 행동할 수 있게 되는 것이 특징이다. 발작하는 동안에 갑작스런 근육이완, 즉 운동감각 상실적인 인상을 나타낸다. 후에 이 발작은 약해지거나 또는 소발작의 한 형태인 압쌍스(Absence)로 바뀐다. 정서적으로 활발하고 비교적 정상적인 행동양식을 나타낸다.

압쌍스의 경우엔 5초 내지 15초 동안 대단히 짧은 의식장애일 뿐이기 때문에 당사자인 아동조차도 거의 알 수 없고 아동 옆에 있었던 성인들도 모를 정도이다. 다만 뇌파검사에 의해서만 진단이 가능하다.

(5) 자폐증(autism)

자폐증은 전반적 발달장애의 한 종류로, 그 특징은 상호적 의사소통 기능 발달의 손상, 비정상적인 언어발달, 제한된 행동 양식과 관심을 보이는 것이다.

1 언어능력

자폐아동의 언어발달은 지체되고 비정상적이다. 자폐아동의 일부는 평생 말을 하지 않는다. 말하는 것을 배운 자폐아동의 대부분이 전에 들은 단어나 구를 반복하는 반향어(echo words)를 자주 나타낸다. 예컨대, 엄마가 아이에게 "너 배고프지, 아이스크림 사줄까?"라고 물으면, 아이는 자기 엄마에게 똑같이 "너 배고프지, 아이스크림 사줄까"라는 반향어를 나타내곤 한다. 일반적으로 말의 억양이나 소리 크기 등도 비정상적이며 자신을 지칭하기 위해 '나' 대신에 '너'를 사용하는 대명사 전도현상이 일어나는 등 비정상적인 언어를 사용한다.

2 인지능력

대부분의 자폐아동이 어느 정도의 정신지체를 보이기는 하나, 어떤 자폐아동은 평균 정도 또는 평균 이상의 지적 능력을 가지고 있다.

자폐증에서는 청각적인 기계적 기억을 제외하고는 단기 기억과 장기 기억이 모두 결함을 나타내고 있다.

3 대인능력

정상적으로 발달하는 영아들은 생후 6개월에서 12개월 사이에 양육자와 물건을 번갈아 보면서 몸짓을 사용하여 주의를 공유하는 것을 배운다. 영아들은 손짓하기와 같은 몸짓을 사용하여 타인의 주의를 끌 수 있고, 또 타인의 몸짓을 따를 수 있게 된다.

그러나 자폐아동은 타인과 주의를 공유하기 위한 수단으로 눈길과 몸짓을 사용하는 능력이나 다른 사람과 정서적으로 교류하는 능력이 손상되어 있다.

4 반복적인 행동과 관심

자폐아동에게서 전형적으로 찾아볼 수 있는 증상은 몸흔들기 등 반복적인 신체 운동이다. 지능이 낮은 자폐아동의 경우의 가장 흔한 상동적 행동은 흔들기, 발끝으로 걷기, 손바닥으로 치기, 빙빙 돌기 등이다. 정신지체 수준이 덜 심한 아동의 경우엔 여러 장난감을 반복적으로 두 줄로 정렬하거나 길을 걸어갈 때 보도블럭의 벽돌선을 따라 걷고 계단 가장자리로만 올라가는 등 일상적인 활동에서 동일한 순서를 지키려고 고집하는 것 등이 있다.

5 자해행동

자폐아동들은 좌절하였을 때 자신의 감정을 전달할 언어적 수단이 없으므로 결과적으로 자신의 좌절을 나타내는 수단으로 손가락 물어뜯기, 머리를 손으로 치기, 머리카락 쥐어짜기 등 자해행동을 하는 수가 많다.

6 자폐증 유발요인

① 정신지체

비슷한 발달수준에 있는 정신지체 아동에 비해 자폐아동은 함께 주의하기, 운동 모방 능력은 손상되어 있다. 자해행동을 포함한 단순한 상동적 운동은 자폐아동과 정신지체아동 모두에서 나타나는 현상이다.

② 출산과정

자폐증은 산모의 고령, 임신초기 이후의 출혈, 약물치료 등 출산과정과 관계가 깊고 잉태해서 42주 이상 되어 태어나는 경우에도 유발 가능성이 많다.

3) 심리적 요인

(1) 무언증

언어거부증, 곧 무언증(無言症, mutism)은 기질적이 아니고 정서반응적으로 발생된, 곧 노이로제라는 점을 유의해야 한다. 이것은 흔히 심한 정서적 불안의 결과로 생기는 수가 많다.

그러나 주목할 만한 것은 아동이 말을 할 수 없는 것이 아니라 말을 하지 않으려는 점이다.

무언증은 유아기 자폐증의 부분증후일 수 있다.

(2) 언어유치증

언어유치증 또는 실문법증(失文法症, agrammatism)이라는 것은 언어발달 장애의 한 형태로 일반적으로 아동에게 언어의 모델이 결여된 데 그 원인이 있다. 그리고 부모가 서투르게 익살스럽게 들리는 아동의 아기말을 지나치게 오랫동안 허용했을 때도 나타난다. 그러나 전형적으로 동생을 보았을 때 아기같이 되려고 하는 퇴행욕구에서도 생길 수 있다.

(3) 눌어증

발음장애인 눌어증(stammering)은 주변환경에서 적절한 언어자극을 받지 못하거나, 극복해야 할 단계에서도 아동의 아기말을 그대로 받아들일 경우에 생기기 쉽다.

유아는 ㅅ, ㄹ, ㄱ 등의 발음을 정확하게 할 수 없다. 만일 아동이 '이러한 단계를 극복하지 못할 때 눌어증이라고 하는데, 예후는 좋은 편이다. 가장 빈번한 형태는 사행발음부전(sigmatism)으로, ㅅ발음을 치아 사이에 혀를 내밀어서 발음을 틀리게 만드는 경우이다. 이 밖에 '라' 발음장애(rhotacism), '가' 발음장애(gammacism) 등이 있다.

(4) 야뇨증

야뇨증(enuresis nocturna)은 대단히 보편적인 기능적 장애이다. 이는 아동 노이로제의 원형 중의 하나인데, 오줌싸개는 어린 동생의 출생과 더불어 나타나는 빈도가 많고, 이 기간이 오래 지속되는 수도 있다.

오줌싸개는 장자와 차자에서 많이 볼 수 있고 막내와 독자에게서는 드물게 발견된다. 이러한 사례에서는 아동은 다시 어린 영아로 돌아가고자 하는 욕구, 곧 퇴행경향이 명백하다.

(5) 주뇨증

낮에 싸는 주뇨증(enuresis diurua)은 야뇨증에 비하여 비뇨기적 합병증에 의해 생기거나 간질의 압쌍스(absence)에 의해서 생길 수 있으나 주뇨증에서도 야뇨증과 마찬가지로 대부분 심리적 요인이 주 요인으로 작용하여, 야뇨증에 비해 더 심한 아동 노이로제의 형태라고 볼 수 있다.

(6) 똥싸개

똥싸개(enkopresis)는 드물지만 일반적으로 아동 노이로제의 한 형태이다. 이러한 아동들은 오줌싸개와는 다른 유형이다. 이들은 보다 적극적이고 공격적이며, 아동이 자주 무서운 아버지 밑에서 얻어맞거나 야단맞을 때, 억압해야 할 공격성을 진정시킬 수 없는 결과로 똥을 싸게 되는 것이다.

(7) 말더듬이

아동의 말더듬이(stutterer)는 1차적 노이로제와 2차적 노이로제로 구별될 수 있다. 전자는 외부영향에 의한 성격구조에 의해 생기는 것이고, 후자는 외부 영향이 뚜렷하지 않은 노이로제이다. 유아의 말더듬이는 원래 부모와 유아관계의 장애가 기초해서 생기는 것이어서, 언어 노이로제의 반응은 뚜렷하게 파악될 수 있다.

말더듬이 유아는 서로 비슷한 점이 많다. 이들은 얌전하고 억압되고 수줍어 하는 유아들로서 집단 속에 있을 때는 과장된 행동을 나타낸다. 유아는 놀이 친구나 집단에서 바보 취급을 받고, 성격도 억압되고 있어 이것은 다시 의사소통을 불통하게 하며, 혼자 있을 때에도 억압되어 있고 겁에 질려 있다.

대부분의 말더듬이 유아들은 지배적이고 엄격하게 제한을 하는 아버지를 갖고 있다.

(8) 기관지 천식증

기관지 천식(asthma bronchialc)은 대부분 체질에 맞지 않는 물실에 대한 과민성, 곧 알레르기에 의해서 생긴다. 이 병의 증후는 아동과 부모 관계의 장애 표시이다.

야뇨증의 유아들이 자기를 적극적으로 표현하고 반응하는 데 비해서 이 기관지 천식을 나타내는 유아는 폐쇄적이고 말더듬이의 경우와 같이 아무런 표시를 하지 않는다. 즉, 이러한 유아는 숨을 내쉴 수 없을 정도이다. 흔히 지나치게 보호받고 간섭받은 유아들이 이러한 방법으로 반응하고 또 이 병 때문에 부모의 과잉보호가 악순환되어 더욱 강화되기도 한다.

(9) 신경증적 퇴행행동

흔히 유아들은 그 단계에서 만족을 얻지 못했을 때 고착되어 발달 진행이 방해를 받는다. 즉, 이것은 어떤 욕구불만이나 내적 갈등, 또는 일반적인 불만사태를 이전의 발달단계로 소급시켜 돌아가는 퇴행 행동이다.

이에 속하는 것으로는 엄지손가락 빨기, 여러 가지 형태의 율동적 흔들거림, 콧구멍 쑤시기, 머리카락 꼬기(trichotillomanie), 손톱 물어뜯기 및 자위행위이다. 이 모든 행위는 유아에게서 무의식적으로 진행되고 환경에 의해 야기될 수 있는 것이다.

(10) 식욕부진증(거식증, canorexia)

식욕부진증이란 먹기를 거절하거나 음식에 대해 까다로운 것을 의미한다. 유아가 영아에 비해 소량의 음식을 먹기 때문에 부모가 식욕부진으로 잘못 오인할 수도 있다. 식욕부진의 일반적 원인은 다음과 같다. 즉, 유아 독립심의 발달로 부모의 요구에 반항하거나, 주의집중 무시에 대한 적개감 표출, 나이 많은 아동의 모방행위로써 나타나기도 한다. 또한 식사시에 지나친 간섭이나 강요를 당했을 때 나타나며, 음식에 대해 흥미가 없을 때, 유아에게 정서적 적응장애가 있을 때(부모의 사랑 결여, 부모 사이의 갈등, 부모와 자식간의 갈등, 형제간의 질투), 좋은 식사습관이 형성되지 못하였을 때 식욕부진(거식증)을 초래한다. 어떠한 질환(결핵, 빈혈, 만성감염 등)이 있을 때에는 빨리 치료해야 하며 기타 여러 가지 요인은 원인을 규명하여 교정해 주어야 할 것이다.

(11) 수면장애

일시적인 수면문제는 생후 2년 동안은 질병(귀의 감염, 감기 등) 또는 이가 나기 시작하여 나타나는 고통과 관련될 수 있다. 스트레스, 성숙 요인, 그리고 기질이 수면주기와 관련된다.

유아들에게서 가장 흔한 수면장애는 잠자리에 드는 시간이 안정되지 않는 것과 밤에 깨어있는 문제이다. 학령전기와 학령기 아동에서 가장 흔한 수면장애는 반응소실증(parasomnias 또는 NREM 수면 장애), 악몽(night terrors), 몽유병(sleepwalking, sleeptalking)과 특정 형태의 야뇨증(enuresis)이다. 유아기 수면장애의 진단기준에는 ① 하룻밤 사이에 세 번 이상 깨어나는 것, ② 밤에 20분 이상 깨어 있는 것, ③ 부모의 잠자리로 옮겨가는 것, ④ 잠잘 시간에 자기를 거부하고 잠들 때까지 부모가 옆에 있기를 요구하는 것이 포함된다. 이러한 증상이 1주일에 5일 이상, 3개월 동안 지속적으로 나타나야 한다.

(12) 애착장애

부모의 무관심, 지나친 학대 또는 애정결핍의 결과로 부모에게 애착을 발달시키지 못한 유아를 지칭한다.

애착되지 않은 장애는 정신연령이 적어도 생후 10개월 이상된 유아가 선호하는 애착대상을 가지고 있지 않은 경우이다.

장애가 있는 애착은 유아가 양육자를 세상을 탐색하는 안전기지로 그리고 위험한 상황에서 다시 되돌아오는 안전한 회피처로 사용하는데 문제가 있는 것이다. 안전기지가 왜곡되는 것의 특징은 증후적 행동이 관계 특징적이고 또 장애가 있는 애착관계에만 제한되어 있다는 것이다. 어린 유아가 떨어지려 하지 않고 탐색하는데 억제되어 있을 경우 억제된 애착장애로 생각할 수 있다. 역으로 아이가 위험한 상황에서도 뒤돌아보면서 확인하는 행동을 하지 않고 너무 쉽게 양육자로부터 떨어지고, 무분별하고 위험한 행동을 보일 때는 자신을 위험하게 하는 애착장애로 간주할 수 있다. 마지막으로 유아가 애착대상의 정서적·신체적 안녕을 발달적으로 부적절한 정도로 걱정하고 염려하는 방향으로 애착관계가 역전되었을 경우는 역할 역전된 애착장애를 생각해 볼 수 있다.

애착장애는 주요한 애착대상을 상실한 어린 유아의 슬픔 반응을 나타낸다. 생후 3년 동안에는 애착대상이 상당히 중요성을 가지므로 이 시기에 애착대상을 상실하는 것은 인생의 다른 시기에 일어난 상실과는 질적으로 다를 것이다. 실제로 5세 이전의 상실은 후에 정신병리가 발달될 위험을 증가시킨다는 증거가 있다. 애착장애의 행동특성은 영아기 시절의 접촉장애로 인한 행동특성과 거의 같다고 하겠다.

4. 학령기

1) 유전적 요인

(1) Morbus Cushing syndrome

이것은 대부분이 종양에 의해서 생긴다. 이 쿠싱 증후군은 쿨티존 치료가 많이 보급됨에 따라 이러한 호르몬 치료의 부작용으로 나타날 수도 있다. 흔히 여아에게 더 많이 나타나는 쿠싱 증후군은 동체의 비만증이 특징이다. 이의 특징은 얼굴색이 대단이 붉고, 뺨에 살이 많이 찌고 피부는 얇고 민감하며 청적색의 선이 있다. 보통 왜소와 골다공증(osteoporosis)이 현저한 특징으로 나타난다.

(2) Laurence-Moon-Bardet syndrome

이것은 열성유전병으로 비만과 정신박약 및 성선기능감퇴증(hypogenitalism)과 망막변화, 그리고 다지증(多指症, polydaktylie)이 특징으로 나타난다.

(3) Dystrophia Adiposo Genitalis syndrome

이것은 비만과 왜소증, 성선기능감퇴증이 결합이다. 이상의 비만아들의 특징적 성격은, 쉽게 단념하고 슬프고, 억압을 잘하며, 자기 풍자적 경향이 있는 선량함을 나타낸다. 이들은 무엇보다도 이들의 선량함 때문에 조롱감의 대상이 되기도 한다. 어떤 경우에는 이러한 비만증 아동 가운데서 어느 정도의 유아적인 정신발달의 지체를 관찰할 수 있다.

(4) **정신지체**

① 정신지체의 개념과 특징

정신지체(mental retardation)는 지능 수준이 평균보다 낮으며 특히 정신적인 발달이 지체되는 것을 의미한다. 이것은 정신박약(mental deficiency), 정신저하(mental subnormality), 저능(subintelligence) 등으로 불리기도 한다.

미국 정신의학회(1994)는 정신지체를 '발달장애' 가운데 첫 번째로 꼽고 있으며, 정신지체의 원인도 유전적 장애서부터 태아기, 주산기, 출생 이후 시기의 문제와 손상에 이르기까지 수없이 많다.

현재로는 세 가지 주요 특징이 정신지체인의 성격을 규정한다고 보고 있다. 첫째, 이런 아동들은 정상 이하의 지적 능력을 가지고 있다. 지능지수 70 이하의 점수로 정의되는 이 기준은 정신지체의 지적 성격을 잘 나타내 준다. 정신지체의 두 번째로 중요한 특징은 적응 행동을 수행하는 능력의 결함이다. 정신지체의 세 번째 특징은 생애의 초기에 시작된다는 것이다.

2 정신지체의 수준

① 경미한 정신지체(IQ 55～70)

이 장애는 그 수가 가장 많으며(75% 정도), 정상적인 사람들과 별다른 차이가 없어 보이고, 정규 학교에 다니는 기간을 전후하여 정상적인 아동들과 잘 어울려 지내는 경우가 많다. 단지 일상생활의 문제와 과제를 해결하는데 있어서 속도가 느리다거나 더 많은 도움을 필요로 하는 것처럼 보일 뿐이다.

② 중간수준의 정신지체(IQ 40～54)

이 장애는 두 번째로 그 수가 많은데(20% 정도), 지능이나 적응의 면에서 경미한 정신지체보다 더 큰 손상이 있는 아동들을 가리킨다. 이 아동들은 학령전기에 정신지체가 있는 것으로 진단되는 경우가 더 많다. 중간수준의 정신지체가 있는 아동들의 다수가 한 가지 또는 그 이상의 분명한 기질적 원인을 나타낸다. 이들은 지속적인 타인의 도움을 필요로 한다.

③ 심한 정신지체(IQ 25～39)

이 장애는 더 심한 손상이 있는 아동들을 가리킨다(4% 정도). 이런 아동들은 대부분 한 가지 또는 그 이상의 기질적 원인을 가지고 있다. 심한 정신지체가 있는 아동들의 다수가 신체 또는 보행에 문제가 있으며, 호흡기나 심장 등에 문제가 있는 경우도 있다. 심한 정신지체가 있는 아동들은 대부분 평생동안 특별한 지원을 필요로 한다.

④ 아주 심한 정신지체(IQ 24 이하)

이 장애는 지능이나 적응력이 가장 심하게 손상된 아동들이다(1% 정도). 이런 아동들은 정신연령이 영아기 수준에 머물고 있기 때문에 강도 높은 훈련을 시켜야만 한다. 이런 아동들은 평생동안 보살피고 도와 주어야 한다. 이들은 거의 모두가 기질적 원인에 의해 지체가 되었으며, 다수가 정신지체와 함께 다른 심한 질환을 가지고 있다.

3 정신지체의 발생 원인

정신지체는 서로 다른 여러 가지 원인에서 비롯된다. 이 원인들 중 일부는 유전적 장애나 자궁내 사고와 같이, 출생 이전에 발생한다. 다른 유형의 정신지체는 미숙아 출산이나 무산소증 같은 출생 전후 무렵의 주산기 손상에 의해 발생한다. 또다른 유형의 정신지체는 뇌막염, 두부 외상, 또는 그 밖의 출생 이후 손상에 의해 발생한다. 정신지체에는 한 가지 또는 그 이상의 특정한 원인에 의해 발생하는 서로 다른 여러 가지 유형이 있는 반면에, 많은 또는 어쩌면 대부분의 사람들은 출생 이전이나 출생 전후 무렵, 또는 출생 이후의 시기에 뚜렷한 원인을 찾아볼 수 없는 정신지체를 가지고 있다.

① 출생이전

㉠ 염색체 이상—다운증후군, 클라인펠타증후군, X결함증후군
㉡ 감염과 중독—풍진, 매독, 박테리아 감염, 바이러스 감염, 약물 중독, 독물, 납중독
㉢ 선천적 대사장애—아미노산장애, 탄수화물, 지방, 단백질 대사장애, 성장효소 장애, 핵산장애
㉣ 뇌형성 발달장애—뇌형성 결손, 세포이동결손, 신경내결손, 임

신중 방사선에 노출

ⓜ 원인불명의 출생이전 원인—무뇌증, 소두증, 수두증

② 분만기간 중

저산소증, 외상, 조산, 난산, 만산, 체중과다, 방사선 조산, 자궁내 장애, 감염, 호흡장애, 두개강내 출혈

③ 출생 이후

㉠ 출생 후 뇌질환—신경섬유종증, 결절성뇌경화증

㉡ 환경적 요인—감각기관 상실, 가정의 문화실조환경

㉢ 감염, 열병, 발작—기생충 감염, 뇌막염, 뇌염, 경련, 근경련, 간질(대간질, 소간질)

[4] 유전성 염색체이상에 기인된 정신지체

유전성 정신지체 중 염색체(사람은 22개의 상염색체 쌍과 X・Y염색체를 갖고 있음) 이상에 의한 정신시체 현상의 유형과 특성을 열거하면 다음과 같다.

① 유 형

㉠ 상염색체 숫자 이상

a. Dawn Syndrome·····21번 염색체가 3개 있음

b. Cat-Cry Syndrome·····5번 염색체의 일부가 결실됨

㉡ 성염색체의 숫자 이상

c. Turner Syndrome·····성염색체인 X염색체가 1개만 있는 여아

d. Kleinefelter Syndrome·····XXY 염색체 가진 남아

e. Jacob Syndrome·····XYY염색체를 가진 남아

㉢ 염색체 구조 이상

f. Williams Syndrome·····7번 염색체의 일부가 결실됨
g. Prader-Willi Syndrome·····15번 염색체의 일부가 결실됨
h. Smith-Magenis Syndrome·····17번 염색체의 일부가 결실됨
i. WAGR Syndrome·····11번 염색체의 단완의 13부분의 결실
㉣ 염색체 구조 취약
j. Fragile-X-Syndrome·····X염색체의 특정부위가 잘리기 쉬운 결함을 갖고 있음

② 특 성

위에서 열거한 10개 중 5개의 유형을 중심으로 약술하면 다음과 같다.

㉠ Down 증후군── 염색체가 정상 숫자인 46개보다 더 많은 47개이며 정신지체 중 가장 흔한 유형으로 IQ는 50~60 정도이다. 발생률은 250~700명 중 한 명 꼴이다. 신체적 특성으로서는 눈이 쳐지고 코가 납작하며 혀가 나와 있고 입은 항상 벌리고 있으며 주름진 입이 특징이다. 그리고 여러 기관이 기형인 바, 특히 손가락이 짧고 일자로 가로지른 손금이 특징적이다.

㉡ 취약 X 증후군── X결함증후군은 Dawn 증후군 다음으로 많은 정신지체 유형인 바, X 염색체의 장완(long arm)의 말단부위가 부분적인 파손(partially broken)에 이한 취약한 장소(fragile site)의 이름을 따서 Fragile-X-Syndrome으로 호칭되있다. 보통 700~1000명 중 한 사람 꼴로 발생하며(여아는 2000명 중 1명) 남아가 여아보다 많다. IQ는 50 정도이다. 행동특성으로선, 빈향적 언어를 나타내며 말과 행동이 반복저, 상동적이어서 전형직인 자폐증 행동을 보인다. 주의력 결핍 과잉활동성이 시배석이고 부끄러움이 많으며 눈맞춤, 즉 상호응시를 회피하며 대인 불안감이 높다. 신체적 특징으로선 얼굴이 매우 길며 좁고, 귀가

위쪽으로 많이 나와 있으며 턱이 길고 고환이 크다.

㉢ Prader-Willi 증후군— 양쪽 다리가 안으로 조금 휘어 있으며 피부에 윤기가 없이 거칠거칠하고 비만아가 많으며, 고집이 세고, 강박적, 충동적인 행동이 지배적이다. 식욕항진에 의한 음식 탐닉 현상이 짙고 변덕이 심하며 반복적인 행동을 하는 경우가 많다. 발생률은 15000명 중 1명 꼴이다. 정신지체 수준은 경미하여 IQ가 65 정도이다.

㉣ Cat-Cry 증후군(묘성증후군)— 고양이처럼 울며, 얼굴이 둥글고 배가 볼록하며 양 눈 사이의 간격이 넓고 턱이 작으며 근력저하 증세가 특징적이다. IQ는 50 정도이다. 발생률은 30000명 중 1명 꼴이다.

㉤ Smith-Magenis 증후군— 스미스-마제니스 증후군에 속한 정신지체아의 IQ는 50 정도이며 신체발육이 부진하고 짧은 신장, 짧은 손가락과 발가락이 특징적이다. 손톱 물어뜯기나 머리 부딪히기 행동이 잦으며 상체를 수십 번씩 발작적으로 앞뒤로 흔들거나 몸을 웅크리는 행동을 한다. 또한 수면장애를 나타내며 발생률은 15000명 중 1명 꼴이다. 정신지체 여부는 DNA Maker를 이용하여 17번 염색체의 일부결실을 확인할 수 있다.

2) 외인성 기질적 요인

(1) 대간질(grand-mal-epilepsy)

모든 종류의 뇌손상과 장애는 간질을 야기시킬 수 있으며 또한 대간질형으로 나타날 수 있다.

대발작 과정은 전형적인 규칙성을 나타낸다. 즉, 대발작은 전조(前兆, aura)로 시작되고 긴장기가 뒤따른다. 그 다음 경련기(clonic stage)가 오며 말기에는 수면으로 끝난다.

(2) 체질형

조발성 청춘(pubertas praecox)으로도 불리우는 이 형태의 원인은 파악할 수 없으며 포괄적으로 나타난다. 성(性) 성숙이 너무 일찍이 시작되어 여아의 경우는 8세에, 남아의 경우는 10세 이전에 시작된다. H. Stutte는 바로 이 조발성 청춘의 형태가 오늘날 자주 진단된다는 것을 강조하고 있다.

(3) 실행증(apraxia)

실행증이란 운동마비나 운동실조 등 운동기능장애 등이 없는데도 불구하고 일정한 행동을 할 수 없는 상태를 말한다. 그림 그리거나 나무토막 쌓기 등 구성행위가 안되는 **구성실행**(constructive apraxia), 목적하는 바의 행위가 안되는 **기획실행**(ideatoric apraxia) 등이 있다. 원인은 신경계 발달의 불완전 탓으로 보고 있고, 지능은 정상이다.

(4) 학습장애

① 학습장애의 개념

학습장애(learning disability)는 듣기, 말하기, 읽기, 쓰기 혹은 수하능력의 획득과 사용에 있어서 곤란을 나타내는 장애들로 이루어진 이질적 집단을 의미하는 일반적인 용어이다. 이러한 장애들은 원인이 개인 내에 존재하며, 중추의 기능장애에 기인하는 것으로 보이며, 진 생애에 걸쳐 일어날 수 있다.

이 용어에는 지각장애, 두뇌손상, 미세뇌기능장애, 난독증 그리고 발달적 실어증 등과 같은 장애가 포함된다. 이 용어에는 일차적으로 시각장애, 청각장애, 운동장애, 정신지체, 정서장애, 혹은 환경적, 문화적, 경제적 결핍으로 인해 학습곤란을 나타내는 아동들이 포함되지 않는다.

"학습장애는 정신지체, 정서장애, 환경 및 문화적 결핍과는 관계없이 듣기, 말하기, 쓰기, 읽기 및 수학능력을 습득하거나 활용하는 데 있어 한 분야 이상에서 어려움을 보이는 장애이다. 이러한 장애는 개인에 내재하는 지각장애, 지각운동 장애, 신경체제의 역기능 및 뇌손상과 같은 기본적인 정보처리 과정의 장애로 인하여 나타난다. 일반적으로 학습장애는 개인 내에서의 차이 즉, 개인의 능력 발달에서 분야별 불균형이 나타나는 특징이 있다.

2 학습장애의 유형

① 읽기장애(dyslexia)

평균 이상의 지능에도 불구하고 읽기능력이 평균 이하의 수준을 나타내는 특징을 지닌 읽기 학습장애 아동의 주요한 결함은 개별단어를 해독하고 읽어내는 능력에 있어서의 곤란이다. 즉 읽기장애에 있어서의 핵심적 결함이란 개별단어들을 재빨리, 정확히, 그리고 자동적으로 읽는데 실패하는 것이다.

읽기장애를 보이는 아동 중에는 뇌손상도 없고, 신체적으로도 건강하고, 지능도 정상적인데도 읽기에 심한 곤란을 느끼는 경우가 많다. 독서력의 습득은 타학과의 성적에 비해 특히 열등하다. 낱말에 비해 숫자나 악보는 쉽게 읽는다. 따라서 독서장애아는 독서결함만이 특수한 것이다. 하나의 낱말을 쉽게 읽는가 싶었더니 두서너 줄 뒤에 같은 낱말에 직면해서도 모르며, 어려운 낱말을 읽는가 했더니 간단한 낱말을 읽지 못한다.

바르게 쓰기는 해도 그것을 읽지 못하는 수도 있다. 3년 이상 학교에 다녔거나, 개인지도를 받았어도 글자나 간단한 낱말을 읽지 못하는 극도로 중증의 예도 있다.

이에 대한 병인론 중에는 대뇌반구에서 생기는 혼란된 기억상에 기인된 기질적 원인설과 정서적 갈등에 기인된 원인설로 나누어지고 있지만 독서장애아들이 일반적으로 다른 아동들에 비해 적응력이 부족하고 곤란한 상황에 대해 불안정감이 높으며 이를 두려워하거나 집단에 적응하지 못하는 점을 들어 후자가 더 지배적인 원인으로 지적되고 있다. 독서치료 교사가 아동의 정서적 안정성을 중심으로 지도했을 때 독서결함아는 읽기 능력뿐 아니라 보다 많은 자신감이나 안정감을 갖게 된다는 연구보고가 좋은 예라고 하겠다.

② 쓰기장애(agraphia)

쓰기과정의 복잡성과 이것이 아동기에 발달되어야 할 마지막 언어영역이라는 사실을 고려할 때 쓰기표현의 장애는 읽기, 그리고 수학능력의 결함과 함께 발생할 수 있다.

쓰기장애는 생물학적, 유전적, 심리사회적, 환경적 원인들을 망라하는 여러 가지 병인들에 기인할 수 있다. 즉, 자신의 생각을 쓰기로 표현하기 위해서는 먼저 아이디어를 구성하여야 하며, 관련되는 점들을 적절한 순서로 나열할 수 있어야 하며, 작문의 결과가 구문론적으로나 문법적으로 정확해야 하며, 개별 단어들의 철자를 정확히 쓸 수 있어야 하며, 단어와 문장, 구문들을 알아볼 수 있는 형식으로 표현하여야 한다.

이러한 여러 가지 원인 중에서도 특히 음성학과 단어인출에 있어서의 결함이 쓰기과제의 어떤 측면에 손상을 가져올 수 있으며 또한 실행기능에서의 장애도 쓰기과제의 수행을 어렵게 할 수 있다.

③ 수학장애(dyscalculia)

일반적으로, 수학에서의 장애를 나타내는 아동들은 전형적으로 계산이나 수학 추리능력에 있어서 결함을 나타낸다.

학교를 한 번도 결석하지 않았었는데도 불구하고 수학성적이 타학과 성적에 비해 심하게 열등한 아동이 있다. 되풀이해서 가르치는 데도 별 진전이 없는 것이다.

일반적 원인으로서는 많은 연구가 독서결함자와 마찬가지로 복잡한 정서적 문제 때문에 생기는 것으로 지적하고 있다. 특히 과보호된 아동이나 남자아이에게 많다는 것이다. 그들은 어른과의 접촉이 많기 때문에 어휘수도 풍부하고 이야기도 잘하며 지식도 풍부하지만, 수학은 가정에서의 대화 중에는 포함되지 않기 때문에 보다 어려워지게 되고 많은 부모들이 아동의 숙제를 돌보아 주지만 수학은 고학년이 되면 가르치기가 힘들어 아동에게 일임하게 되다보니 더욱 악화된다고 볼 수 있다. 특히 다음 두 가지가 특징적이다.

㉠ 수학적 개념을 이해하고 암산을 수행하지 못함.

㉡ 계산적 조작을 수행하지 못함.

한편 수학장애의 특수 병인으로서는 후측 우반구 영역의 기관적 손상이나 전두엽의 손상으로 보고 있다. 즉 빨리 계산하고, 추상적 정보를 개념화하고, 문제를 해결하는데 곤란을 보이는 아동들은 특히 전두엽의 손상으로 보이는 신경학적 결함을 갖고 있다.

(5) **주의력 결핍 및 과잉행동 장애**

① 주의력 결핍 및 과잉행동 장애의 개념

'주의력 결핍－과잉행동 장애(Attention Deficit-Hyperactive Disorder : ADHD)'는 만성적인 학령기 행동장애 중의 하나로서 오늘날 이 용어는 매우 널리 적용되고 있다. 탈억제적인 과잉행동은 하나의 특정한 조건이 아니라 같은 조건의 성별, 정신 연령, 사회 경제적 지위의 아동들의 행동과는 양적으로나 질적으로 다른 일련의 행동들로서 과도한 불안정이나 짧은 집중력, 쉽게 산만해지는 것, 침착하지 못함, 과잉활동 등과 같은 행동을 일컫는다.

2 행동 특징

ADHD 아동들의 주요 특징은 무엇보다도 주의력 결핍, 충동성, 과잉행동이다. 주의력 결핍은 주의집중 시간이 짧아 한 과제에 오랫동안 집중하지 못하고, 끊임없이 이 과제에서 저 과제로 또는 이 행동에서 저 행동으로 옮겨 다니는 것을 나타낸다. 아동기 이후에는 ADHD 아동들의 50% 가량은 이런 증세가 해소된다.

생후 1세에서 7세 이하의 아동으로서, 주의력 결핍－과잉행동 아동의 행동 특징은 다음과 같다.

① 안절부절 못하며, 꿈틀거리며, 가만히 있지 못하고 끊임없이 움직인다.

② 자리에 앉아 있어야 할 상황에서 자리를 떠난다.

③ 공부할 때나 놀 때 쉽게 주의가 산만해진다.

④ 차례를 기다릴 경우 자기 순서를 기다리지 못한다.

⑤ 질문이 끝나기도 전에 불쑥 대답을 말한다.

⑥ 학습시 주의력이 오래가지 않는다.

⑦ 부모나 교사의 지시를 따르지 못한다.

⑧ 한 과제를 완성하지 못하고 다음 과제로 넘어간다.

⑨ 조용히 놀거나 여가 활동하는 것이 어렵다.

⑩ 친구들 앞에서 지나치게 말을 많이 한다.

⑪ 다른 아이의 활동을 방해하거나 훼방을 놓는다.

⑫ 말을 잘 듣지 않는다.

⑬ 과제에 필요한 것들을 자주 잊어버린다.

⑭ 자주 위험한 행동을 한다.

⑮ 학습시 손이나 발을 만지작거리고 자리에서 꼼지락거린다.

⑯ 그래서는 안될 상황에서 과도하게 뛰어 돌아다니며 시끄럽게 논다.

③ 주의력 결핍과 학습장애

특히, 학습장애 학생들 사이에서도 최근에는 주의결핍 및 과잉행동장애(ADHD)를 보이는 학생이 점차 늘어나고 있는데, 학습장애 학생의 일부는 주의결핍 및 과잉행동 학생이라고 말할 수 있다. 이들은 집중력이 부족하고, 손과 발을 가만두지 못하고 안절부절하며, 자리에서 발버둥치며, 말을 많이 하므로 책상에 앉아 수업을 하는 학교수업에 적응하기가 어렵다.

④ 원 인

ADHD의 원인에 대해서는 여러 가지가 제시되고 있지만 아직 일치하지 않는다. 뇌의 미세한 손상, 정상보다 느린 신경학적 발달, 신체에 있어서의 화학적 불균형, 유전적인 요인, 음식 알레르기, 납중독, 임신기간 동안의 임산부의 음주나 흡연 등이 그 원인으로 지적되고 있다.

3) 심리적 요인

(1) 우울신경증

① 우울신경증의 개념과 특징

아동기 우울신경증(depressive neuroses)의 경우에 있어서는 쉽게 흥분하고 신경이 과민한 것이 중요한 특징을 이룬다. 우울신경증 증후로서는 외로움, 눈물이 많음, 충동에 대한 두려움, 사랑받지 못한다는 느낌, 박해받는 느낌, 무가치한 느낌, 신경질, 두려움, 죄책감, 의심이 많음, 불행감, 걱정이 많음, 집중곤란, 흥미상실, 절망감, 과거집착,

사회적 위축, 말수가 줄어듦, 자신감 상실, 힘이 없거나 활동의 감소 등이 심각하거나 반복 또는 오래 지속되는 증세들이 포함된다.

보통 우울신경증은 공격성 행동장애, 불안신경증, 주의력 결핍 장애 등과 더불어 나타난다.

2 부적응 행동

학교생활 부적응이나 학업의 부진도 우울신경증에 수반하여 자주 나타난다. 그리고 우울신경증이 있는 아동들은 보통 가족 및 대인관계에 있어서도 부적응 행동을 보인다. 자아존중감이 낮거나 부모와의 관계도 좋지 않을 때가 많다. 특히 대인관계의 곤란은 친구에 의한 배척, 사회적 위축, 인간관계와 관련한 문제해결이나 사회적 지각에서의 능력 부족으로 나타난다.

① 교우관계

우울신경증을 나타내는 학령기 아동이 우울한 기분을 느낄수록 놀이터에서 혼자 보내는 시간이 더 많으며, 회피적이고 공격적인 행동을 더 많이 한다.

② 대처능력

우울신경증을 가진 아동들은 일반적으로 능동적, 문제해결적, 또는 문제중심적인 대처의 수준은 낮고 수동적, 회피적인 대처의 수준은 높은 것으로 보고되어 있다.

③ 가족관계

우울신경증을 나타내는 아동의 대부분의 부모가 아동에게 부정적이고 화를 잘 내며, 아동을 더 많이 비판하고 처벌하고 무시하고 심리적으로 학대하는 분위기 속에서 자란 경우가 많으며 아동에 대한 보상 기회가 적고 아동의 성공기준을 높게 설정하는 부모 밑에서 생활하는 수가 많다.

(2) 불안신경증

아동의 불안신경증(anxiety neuroses)은 다음 여러 가지 불안신경증 중 하나에 해당되거나 몇 가지 중복되어 나타날 수 있다. 즉 분리불안신경증, 광장공포증, 대인공포증, 특정 공포증, 강박증, 스트레스 장애 등 이런 장애들은 모두 불안을 가장 두드러진 특징으로 갖는데, 불안은 구체적이며 인지적, 생리적 및 행동적 반응으로 나타난다.

1 분리불안신경증

분리불안신경증(separation anxiety neuroses)은 모자간의 단기적 또는 장기적 분리가 예상되거나 실제로 일어날 때 유발되는 스트레스, 분리 상황의 회피, 그리고 중요한 영역에서의 기능손상 등을 통해 나타난다. 분리불안신경증 아동이 갖고 있는 기본적 인지왜곡은 주요 애착대상을 갑자기 상실하게 될지 모른다거나 혹은 그 애착대상으로부터 분리될지 모른다는 데 대한 강한 불안이다.

분리불안신경증 아동은 또한 여러 가지 회피행동을 나타낸다.

① 경증의 회피행동

경증의 회피행동은 아동이 집 밖에서 놀고 있는 동안에도 수시로 부모에게 쉽게 접근할 수 있기를 바라는 특징을 갖는다.

② 중간 정도의 회피행동

중간 정도의 회피행동은 장시간 집을 떠나 부모와 떨어져 있어야 할 때 이를 거부하는 것으로 특징된다. 어린 아동은 부모에게 달라붙고 이 방 저 방으로 부모를 따라 다니는 행동을 하게 되는 반면, 큰 아동은 집 밖으로 나가거나 부모가 없는 곳에서 친구들과 노는 것을 꺼리게 된다.

③ 심한 회피행동

심한 회피행동을 나타내는 아동은 등교를 거부하거나 자기 방에서 혼자 자는 것을 싫어하며, 부모와 함께 있기 위해 필사적으로 노력하며, 꾀병을 앓는다든지 분리상황으로부터 벗어나거나 회피하기 위해 그럴듯한 변명을 만들어 내기도 한다.

2 대인공포증

대인공포증의 특징은 불안을 느끼는 한 가지 혹은 그 이상의 사회적 상황 혹은 수행 상황에 대한 현저하고 지속적인 불안이다. 많은 사람 앞에 노출되면, 대부분의 아동들은 공황의 형태로 나타날 수도 있는 즉각적인 불안반응을 경험하게 된다. 대인공포증을 갖는 아동은 이러한 상황들을 피하려 하거나 혹은 극도의 스트레스를 느끼며 참아야만 할 것이다. 예컨대, 식사 중에 사람들의 관심집중 대상이 되는 것을 두려워하는 아동은 학교에서 식사하기를 거부할 수도 있다. 이러한 아이들은 학교식당에서 벌어질 대인접촉을 피하기 위하여 점심시간을 빈 교실이나 독서실에서 보낼 수도 있다.

어떤 아동은 선생님이 친구들 앞에서 책읽기를 시킬까봐 혹은 친구들로부터 놀림을 받거나 따돌림받을까봐 두려워서 등교를 거부하기도 한다. 아동의 등교거부는 외모에 대한 걱정에 의해 유발될 수도 있는데, 특히 체육시간에 옷을 갈아 입어야 할 경우에 더욱 그러하다. 대인공포증을 갖고 있는 아동은 또래들 앞에 나서기 전에 침착해 보이기 위해, 그리고 또래들의 관심집중을 피하기 위해 철저하게 준비하는 수가 많다.

3 강박신경증

강박신경증(compulsive neuroses)의 주요 특징은 아동에게 현저한 스트레스나 기능손상을 야기하는 강박적 사고 및 충동적 행동이 하루에도 자주 반복되는 것이다.

이러한 아동기 강박신경증은 일반적으로 10세 경에 나타난다. R. Lempp의 연구에 의하면 10세는 심한 아동기 강박신경증이 발현되는 시기로서 유일한 아동기 노이로제 시기이다. 원인은 대체로 부모가 아동에게 어려서부터 엄격하게 강요한 도덕적 원칙들과 관련된 부모－아동 관계의 장애에 기인된다. 부모가 전달한 가치척도가 부모의 실제생활과 상치될 때 강박신경증을 유발시킨다. 주 증상은 스스로 병이 났다고 느끼고 괴로워하며 질병획득으로 나타난다. 특히 하루에도 몇 번씩 이루어지는 상투적, 반복적 손씻기 행동(washing rituals)은 강박장애 증상들 가운데 가장 흔히 발견되는 증상이다.

4 특정공포증

아동기에 흔히 나타나는 특정공포증은 주로 높은 장소, 어두움, 천둥과 같은 큰 소리, 주사, 벌레, 개, 그리고 다른 작은 동물들을 포함하고 있다.

가장 흔한 반응은 개인의 안전이 위협을 받을 것이란 공포인데, 예를 들면, 개한테 물리는 것, 벼락 맞는 것, 곤충에게 쏘이는 것 등에 대한 공포이다. 공포 아동에게서 가장 많이 나타나는 행동반응은 회피반응이다. 회피반응은 공포자극에의 직면이 예측될 때 소리를 지르거나 울거나, 화를 내거나 혹은 숨는 등의 행동 형태로 나타날 수 있다.

개를 무서워하는 아동은 담장 안 우리 속에 있는 개를 피하기 위해 상당히 먼길을 돌아갈지도 모른다.

(3) 공격성 행동장애

1 공격성 행동장애의 개념

공격성 행동장애란 반사회적인 행동을 주로 하는 공격적 행동을 포괄하는 개념으로서 정서의 표현 방법이 일반 아동에 비해 편향되어 있거나 과격하게 공격적으로 표현하는 등 자신의 의지로는 통제하기 어려운 상태에 있는 것이라 할 수 있다. 정서가 과격하거나 과도하게 나타나는 것은 정상아동에게도 일어나기 쉬운 일이지만, 정상아동들은 곧 소멸하기 때문에 문제가 되지는 않는다.

그러나 그런 행동을 몇 번 반복하면서 극단적인 표현 방법을 통해 사회적인 부적응을 초래하게 되면 그것은 반항성 장애가 된다. 반항성 장애 아동은 상대가 바라지 않는 부적절하고 충동적이며 공격적인 행동을 나타내는 만성적 이상 행동을 나타낸다.

2 공격성 행동장애의 특성

공격성 행동성향이 짙은 아동들의 행동특성은 공격성과 위축성이라는 두 가지의 상반되는 성향으로 대별할 수 있다. 공격성의 측면에서는 과잉행동, 반항, 적개심, 잔인성, 악의성 등의 특징을 나타내며, 위축성의 측면에서는 자신감 결여, 타인에 대한 비협조, 우울 등의 특징을 보인다. 이들은 학교에서 학습에 지장이 많고 규칙을 어기며 행동결과에 대해 아무런 반응을 보이지 않는 경향이 있다.

공격성 행동장애의 행동특성을 나열하면 다음과 같다.

① 자주 다른 아동을 괴롭히거나, 위협하고 자주 싸운다.

② 다른 아동에게 상해를 입히거나 신체적으로 잔인하게 군다.

③ 동물을 잔인하게 해친다.

④ 자동차 바퀴를 펑크낸다.

⑤ 의도적으로 다른 사람의 기물을 파괴하거나 훔친다.
⑥ 다른 사람의 집이나 건물에 침입한다.
⑦ 원하는 것이나 도움을 얻기 위해 거짓말을 한다.
⑧ 고무총이나 돌맹이로 남의 집 유리창을 깨고 도망간다.
⑨ 친구 도시락을 훔쳐 먹거나 학용품을 빼앗는다.

3 원 인

공격성 행동장애의 원인으로는 생물학적 요인, 심리적·환경적 요인으로 나누어 생각할 수 있다. 생물학적 요인으로는 출생 초기부터의 기질을 비롯하여, 질병이나 영양실조, 뇌손상, 신경조직 이상을 들 수 있으나, 경미한 정도의 정서장애는 이러한 생물학적 요인이 크게 작용하지 않는다.

심리적·환경적 요인으로는 아동을 둘러싸고 있는 환경적 요인들에 대해 아동이 지각하고 있는 정서적 분위기를 들 수 있는데, 여기에는 아동에게 갈등과 긴장을 야기하는 가족의 분위기, 아동에 대한 부모의 양육태도, 형제관계, 외상(外傷) 경험, 부부간의 갈등, 이혼, 아동학대 같은 가족기능의 장애를 나타내는 여러 가지 변인들이 해당된다.

(4) **학교생활 부적응 행동**

1 학업부진아

학업부진아란, 지능에 비해 학업성적이 부진한 경우를 말한다. 어떤 아동이 지능 열등아이면서 동시에 학업부진아일 수는 있다.

그러나 지능 열등아지만 지능에 상응하는 성적을 보일 때에는 학업부진아라고는 말하지 않는다. 지능의 지체를 교육에 의해서 개선하여 성적을 향상시키는 일은 될 수 없으나, 학업부진은 적절한 처치에 의해서 개선될 수 있기 때문에, 이런 의미에서 양자는 뚜렷하게 구별되지 않으면 안 된다. 이 구별은 보통 면밀한 지능검사를 실시함으로써 가능해진다.

학업부진의 원인으로서는 우선 신체적 결함이나 질병을 들 수 있다. 가벼운 시력·청력·운동기능의 장애는 오랫동안 여간해서 자각되지 못하므로 학업의 진보를 방해하게 되는 수가 많다. 시력장애는 두통이나 피로를 유발하기 쉽고 읽기가 곤란해진다. 청력장애는 교사의 설명을 이해하는 데 방해가 되며, 근공조운동(筋共調運動)의 가벼운 장애는 그 결과 글씨를 못쓰거나 쓰는 속도가 느리게 된다. 정기적인 신체검사를 통해 장애를 조기에 발견하여 교정하거나 교사가 주의해서 살펴봄으로써, 문제를 해결함이 최선의 방법이라 하겠다. 또한 심장병·골질환·결핵 등은 장기간에 걸쳐 등교를 불가능하게 하므로 학업에 영향을 준다.

다음으로는 성격적인 원인을 들 수 있다. 즉, 정서적인 장애는 학업부진의 중요한 원인이 되고 있다. 이 문제는 학업부진의 원인이 될 뿐 아니라 학교에서의 부적응 현상의 직접 원인이 되는 수가 많다. 많은 연구들이 학업부진과 열등감 또는 행동이상과 학업부진간에는 상관이 높다고 보고하고 있음을 알 수 있다. 신체적으로 건강하고 지능이 높다는 것은 학업의 진보에 필요한 요건이겠지만 그것만으로는 충분하지가 않다. "공부하고 싶은 마음만 먹는다면 더 잘할 터인데……"라고 말하는 것은 교사의 잘못된 비판인 것이다. 이 비판은 하나의 중요한 고려가 배제되어 있다. 아동이 의욕을 갖지 못하는 것은 어떤 원인이 있기 때문인 것이다.

셋째로는 가정적 원인을 들 수 있다. 부모의 자녀에 대한 무관심, 가정의 양친간의 불화 등은 물론 아버지의 술주정이나 양친의 성행위를 목격한다든지 하게 되면 안정감을 상실하거나 신경적 긴장과 피로감이 생겨 공부에 열중할 수 없게 되기 쉬운 것이다. 또한 가정의 경제상태도 학업부진의 원인이 될 수도 있다.

넷째로는 학교 자체에 원인이 있을 수 있다. 아동에 대한 교사의 부당한 대우 때문에 교사가 싫거나 무서워 공부가 안 되는 수가 있고 학급이 너무 크거나 교실환경이 나쁘거나 교재의 부족, 교수법이 나쁘거나 해서 학습에 대한 흥미가 사라지게 되고 무단결석을 유혹하게 될 수 있다. 특히 저학년 시기에 결석이 잦으면 읽기나 산수 등의 기초학과의 학습결손이 커져서 그 영향은 고학년까지 미칠 수 있다. 또한 저학년 또는 학년 도중에 전학하는 일도 큰 의미를 갖는다.

2 학교공포증

학교공포증이란 표면적으로 보면 학교의 어떤 면을 두려워하기 때문에 학교에 가지 않거나 또는 갈 수 없는 상태에 놓여 있는 문제행동이다. 질병이나 신체적 이유 또는 가정적 · 경제적 이유로 말미암아 등교하지 않은 일은 학교공포증이라고는 말하지 않는다. 정신박약이나 정신분열증에 의해서 등교하지 못하는 경우도 포함되지 않는다. 일종의 공포심이나 불안감 때문에, 즉 아동의 심리적 이유로 인해 학교에 가지 못하는 상태를 지칭한다. 억지로 학교에 보내게 되면 어떤 불안감의 징후가 나타나게 된다. 대부분의 경우에 식욕감퇴, 두통, 복통, 미열, 구역질 등이 발생하게 된다. 아동들은 이런 것들을 핑계삼지만 점심때쯤 되면 이런 징후들이 깨끗이 저절로 없어지게 된다. 휴일 아침에는 이런 징후는 일어나지 않는다. 등교거부가 오래 계속되면 이러한 신체적 호소를 구실로 하는 일은 없어지고 다른 이유를 대기도 한다.

등교거부가 처음 나타나는 시기는 병 · 휴가 · 연휴 등 잠시 쉬었던 이후가 많다. 유치원아, 초등학교생이 대부분이지만 중학생이나 고교생에게도 나타난다. 남녀의 비는 남자가 더 많은 것 같다. 이러한 상태의 근본적인 문제는 학교에 가지 않겠다는 사실보다는 오히려 가정에서 떨어지고 싶지 않다는 이별의 불안감에 기인된 것이라 하겠다.

이것은 불안신경증의 한 유형으로 지적되기도 한다. 학교공포증의 치료에는 두 가지 경향이 있는 것 같다. 그 하나는 등교를 강제하지 말고 일정기간 심리요법을 통해 역동적 문제를 해결하고 준비가 된 이후에 등교시킬 것을 주장하는 것이며, 다른 하나는 어머니가 함께 학교에 따라다니더라도 등교시켜 이와 병행해서 심리요법을 해야 한다는 주장이다. 보통 후자의 방법이 더 권장되고 있다.

3 무단결석

무단결석은 비행에 빠져들어 가는 첫걸음이며 교사의 입장에서는 가장 속썩이는 문제행동이라 하겠다.

무단결석의 원인으로서는 학교를 싫어하기, 처벌의 공포, 부모의 태도, 모험심, 유혹, 교우관계의 곤란 등이 지적되고 있다.

학교가 싫게 되는 이유로서는 지능이 지체되거나 반대로 우수하기 때문이기도 하다. 그 밖에 수업의 내용이 이해되지 못하기 때문에 학교생활이 재미가 적어지고 다른 급우들과의 경쟁에서 뒤떨어지기 때문에 욕구불만에의 반응이 무단결석의 형태를 취하게 되는 것이다.

또한 숙제를 하지 못했거나 지각한다든지 했을 경우에 교사의 처벌이 두려워 무단결석하게 되는 수도 있다. 무단결석이라 할지라도 아동이 어디에 놀러가기 위해서가 아니고 부모가 이를 알고 있는 경우에는 부모에게 책임이 있는 경우가 많다. 자녀 앞에서 학교의 방침이나 교사의 언행을 함부로 비판하는 부모가 있다. 아동은 그 결과 자연스레 학교를 경시하게 되고 이것이 알게 모르게 무단결석의 터전을 다지는 것 같은 경우가 있다. 또는 아침식사가 늦어졌다거나 입을 옷이 마땅치 않다거나 농번기 등에 집안 일을 돌보기 위해서 무단결석을 하는 일도 있다. 그런가 하면 자극을 찾아서 또는 모험심 때문에 무단결석을 하기도 하고 학교에서 친구가 못살게 굴거나 놀림감이 되었을 때도 무단결석을 하게 된다.

이와 같은 무단결석은 일종의 도피반응이지만, 그 자체가 문제되는 것은 결코 아니다. 오히려 그 결과로 여러 가지 문제를 파생시키기 쉬운 것이 문제인 것이다. 거리를 다니다가 배가 고프면 시장에서 먹을 것을 훔치기도 하며 불량배와 휩쓸리게 되기 쉬운 것이다. 무단결석은 남자의 경우에는 절도, 가출, 불량배와의 교제, 끽연과, 여자의 경우에는 야간배회, 이성에 대한 지나친 호기심과의 사이에 높은 상관이 있음이 밝혀지고 있다.

무단결석에 대한 처치는 대개의 경우의 원인에 따라서 생각하지 않으면 안 된다. 무단결석과 현상적으로는 유사하다 할지라도 본질적으로 틀린 것은 학교공포증이다. 이것은 도피반응이 아니고 부모와의 분리에 대한 불안감이 그 본질인 것이다. 깊은 정서적 장애 탓으로 사람 눈에 띄는 것을 두려워하기 때문에 나가 놀지도 않는다. 처치로는 심리요법이 필요하다.

④ 도 벽

도벽은 여러 가지 이유에서 생길 수 있다. 어떤 절도의 경우는 교육 곤란과 같이 모델이 없어서 생기는 것도 있다. 즉, 부모가 절도를 하고 환경이 좋지 못한 곳에서는 타인의 소유물을 존중하는 것을 기대할 수 없다. 이것은 보다 미묘하게는 아버지가 관세를 포탈하고 세금을 횡령하거나 또는 이웃 사람의 물건을 주의하지 않고 제멋대로 사용하거나 하는 것을 보고 자란 아동에게도 적용된다. 또한, 병 때문에 절도를 하는 경우도 있다.

정신박약아는 소유개념을 가질 수 없다. 후뇌염증이나 후천적 정신병 또는 간질의 몽롱상태에서 볼 수 있듯이 소유욕의 충동강도가 억제될 수 없거나 방향감각이 없는 경우도 절도를 야기할 수 있다. 또, 순수한 병적 도벽은 아동에게는 드물다. 만일 어떤 아동에게 기질적 손상이 없는데도 전혀 무관심하게 훔치는 경우를 볼 수 있다면 이런 경우는 정신적 갈등에서 절도한 것이다.

어떤 아동들은 사랑의 욕구가 강해서 훔치는 데서 만족감을 얻는 경우도 있다. 아동들은 훔친 돈으로 맛있는 것을 사서 친구들에게 나누어줌으로써 친구를 사귀기도 한다. 이러한 현상은 집단에서 소외되어 있어서 어떤 관계를 추구하려는 아동에게서 많이 볼 수 있다. 비슷하게 각자가 지닌 돈의 액수를 말하고 우정과 사랑을 사려는 가치벽을 가진 아동도 있다.

또한 도벽은 주의획득과 애정에 대한 도움을 요청하는 징후일 수도 있다. 즉, 부모에게서 소유개념을 대단히 심하게 경험한 아동은 이런 방법으로 자기 부모를 심하게 타격을 주려고 할 때 도벽으로 호소한다. 이것은 흔히 어린 아동이나 형제를 편애하는 경우에, 또는 애정을 덜 받은 아동의 경우에 흔하다. 그런데 이러한 행동은 적발당하면 도벽이 신경증적으로 될 수 있다.

아동의 도벽은 항상 가정이나 학교, 그리고 아동의 전체 환경 속에서의 아동의 정신적 상태를 고려해야 하며, 아동의 도벽에 함께 작용한 충동의 강도도 밝혀져야 한다.

5 정서적 불안정

아동들은 하루 생활 중 거의 대부분을 학교에서 보내고 있는데, 이 중 어떤 아동은 교사나 급우들을 두려워하거나 여러 사람을 만날 때 긴장을 가지게 되거나 비난이나 비판이 두려워 필요 이상의 겁을 먹게 되는 바, 바로 이러한 아동들을 정서적 불안정아라고 말한다.

이러한 행동은 처음에는 교사의 눈에 잘 띄지 않지만 심각한 상태가 되어 손을 쓰기가 어렵게 되면 그 때부터 교사의 관심의 대상이 되는 행동으로서, 주로 남과 어울리지 않고 혼자만의 세계에 파묻혀 공상에 잠기거나 불안해하며 등교거부 행동 등을 나타내기도 하고 심하면 자살과 같은 극단적인 행동으로 발전하기도 하는 부적응행동이다.

6 학교생활 부적응아동의 특성

① 문제해결의 능력부족

문제아들의 한 가지 특성은 문제해결 능력의 부족이다. 효과적인 문제해결의 과정은 대체로 문제사태를 정확히 지각하고 문제해결에 관련된 여러 가지 정보를 종합하여 몇 가지 가설을 세우고 이 가설들을 하나하나 검토하며 가능한 결과를 예측하여 가장 바람직한 해결책을 선택하는 일련의 정보처리 과정을 경험하는 것이다.

그런데 문제아들은 이러한 과정을 밟기에는 너무나 인내심이 부족하며 지적인 면에서도 기능을 갖지 못하고, 또 문제해결에 필요한 기술을 습득하지 못하여 부적응행동을 하게 된다.

② 자아기능의 약화

자아란 현실지향적이어서 이드(id)의 불합리하고 쾌락추구적인 욕구를 억제하여 현실적으로 가능한 범위 내에서 충족시키도록 조절하며, 동시에 초자아의 현실에서 너무 벗어난 이상주의적 · 완전주의적 압력에 대항하여 현실적인 수준으로 바꾸어 놓는 기능을 담당한다. 따라서 자아의 기능이 강해야 이드와 초자아 사이의 균형을 유지하고 성격의 조화를 이루어 적응행동을 할 수 있는 것이다.

그런데 문제행동을 하는 학생들은 지나치게 쾌락추구적이든가 아니면 지나치게 억압적이어서 현실에 효과적으로 대응하지 못한다. 그 원인은 어릴 때 부모로부터 적절한 훈육을 받지 않고 너무 자기 중심적으로만 행동했거나 또는 지나치게 억압을 당하여 누적된 욕구불만 상태에 있거나 하는 데서 찾아볼 수 있을 것 같다.

③ 욕구불만의 누적현상

욕구불만이 누적되면 행동은 두 가지 방향으로 나타난다. 하나는 자포자기하여 모든 행동에 의욕을 잃게 된다. 모든 것을 부정적으로 보고 어떤 문제사태에 부딪히면 미리 포기하고 마는 무능력한 성격을 형성한다. 또 하나는 반대로 지나치게 공격적인 행동으로 표현될 수도 있다. 욕구좌절 또는 욕구불만이란 목표추구적인 행동이 방해받는 상태를 일컫는다. 방해를 제거하고 목표를 달성하기 위한 한 가지 방법은 더욱 강한 힘으로 목표를 추구하는 것이다. 욕구불만이 쌓이고 쌓이면 언젠가는 폭발하게 되는데, 그 때는 엄청난 힘이 작용하여 부적응행동을 유발하게 된다. 문제 학생들은 욕구불만의 누적으로 항상 현실에 대해 부정적 태도를 갖는다.

④ 목적 의식의 결여

목적 의식이 뚜렷하면 환경으로부터 오는 수많은 자극들을 취사선택하여 적절한 반응을 할 수 있게 된다. 그런데 분명한 목표가 없으면 쓸데없는 자극에도 반응을 보이고 필요한 자극에는 반응을 보이지 않아 적응을 하지 못하게 된다.

⑤ 동기유발의 결핍

문제학생들은 일반적으로 성취동기가 결여되어 있다. 비현실적 지각으로 인해 욕구좌절을 경험하고 해결할 수 있는 기술을 습득하지 못해 성공을 경험할 수 없음이 일반적 원인으로 지적된다. 어떻든 새로운 도전을 하고자 하는 동기가 유발되지 않고, 문제에 직면하면 이를 부인하거나 여기서 도피하려는 소극적 태도를 취함으로써 문제행동을 유발한다.

⑥ 지각의 비현실성

문제학생은 또 사태를 지각함에 있어서 현실적이고 객관적이지 못하다. 사태를 있는 그대로 지각하고 그와 관련된 여러 가지 요인들을 객관적으로 파악할 수 있는 능력이 부족함은 앞에서 지적하였다. 여기에 더하여 자기 자신을 지각함에 있어서도 비현실적이다. '나는 누구인가?'라는 질문에 대해 정확한 답을 할 수 있어야 하는데 문제학생들은 자신을 실제보다 훨씬 못하게 부정적으로 지각하거나, 또는 현실보다 훨씬 포부를 높여 지각함으로써 욕구좌절감을 느끼거나 한다. 즉, 현실적 자아와 이상적 자아 사이의 틈이 너무 크게 벌어져서 현실에 적절히 대응하지 못하는 것이다.

제 III 부 아동발달이론의 개관

제 1 장

Gesell의 성숙이론

1. 성숙의 개념과 발달의 기본원리

1) 성숙의 개념

인간의 생은 하나의 작은 단세포로 시작된다. 이 세포는 스스로 자궁벽에 붙어서 매우 빠르게 분열, 증식한다. 배(胚, embryo)가 점점 분열하면서 세포는 유기체의 상이한 부분을 형성하기 위하여 항상 질서 있게 순서적으로 모이게 된다. 예를 들어, 심장은 항상 첫 번째로 발달하고 기능하는 기관이다. 그리고 나서 곧 세포는 급속히 중추신경계(뇌와 척수)를 형성하기 시작하며, 팔과 다리 같은 부위는 그 후에 발달하기 시작한다. 머리는 얼마 동안은 다른 부분에 비하여 상당히 크다.

수태 후 8주에 이르면 획기적인 일이 발생한다. 즉, 운동신경의 활동이 시작된다. 머리와 몸통이 조금씩 움직이는 이 시점에서의 배를 태아(fetus)라 하며 운동신경계의 활동 역시 정해진 순서대로 나타난다.

태내발달은 주로 각 세포의 핵에 포함되어 있는 화학물질, 즉 유전자에 의해 통제된다. 유전자는 유기체의 형태와 행동유형이 순서적으로 나타나도록 주도하며 그 방향을 정하나, 명확한 역할은 아직도 수수께끼이다. 유전자가 단독으로 작용하지는 않는데, 유전자는 핵외부의 세포질로부터 어떤 단서를 받는 것으로 보인다. 당시에는 알려지지 않은 것들이 많았으나, A. Gesell은 유전자가 발달과정을 방향짓는 기제(機制)에 대한 일반적인 명칭을 '성숙'이라고 명명하였다.

성숙은 환경의 역할과는 구별된다. 구체적으로 말하면, 태내발달에 있어서 태아가 모체로부터 받는 산소, 체온 같은 내적 환경 측면은 성숙과 구별된다는 것을 의미한다. 이러한 환경적 요인들은 적절한 성장을 유지시켜 주기는 하지만 구조와 행동유형을 순서적으로 전개하는 데에는 직접적인 역할을 하지 못한다. 이러한 일은 성숙기제의 역할이다.

2) 발달의 기본법칙

출생 후에도, 발달의 방향은 특수한 순서로 진행되도록 성숙에 의해서 지속적으로 지시받는다. 예를 들어, 출생 전의 태아 초기에 머리가 발달하는 것과 마찬가지로 출생 후의 발달 초기에도 머리가 먼저 발달하게 된다. 처음에 아기는 자신의 혀와 입술을 통제하게 되며, 그리고 나서 눈 운동에 대한 통제를 하게 되고, 다음에는 목, 어깨, 팔, 손가락, 몸통, 다리, 발 등의 순서로 통제할 수 있게 된다. 즉, 태내발달과 출생 후 발달 모두가 머리에서 발쪽(cephalo-caudal)으로의 발달 경향이 있다.

아기들은 성장함에 따라 특정한 순서로 자신들의 능력을 지속적으로 발달시켜 간다. 예를 들어, 서기 전에 앉으며, 걷기 전에 서게 된다. 이러한 능력들은 신경계의 성장과 함께 발달하는데, 이 신경계의 성장은 유전자에 의해 중재된다.

물론, 아동들은 발달하는 속도에 있어서 차이가 난다. 모두가 같은 연령에 서고 걷는 것이 아니다. 그러나 모두가 같은 순서를 거쳐 발달한다. 더욱이 Gesell의 견해에 의하면, 성장속도에 있어서의 개인차도 주로 내적 유전기제에 의해 통제된다.

출생 후의 발달에 있어서 성숙은 외적 환경의 영향과는 명백히 구별된다. 특히 성숙은 교육이나 연습의 효과와는 대조된다. 어떤 기술이 성숙에 의해 좌우된다면, 그 기술을 성숙상의 스케줄보다 앞서 가르치려고 노력할 필요가 없다. 즉, 아동의 신경세가 충분히 성숙되어 준비가 완료된 후에야 앉고 걷고 말하게 될 것이다. 어떤 순간에 이르면, 아동들은 자신들의 내적 충동에 의해서 과제를 쉽게 숙달하기 시작할 것이다. 그 때까지는 교육이 별 가치가 없을 것이다.

그렇다고 하여 Gesell이 환경을 경시했다는 의미는 아니다. 그는 유기체에게 손상이 있을 때 볼 수 있는 바와 같이 환경조건은 정상적인 성장을 위해 필요하다는 것을 지적하였다. 예를 들어, 자라나는 태아가 심한 산소부족으로 고생하게 되면, 이 시기에 가장 빨리 성장하는 기관이 심각하게 손상을 입게 될 것이다. 이와 같이, 어떤 기관이 급속하게 성장하는 시기를 그 기관의 '결정적 시기(critical period)'라고 한다.

2. 성장패턴과 과정

1) 패턴연구

Gesell은 성장을 연구할 때에는 양적인 형태로 측정하는 것이 아니라 패턴을 조사해야 한다고 주장했다. 패턴이란, 뚜렷한 모양이나 형태를 갖고 있는 것이면 어느 것이나 될 수 있다. 예를 들어, 눈 깜박거리기와 같은 것이다. 그러나 가장 중요한 것은 **패턴화 과정**(patterning process)으로서, 이 과정에 의해서 행위들은 체계화된다.

패턴화 과정에 대한 좋은 예는 아기들의 시각에서 볼 수 있다. 예를 들어, 출생시 아기의 눈은 목표를 향하지 못하고 주위를 두리번거리는 경향이 있으나 몇 시간 지나지 않아서도 자신의 눈을 고정시킬 수 있으며, 잠시 동안 대상을 응시할 수 있게 된다. 이와 같은 일이 가능한 이유는 눈을 움직이는 작은 근육과 뇌에 있는 신경흥분간에 새로이 패턴화된 연결이 이루어졌기 때문이다.

1개월쯤 되면, 아기들은 자기 앞에서 움직이는 고리를 주목할 수 있고, 다음에도 90도 정도의 호(弧, arc)를 눈으로 추적할 수 있다. 이러한 능력은 새로운 조직화, 즉 눈을 움직이는 근육과 머리를 움직이는 보다 큰 근육간에 새로운 조직화가 이루어졌음을 의미한다.

아기가 눈의 움직임과 손의 움직임을 조직화할 때, 즉 아기가 자신의 손에 잡고 있는 것을 응시할 때, 조직화는 계속적으로 광범위해진다. 4개월쯤 되면, 아기는 보통 딸랑이를 손에 잡는 동시에 그것을 응시할 수 있게 된다. '이것은 중요한 성장결과이다.' 그 의미는 눈과 손이 함께 작용하고 보다 효과적인 협응을 하게 된다는 것이다. 정신적 성장은 인치와 파운드로 측정할 수 없다. 따라서 그것은 패턴에 의해서 평가되어야 한다는 것이다.

그러나 **손과 눈의 협응**(hand-eye coordination)이 4개월 경에 완전히 된다는 것은 결코 아니다. 얼마 동안은 눈이 우세할 것이다. 예를 들어, 4개월된 아기는 보통 1인치 입방체나 심지어 작은 사탕알까지도 눈으로 포착(pick up)할 수 있게 된다. 즉, 의도적으로 입방체나 사탕알에 초점을 맞추고, 약간 다른 각도에서 그것을 볼 수 있다. 그러나 아직 손으로 잡지는 못한다. 아기는 마치 입방체를 잡으려고 생각하는 듯이 입방체를 보고 다음에는 자기 손을 보기는 하나 쉽게 잡지는 못한다. 신경계가 아직 충분히 성장하지 못했기 때문이다. 보통 6개월이 되어야 아기들은 미숙하나마 손바닥을 사용하여 작은 사탕알을 잡을 수 있게 된다. 위에서 본 바와 같이 손과 눈 협응은 천천히 발달한다. 즉, 점차적으로 더욱 조직화되면서 좀더 분화되거나 세련된 움직임을 포함하게 된다.

2) 성장의 원리

(1) 상호교류의 원리

인간은 양측적으로 되어 있다. 즉, 두 반구로 된 뇌, 두 눈, 두 손, 두 다리 등으로 되어 있다. '상호적 교류'(reciprocal interweaving)란 양측이 점차적으로 효과적인 체제화가 되어 가는 과정을 말한다. 예를 들어 손 사용의 발달에 있어서, 아기는 처음에는 한 손을 사용하다가 다음에는 두 손을 함께 그런 후에는 다시 다른 한 손을, 그리고 다시 두 손을 함께 쓰게 되며, 결국 어느 한 손을 더 우세하게 사용할 때까지 이 과정을 계속한다. 이렇게 선후가 이리저리 바뀌는 속성을 섞어짜기에 비유하여 상호적 교류라는 용어를 쓴다. Gesell은 상호적 교류 원리가 광범위한 행동에 적용된다고 보았으며, 여기에는 엎드리는 행동(기기와 걷기), 시각적인 행동 그리고 아동의 그림 그리기와 같은 행동패턴이 포함된다고 믿었다.

(2) 기능적 비대칭의 원리

Gesell은 인간의 시각이 물체를 정면에서가 아니라 약간 비스듬한 위치에서 접하게 될 때 가장 효과적으로 기능한다는 것을 관찰한 후 측면에서 대처하는 이러한 경향성을 '기능적 비대칭 원리(functional asymmetry)'라 하고, 한 손, 한 발, 한 눈 등 한쪽만의 우세성을 이 원리하에 포함시켰다.

유아의 비대칭적 경향성은 Gesell이 인간에게서 발견한 경직성 목 반사에서 볼 수 있다. Gesell은 아기들이 머리를 한쪽 방향으로 돌리고 눕기를 좋아한다는 것과, 그들이 그렇게 할 때 자동적으로 경직성 목반사 자세—머리가 돌려진 방향으로 한 팔을 내밀고 다른 한 팔은 머리 뒤에 구부리는 자세—를 취하는 데 주목하였다. 이 경직성 목반사 자세는 마치 펜싱의 기본자세처럼 보인다. Gesell은 이 반사의 적응가치에 관하여 여러 가지 의견을 내놓았는데, 아마도 가장 흥미있는 의견으로는 이 자세가 손과 눈의 협응을 촉진시킨다는 것이다. 이 경직성 목반사는 생후 첫 3개월간 우세하다가 새로운 신경계의 발달과 함께 사라지게 된다.

(3) 자기규제의 원리

모든 성장에는 상당한 정도의 자기규제(self-regulation)가 있다. 이 자기규제 원리는 우리가 아동들에게 너무 일찍이 많은 것을 가르치려는 시도에 대하여 아동들이 저항할 때 작용한다. 아동들이 학습하는 데 있어서 다양한 환경적 압력에 너무 의존하게 되면, 유기체의 통합은 위협받게 될 것이다. 또한 자기규제된 성장의 원리는 다른 방식으로도 표현된다. 유아기의 자기규제는 아기들이 자신의 수유주기나 수면주기 그리고 깨어 있는 상태의 주기 등을 규제하는 능력의 토대를 이루고 있다.

Gesell은 부모가 아이들로 하여금 스스로 놀거나 자고 싶을 때를 결정하도록 허용하면, 아기들은 점차로 하루당 수유량을 덜 요구하게 되며 또한 낮 동안에 깨어 있는 시간이 보다 길어진다는 것을 보여주었다. 이에는 많은 유동성이 있기는 하지만 아기들은 점차 안정된 패턴으로 나아가게 된다. 이에 덧붙여서 수유에 있어서는, 아기로 하여금 수유시간을 자유롭게 선택하도록 했을 때, 시간이 지남에 따라서 균형된 음식량을 섭취한다는 증거가 있다. 아마도 내적인 '신체의 지혜'가 있는 것 같다.

3. 개 성

Gesell은 개개 아동의 독특성을 강력하게 믿고 있다. 그러나 불행하게도 그의 입장은 자신의 발견들을 요약하는 방식 때문에 애매해졌다. 예를 들어, 그가 2세, 2세 6개월, 3세 등의 연령에 관하여 쓴 글을 보면, 마치 우리로 하여금 각 연령의 모든 아동이 똑같은 방식으로 행동하는 것처럼 생각하도록 썼다. 그 자신은 연령 규준을 간편한 방식으로서만 사용하는 것이라고 경고했지만, 각 연령에서 나타나는 개인적 변이의 실제적인 정도에 관해서는 결코 지적하지 않았다. 그래서 그의 글에서는 종종 개성(individuality)에 관한 것이 누락되어 있다.

위에서 언급했듯이 Gesell의 실제적인 입장은, 정상적인 아동은 모두가 동일한 순서를 거치지만 그 성장속도는 상이하다는 것이다. 또한 성장속도가 기질이나 성격상의 차이와 관계가 있을 것이라고 시사하였다. 한 흥미있는 논의에서 3명의 가상적인 아동, 즉 느리게 자라는 아동, 빠르게 자라는 아동, 불규칙하게 자라는 아동을 제시하고, 다양한 개인적 성향에 있어서 각 성장유형이 어떻게 나타나는지를 시사했다. 예를 들어, 느리게 성장하는 아동 A는 일반적으로 느리고, 조심성이 있으며, 기다릴 줄 알고, 고른 기질을 갖고 있으며, 대개 생의 문세에 관해 현명할 것이라고 하였다. 빠르게 자라는 아동 B는 반응이 빠르고, 쾌활하며 즐거워하고, 어떤 일에 돌연이 나서서 접근하며, 대개는 총명하고 영리할 것이라고 하였으며, 불규칙적으로 자라는 아동 C는 어떤 때는 너무 조심스럽고, 어떤 때는 너무 느리며, 자주 기분에 좌우되고, 기다릴 때 조심스럽고, 순간적으로 번쩍이는 총명함도 보일 것이라고 하였다. Gesell은 각기의 개인적인 기질과 성장유형은 그 문화에 대하여 상이한 요구를 할 것이며, 따라서 문화는 각 아동의 독특성에 맞춰 나가야 한다고 믿었다.

제 2 장

Freud의 성격발달이론

1. 심리성욕 단계의 개념

1) 성격 결정설

발달에 관한 S. Freud이론은 두 가지 조건을 전제로 하고 있다. 첫째는 유진학적인 접근방법으로서 성인의 성격은 유아기의 여러 가지 경험에 의해 형성된다는 것이다. 두 번째는 성적 에너지(libido)의 상당량은 출생시에 이미 나타나며 이것은 일련의 심리성욕(psychosexual) 단계를 거쳐서 발달해 가는데 이 단계는 개체의 본능적 과정에 그 뿌리를 두고 있다는 것이다.

2) 성격의 발달단계설

Freud는 네 가지 보편적 심리성욕 발달단계가 있고 이것이 성격형성에 결정적 영향을 준다고 가정하였는데, 즉 구강기 · 항문기 · 남근기 그리고 생식기이다. 잠복기는 정상적으로 6~7세와 사춘기 초반 사이에 나타나며 이 단계는 발달의 일반적 모형에 포함시키기는 하였지만, 기술적으로 보자면 단계는 아니라고 Freud는 말하였다. 발달의 첫 세 단계는 출생시부터 5세 사이에 일어나며 이것을 전 생식기라고 부르는데 그 이유는 성기부위가 성격형성에 중요한 역할을 담당하지 않기 때문이다. 네 번째 단계는 사춘기의 초기에 나타난다. 각 단계는 자극을 주면 리비도적인 에너지(libidinal energy)를 방출하게 하는 그러한 신체 부위에 따라 명명한 것이다.

3) 일차적 성적 부위

각 단계는 모두 일차적 성적 부위라는 특징이 있으며, 그 부위는 성적 흥분이 가장 민감한 곳으로 외부와 내부의 피부가 접하는 신체부분이다. 예를 들면, 입술은 종아리나 손등보다 자극에 더 민감하다. Freud는 점막이 더 많이 돌출해 있으면 있을수록 감각적 희열에 더 예민하다고 말했다. 남녀의 성기, 유방, 항문은 성적 부위로 간주된다.

'심리성욕'이란 용어는, 인간발달의 중요한 요소는 성적 충동인 바 이것은 초기 발달시에 여러 성적 부위를 거쳐 가며 진행한다는 것을 강조한다. 이 이론에 의하면, 어떤 특정한 발달단계 시기에 신체의 어떤 부위는 유쾌한 긴장을 가져다 줄 어떤 대상이나 활동을 추구하게 된다. 심리성욕 발달은 생물학적으로 결정된 발달단계이며, 그 발달순서와 특징은 문화유산이 어떻든 간에 모든 사람에게 공통적으로 나타난다. 각 단계에서 개인이 어떤 사회적 경험을 하느냐 하는 것은 그가 그 단계에서 얻는 특성·가치관의 형식으로 영원한 어떤 흔적을 남겨 놓게 된다.

4) 좌절과 방임

Freud는 이러한 **공식**의 논리성을 두 가지 요소로 설명하였는데, 즉 **좌절**(frustration)과 **방임**(overindulge)이다. **좌절**이란 아동의 심리성욕 욕구(젖을 빠는 것, 물어뜯는 것, 씹는 것)가 양육자에 의하여 방해받게 되어 바로 만족할 수 없게 되는 것을 말한다. **방임**은 부모가 아동에게 내적 욕구를 이겨 나가도록 하는 훈련을 거의 시키지 않고, 따라서 **의존심**과 **열등감**을 조장시키는 것을 나타낸다. Freud는 좌절을 갖는 아동이나 혹은 방임에 빠진 아동이나 그 결과는 **리비도**(libido)의 과투자(over investment)로 나타날 것이라고 보았다. 이 과투자는 그 강도에 따라서 나중에 성인기에 이 경험이 발생한 심리성욕 단계와 연관되어 잔여행동(특질, 태도)의 형태로 나타난다.

5) 퇴행과 고착

정신분석학 이론에서 이와 관련된 개념은 **퇴행**(regression), 즉 심리성욕 발달의 초기단계로 되돌아가는 것과 이 시기에 적합한 유아행동을 나타내는 것이다. 예를 들면, 심히 불안한 상태에 처한 성인이 퇴행을 해서 눈물을 흘리거나, 엄지손가락을 빨거나, '독한 술'을 마실 것이다. 퇴행은 사실 Freud가 말한 '**고착**'(fixation, 초기 심리성욕 단계에 주저앉는)의 한 특별한 예이다. Freud학파는 퇴행과 고착이 서로 보충적인 것으로 보았다. 즉, 퇴행의 가능성은 주로 고착의 강도에 좌우된다. 고착은 어떤 발달단계에 있었던 문제가 잘 해결되지 못했던 것을 반영한다. 예를 들면, 8세의 어린이가 계속해서 손가락을 물어뜯는 것은 구강기에 고착되어 있다는 것을 나타내며, 에너지는 그 초기 발달단계에 적합한 활동에 과투자된다. 개체가 그의 심리성욕상의 갈등문제를 잘 해결하지 못하면 못할수록 후에 정서적인 혹은 육체적인 긴장을 유발하며, 그는 **퇴행**을 하기가 더 쉽다. 모든 개인의 성격구조는 이렇듯 그가 도달한 또는 그가 고착해 버린 심리성욕 단계의 개념으로 설명할 수 있다. 후에 언급하겠지만 성인의 여러 성격형태는 각 심리성욕 발달단계와 연관이 있다.

2. 심리성욕 발달단계

1) 구강기

심리성욕 발달기의 하나인 **구강기**(oral stage)는 생후 1년 동안 발달하는데, 이 시기에 유아는 그의 생존을 전적으로 타인에게 의존하며 본능적인 만족을 얻는 유일한 수단이 바로 이 의존이다. 이 시기에 구강은 특히 생물학적인 충동과 동시에 유쾌한 감각을 해소시키는 신체의 일부가 된다. 유아는 젖을 빨므로써 영양을 공급받으며, 배고픔의 충동을 만족시키며, 동시에 입을 움직여 기쁨을 얻는다. 이러한 이유 때문에, 구강부(즉, 입술, 혀와 기타 연관된 구조들)는 유아의 활동과 관심의 초점이 된다.

이러한 구강부는 그들이 사회적 환경 또는 물리적 환경과 접촉하는 일차적인 수단이 되며 대부분의 성적 에너지를 포함하고 있다. 사실상, Freud는 구강은 일생을 통해서 중요한 성감대로 존재하게 된다고 믿었다. 성인에게 있어서도 행동의 흔적이 남이 있는데, 예를 들면, 껌을 씹는 행위, 손톱을 물어뜯는 행위, 키스, 과식 등에서 나타나며, Freud학파는 이러한 사실들이 리비도가 구강부위에 부착되어 있다는 증거가 된다고 주장한다.

쾌락과 성욕은 Freud의 발달이론에서는 서로 혼합되어서 나타난다. 이 점에서 성욕이란 유아에 있어서는 음식물의 섭취와 관련된 흥분 상태를 말한다. 따라서 처음으로 만족을 주는 대상은 어머니의 젖이나 우유병이며, 처음으로 긴장 감소를 경험하게 되는 신체부위는 구강이 된다. 젖을 빠는 것과 음식물을 삼키는 것은 나중에 성적 만족의 원형이 된다. 구강 의존 시기의 유아의 중심과업은 다른 사람과 관련하여 의존, 신뢰, 신용, 독립심 등의 일반적인 태도를 확립하는 것이다. 처음에는 유아가 자기 자신의 육체와 어머니의 젖(영양의 근원)을 구별할 수 없기 때문에 젖을 빠는 도중에 배고픔의 만족과 애정의 표현이 혼동된다.

이러한 혼동은 유아의 이기주의를 나타낸다. 그러다가 언젠가는 어머니의 가슴은 애정의 대상으로서의 가치를 상실하게 되고 그것은 유아 자신의 신체의 일부로 대치된다. 그래서 유아는 자기의 엄지 손가락이나 혀를 빨게 되고, 이렇게 하여 어머니의 보호 부족에서 생기는 긴장을 감소시킨다.

구강기는 이유와 함께 끝나며, 정신분석학 이론에서는 거의 모든 유아가 어머니 젖가슴을 떠나고 그에 따르는 즐거움을 포기할 때 여러 가지 어려움을 갖는다는 가정을 한다. 이 어려움이 클수록 더욱 많은 리비도가 구강기에 집중되며, 다음 단계의 갈등을 해소하는 데 필요한 리비도가 부족하게 된다.

(1) 구강 수동적 성격

Freud는 유아에게 너무 과도하거나 혹은 불충분한 양의 자극이 주어지면 구강 수동적(oral-passive) 성격 형태가 된다고 주장하였다. 이러한 성격의 소유자는 세상 일에 낙관적이며 타인과 신뢰의존적(trusting dependent) 관계를 가지며, 타인이 자신의 '어머니'가 되어 주기를 바라며, 모든 것을 희생하더라도 인정을 받으려고 한다. 이러한 사람이 심리적으로 적응해 가는 양식은 수동적이고 미숙하며, 과도한 의타심과 잘속는 등의 성격특징을 갖게 된다.

(2) 구강 공격적 성격

생애 첫해의 마지막 후반기에 구강기의 2차 단계가 시작된다. 즉, 구강 공격적(oral aggressive) 또는 구강 가학적(oral sadistic) 단계이다. 유아에게 치아가 생기기 시작하면서 물어뜯거나 씹음으로써 어머니의 부재나 만족의 지연으로 생긴 불만을 표현한다. 이런 유아는 침뱉기와 같은 공격적인 행동을 취하여 구강의 만족을 성취한다. 성인이 갖는 구강 가학적 단계에의 고착은 논쟁적이고, 신랄하게 비꼬며, 주위의 사물들에 대해서 비꼬는 양상으로 나타나며 또 이러한 성격을 가진 사람은 자신에게 필요할 때까지 타인을 이용하거나 지배한다.

2) 항문기

2세에서 3세 사이에서는 리비도 에너지의 초점이 구강에서 항문으로 옮겨간다. 유아는 대변의 배출과 보유에서 상당한 만족을 얻으며 점차로 대장운동을 지연시켜서 이러한 만족을 증진시키는 방법을 알게 된다(즉, 대장이나 괄약근의 압력을 가해서). 이러한 대장이나 방광의 조절은 신경근육학적인 성장의 결과이나 Freud는 부모에 의해 시행되는 대소변 가리기 훈련은 나중에 성격발달에 특수한 효과를 나타낸다고 주장하였다. 대소변 가리기의 시작과 함께 아이들은 이드(id, 원본능)의 요구(즉각적인 배변에서 오는 기쁨)와 부모에 의해 부과되는 사회적인 제지(배출 욕구에 대한 자기 조절)를 분간하는 것을 배워야 한다. 사실상 Freud는 이러한 자기 통제와 지배는 항문기(anal stage)에서 출발한다고 주장하였다.

(1) 항문기 보유적 성격

Freud는 부모가 대소변 가리기에서 필연적으로 생기는 욕구불만을 다루는 두 가지 방법이 있음을 발견하였다. 만약에 부모가 거칠거나 강압적이면, 아이들은 대변을 참게 되어 변비가 되며 이러한 억세 경향이 심해지면 다른 행동에까지 일반화되어 항문적 보유(anal-retentive) 성격이 된다. 성인에게 이런 성격이 나타나면 고집이 세고 인색하며 복종적이고, 시간을 엄수하며, 지나치게 청결하거나 혹은 지나치게 불결한 경향이 있다. 이것은 또 혼란과 모호함을 참거나 명확한 구분을 할 수 없는 것 등과 같은 '추방(expulsion)'의 원형이 된다.

(2) 항문기 공격적 성격

그 반대로 만약 부모가 아이를 달래서 정기적으로 대장운동을 하게 하고 대변을 본 후 칭찬해 주며 목욕을 시키는 경우, 아동은 이런 행동에 즐거움을 느끼고 후에 항문적 공격(anal-aggressive) 성격을 갖게 된다. 이 단계에 고착되면 잔인하고 파괴적이며, 난폭하고 적개심을 나타낸다. 이러한 사람은 애인과의 관계에서 상대방을 근본적으로 소유의 대상으로 간주하는 경향이 있다.

3) 남근기

4세부터 5세 사이에서는 아동의 리비도적인 관심은 새로운 성감대인 생식기로 옮겨간다. 이 남근(男根) 심리성욕 발달기에 아동들은 자신의 성기를 자세히 관찰하고 자위행위를 하며, 출생과 성에 대한 관심을 나타내는 것을 관찰할 수 있다. 비록 아동의 성인의 성욕에 대한 인식이 대체로 부정확하고 모호하며 또한 아직 정립되지 않았지만 Freud는 대부분의 어린이들은 그들의 부모가 생각하는 것보다 더욱 명확히 성관계를 알고 있다고 믿는다. 그들은 부모들의 성교를 목격할 수도 있고, 또는 부모의 대화나 다른 어린이들의 이야기를 통해 그런 원초적인 관계를 상상할 수도 있을 것이다. 또 Freud는 대개의 어린이가 성교를 어머니에 대한 아버지의 공격으로 보고 있다고 생각했다. Freud의 이 단계에 대한 설명은 많은 오해와 논쟁의 근원이 되고 있음을 강조할 필요가 있다. 더구나 대부분의 부모들은 4세 어린이가 성에 대해서 알고 있다는 것을 수긍하지 않는다.

(1) 외디푸스 콤플렉스

남근기(phallic stage)의 두드러진 갈등은 Freud가 명명한 외디푸스 콤플렉스(Oedipus complex : 여자아이들에게 있어서는 일렉트라 콤플렉스, Electra complex)이다. Freud는 이 콤플렉스의 설명을 Sophocles(495～406 BC)가 쓴 그리스의 비극인 외디푸스 왕에서 빌려 왔는데, 이 비극에서는 테베(Thebe)의 왕인 외디푸스가 그의 아버지를 살해하고 그의 어머니와 간음하게 된다. 외디푸스가 그의 죄를 깨닫고는 자신의 눈을 찔러 멀게 함으로써 자신을 벌하게 된다.

Freud는 외디푸스 콤플렉스 이야기는 그리스 신화이긴 하지만 이 비극은 인간의 가장 큰 정신적 갈등을 상징적으로 표현한 것이라고 보고 있다. 사실상, 이 신화는 아동의 이성의 부모를 소유하고 싶은 욕망과 동시에 동성의 부모를 적대시하려는 무의식을 표현한다. 그러나 남자아이들은 실제로는 아버지를 살해하지도, 어머니와 간음하지도 않지만, Freud는 어린아이들의 무의식 속에는 이 두 가지 욕망이 있다고 믿었다. 또한 Freud는 이러한 외디푸스적 갈등의 뒷받침을 원시사회에서의 근친간의 결혼이나 씨족 내의 어떤 의식에서 찾고 있다.

외디푸스 갈등의 발생과 그 해결은 남녀간에 약간 차이가 있다. 남아의 첫 사랑의 대상은 어머니 혹은 어머니를 대신할 만한 사람이다. 어머니는 유아가 태어나서부터 만족의 근원이고, 남아들은 출생 이래 그의 어머니를 소유하고 싶어하며, 그가 관찰한 바 성인들이 성적 감정을 표현하는 식으로 자신도 어머니에게 그의 감정을 표현한다. 예를 들면, 그는 자신의 성기를 어머니에게 자랑스럽게 보임으로써 그의 어머니를 유혹하려 한다. 이러한 행동은 자기 아버지의 역할을 탐내는 것으로 볼 수 있다. 왜냐하면, 아동은 그의 아버지를 자기의 성적인 만족감을 빙해하는 경쟁자로 생각하기 때문이다. 그래서 아버지는 아들의 중요한 경쟁자나 적이 된다.

(2) 거세불안

아이들은 아버지와 자기를 비교할 때 어렴풋이 열등감을 느낀다(누구의 성기가 더 큰가?). 자신의 어머니에 대한 로맨틱한 감정을 아버지가 인정하거나, 가만히 놔두려 하지 않을 것이라고 생각한다. 이러한 경쟁심이 어린이로 하여금 아버지가 자기를 해칠 것 같다는 공포심을 갖게 한다. 더욱 자세히 말하면, 아이는 그의 아버지가 자신의 성기를 잘라 버리려 한다고 믿게 된다. 이러한 아버지의 보복에 대한 두려움을 거세불안(castration anxiety)이라고 일컫는데, 이 때문에 어린이는 어머니와 성적 관계를 갖고 싶어하는 욕망을 포기하게 된다.

5세에서 7세 사이의 어린이는 어머니에 대한 성적 욕망을 억압하고 아버지와 동일시하기 시작함으로써 이러한 외디푸스 갈등은 해결된다. 아버지와 동일시 과정을 '공격자와의 동일시'라고 하며 아동은 동일시를 통해 가치관, 도덕, 태도나 성에 관련된 행동 등 남자란 어떤 것이라는 것을 묘사하는 모든 것을 배우게 된다. Freud는 더 나아가서 이러한 아버지에 대한 동일시가 아동으로 하여금 이제는 그가 어머니가 아버지와의 관계에서 중요하게 생각하는 속성을 자기도 소유했기 때문에 아버지를 대리하여 어머니를 사랑의 대상으로 간직할 수 있게 된다고 보았다. 사회적 규범의 측면에서 볼 때 아동이 외디푸스를 해소했다는 것 보다는 아동이 그의 부모의 행동기준과 금기를 자신의 것으로 내면화했다는 것이 더 중요하다. Freud는 바로 이 특이한 동일시가 아동의 **초자아**(super-ego)의 발달을 초래한다고 생각했는데, 즉 초자아는 외디푸스 갈등의 해결에서 나온 것이라고 볼 수 있다.

(3) 일렉트라 콤플렉스

Freud 이론에서 남아의 **외디푸스 갈등**에 해당되는 여아의 것은 일렉트라 콤플렉스(Electra complex)이다. 남아처럼 여아의 최초의 사랑의 대상도 어머니다. 그러나 여아가 남근기로 접어들면서 자신은 아버지나 남자 형제처럼 음경이 없다는 것을 깨닫게 된다. 여아가 이런 해부학적 발견을 함과 동시에 그녀는 음경을 갖고 싶어하게 된다. Freud는 이를 '**남근선망**'(penis envy)이라고 했는데 이는 어떤 면에서 보면 정신적으로 남아의 **거세공포**와 맞먹는 것이라고 할 수 있다(Freud가 여성해방론자들의 비난의 대상이 됨은 당연하다). 그 후로 여아는 어머니가 아무런 이유 없이 자신의 남근을 빼앗아간 것에 대해 또는 자신의 어떤 잘못에 대한 벌로 자기의 남근을 빼앗은 것에 대해 어머니에게 공개적으로 적개심을 가지게 된다. Freud는 때때로 여아들이 자신의 결함 때문에 자기가 여성임을 비관하게 된다고 말하고 있다. 동시에 여아는 그녀의 아버지가 부러운 기관을 가지고 있기 때문에 아버지를 소유하고 싶어한다. 여아가 남근을 갖는 것은 불가능하다고 믿게 되면 남근에 대처할 만한 다른 대상의 성적 쾌감을 찾게 된다. 성적인 만족은 음핵(clitoris)에 집중되고 또, 5세부터 7세 사이의 여아에게서는 음핵에 대한 자위가 때로는 자기의 음핵이 남근이 되는 것 같은 남성적 환상을 가지고 행해지게 된다.

대부분의 학자들은 Freud의 **일렉트라**(Electra) **갈등**의 해결에 대한 설명이 확실하지 않다는 것을 동의한다. 그 이유 중의 하나는 어머니가 가족 내에서 아버지처럼 막강한 힘을 갖지 못하기 때문에 아버지만큼 위협적인 존재가 되지는 못한다는 것이다. 또다른 이유는 여아는 본래 남근을 가지지 않았기 때문에 남아가 거세를 근친상간의 욕망에 대한 보복이라고 느끼는 것만큼 느끼지 못하기 때문이다. 후자의 이유 때문에 Freud는 여성은 성인기 때 강박적인 도덕 감정을 덜 가지게 된다고 주장한다. 우리가 이러한 문제를 어떻게 해석하든 간에 Freud는 여아의 어머니에 대한 적개심과 아버지에 대한 동경이 서서히 변화를 가져오게 되며, 어머니와 동일시하려는 행동이 여자의 행동을 지배하게 된다고 기술하고 있다. 어떤 여자들은 그녀의 첫 아이로 남아를 갖기를 원하는데, 이런 현상을 Freud학파에서는 '남근대치' 또는 여성의 반대(contrary)로의 해방이라고 해석하고 있다.

외디푸스 갈등은 생물학적인 원인이며 모든 인간에게 나타난다는 Freud의 학설에 대해 많은 비평이 대두되어 왔다. 사실상, **외디푸스 콤플렉스**는 모든 인간에게 나타나는 것이 아니며, 어떠한 문화권에 있어서는 남아와 아버지의 갈등은 아버지와 가족 내에서의 세력에 기인하며, 성적인 질투 때문이 아니라는 비교문화적(cross-cultural) 증거가 있다. 게다가 여성옹호론자들은 Freud의 여성에 대한 견해는 광신적일 뿐만 아니라 불합리하다고까지 생각하고 있다. 신Freud학파의 선구자인 K. Horney는 Freud의 남근선망에 대한 해석(인체구조는 운명이라는)이 여성의 심리에 영향을 미치는 사회·문화적 요인이 되지는 않는다고 말하였다. Horney와 다른 사람들은 말하기를 진정으로 여성이 선망하는 것은 성취지향적인 그리고 경쟁적 사회에서 남성에게 주어진 지위라는 것이다. 이러한 논의는 A. Adler도 강조하였다.

남근기에 고착된 성인 남자는 대부분 경솔하며, 과장되고, 야심적이다. 남근기형은 성공하려고 아주 노력하여(노력은 이성의 부모에 대한 승리를 의미한다) 항상 그들의 강함과 남자다움을 나타내려고 노력한다. 이러한 남성들은 남들에게 자신이 '진정한 남자'임을 확신시키려고 한다. Freud는 여성이 남근기에 고착된 경우 성관계에 있어서는 순진하고 결백해 보이지만, 난잡하고 유혹적이며 경박한 기질을 갖는다고 언급했다. 또 어떤 여성들은 이런 기질 대신 아주 자기 주장적이어서 남성을 능가하고자 노력한다고 Freud는 보았다. 그는 미해결된 외디푸스 문제는 나중에 신경증의 근원이 된다고 생각하였으며, 특히 남성의 성적 무기력과 여성의 불감증의 근원이 된다고 주장하였다.

4) 잠복기

6세부터 7세 사이와 청년기가 시작하는 시기에 아동은 비교적 성적인 수면상태에 속하게 된다. 이 시기에 리비도는 승화되어 무성적 활동인 지적인 관심, 운동 그리고 친구간의 우정으로 전환된다. 이러한 잠복기(latency period)는 마지막 심리성욕 단계에서 일어나게 될 중요한 성장을 준비하는 시기로 보여진다. Freud에 의하면, 이러한 성적 관심의 저하는 순전히 생리학적인 현상이라고 간주된다. 잠복기에는 이렇듯 새로운 성감대가 나타나지 않고, 성적 본능이 수면 상태에 있기 때문에 심리성욕단계라고 불리울 자격이 없다. Freud는 이 잠복기에서 일어나는 발달 과정에 관해서는 별로 관심을 쏟지 않았는 바 이 시기가 이전 단계를 모두 합한 시간만큼 아동의 긴 생애기간임에도 불구하고 이 시기에 관심이 없었다는 것은 이상한 일이다. 아동들에게 이 시기가 일종의 휴식기인 것처럼 성격이론가들도 잠깐

휴식한 것 같다.

5) 생식기

사춘기의 발달과 함께 이성에 대한 관심과 인식이 증가되며, 성적 그리고 공격적 충동이 다시 나타난다. 생식기(genital stage : 사춘기로부터 죽을 때까지의)의 첫 단계는, 유기체의 생화학적(biochemical)이며 심리학적인 변화에 의해서 초래된다. 즉, 생식기관이 성숙하고 내분비기관이 호르몬을 분비함으로써 2차 성 특징이 나타난다(남자에게는 턱수염이 나고, 여자들은 가슴이 발달). 이러한 변화들은 청년기의 흥분 상태와 성적인 활동의 증가에 영향을 미친다. 즉, 생식기는 성적인 충동의 가장 완전한 만족을 추구하려는 특징이 있다.

Freud학파의 관점에서 본다면, 모든 인간은 사춘기 초기에 '동성애(homosexual)'의 시기를 거치게 된다. 새로이 분출된 성 에너지는 동성의 사람에게로 향하는데(선생님이나 이웃사람 또는 친구) 외디푸스 갈등의 해결에서와 같은 방법으로 일어난다. 이 시기의 명백한 동성애 행위가 결코 모든 사람이 경험하는 것은 아니지만 소년기에는 동성인 친구와 다니기를 더 좋아한다고 Freud는 믿었다. 그러나 점차적으로 성적 에너지의 대상이 이성으로 옮겨가게 되고, 구애가 시작된다. 청년 초기에는 홀딱 반하는 경향이 강해 쉽게 결혼 상대를 선택하게 되며 가정을 꾸미게 된다.

생식기적 성격을 통해 정신분석학 이론에서는 이상적 성격유형을 설명한다. 이런 성격의 사람은 사회－성적(social-sexual) 인간관계가 원만하고 책임감이 잘 발달되었기 때문에 이성과의 사랑이 만족스럽다. 이상의 단계별 성격발달의 특징을 요약하면 〈표 2－1〉과 같다.

〈표 2-1〉 Freud의 발달단계

단계(연령)	쾌감의 부위 및 원천	성격발달
구강기 (oral stage)	입술 : 젖빨기, 먹는 것, 손가락 빨기, 치아발생 후 씹는 것	· 구강 수동적 성격 · 구강 공격적 · 가학적 성격
항문기 (anal stage)	항문근육 : 대변의 배설과 보류	· 항문 보유적 성격 · 항문 공격적 성격
남근기 (phallic stage)	생식기의 자극	· 외디푸스 콤플렉스 · 일렉트라 콤플렉스 · 초자아(양심) 발달
잠복기 (latency stage)	성적 흥미나 관심이 일시적으로 억압됨. 외계에서 쾌락 추구	사회성의 발달과 일상생활에 적응하기 위한 지식, 기능을 습득하는 데 열중
생식기 (genital stage)	생식기관의 성숙	· 이성적 관계가 원만 · 책임감 발달 · 이타적인 태도발달 · 이상적 성격 발달

제 3 장

Erikson의 자아발달이론

1. 성숙의 점성원칙

E. H. Erikson은 Freud의 정신분석이론을 발전시켜 자아정체감(identity)을 중심으로 한 자아 발달이론을 전개하였다. 그는 성숙의 **점성원칙**(漸成原則, epigenetic principle)에 의해서 인생주기(life cycle)를 8개의 발달단계로 나누고, 각 단계에는 사회환경이 각 개인에게 어떠한 정신적인 요구를 나타낸다고 가정하고 있다. 이러한 사회적 요구에 적응하기 위해서 개인 내에 생기는 심리적 긴장상태가 심리・사회적(psycho-social) 위기이다. 발달의 '점성적 개념(epigenetic conception)'이란 (epi는 '위에 upon', genetic은 '출현 emergence'를 의미) 인생주기의 각 단계는 이 단계가 우세하게 출현되는 최적의 시간(즉, 극적인 시기)이 있고 그리고 모든 단계가 계획대로 전개될

때 완전한 기능을 하는 성격이 형성됨을 암시한다. 더욱이 Erikson은 각각의 정신사회적 단계는 생리적 성숙과 그 단계에 있는 개인에게 부과된 사회적 요구로부터 유발된 개인 생애의 전환기(turning point), 즉 위기를 수반한다고 가정했다. 다시 말하면, 인간 **생활주기**의 8단계 각각은 발달과업, 즉 각 특정시기에서 해결되어야 할 사회발달 문제의 단계적 특수성을 나타낸다. 성격이 상이한 요소는 이러한 과업이나 위기가 어떤 식으로 해결되는가 하는 그 방법에 의해 결정된다. 성장과 인간관계 영역의 확장은 그로 인해 각 단계의 자아 기능이 상처받을 가능성이 커지기 때문에 갈등은 Erikson이론에서 핵심적인 부분이 된다. 그는 동시에 위기란 '재앙의 위협이 아니고 전환점이므로, 따라서 세대적 힘(generational strength)과 부적응의 **개체 발생적**(ontogenetic) **근원**'임을 함축한다고 말했다.

공간적 차원으로 볼 때, 각각의 심리사회적 위기는 긍정적 요소와 부정적 요소를 다 포함한다. 만약 갈등이 처음부터 만족스럽게 해결되면(즉, 인간이 자아 성취의 과거를 가지면), 긍정적 요소(예를 들어 기본신뢰, 자율성)는 점차 성장·발달하는 자아 속에 스며들어 보다 건전한 발달이 보장된다.

반대로, 만약 갈등이 계속되거나 처음에 불만스런 양상으로 해결되면, 자아 발달은 손상을 받고 부정적 요소(예를 들면 불신, 수치, 의심)가 자아 속에 많이 통합된다. 이론적으로 정의된 여러 가지 갈등이 발달계열 속에 출현하지만 그렇다고 해서 초기의 성취나 실패가 영구 불변하는 것은 아니다. 각 단계에서 획득된 자아 자질은 새로운 내적 갈등이나 변화양상에 둔감하지는 않다. 그러나 주요한 점은 인간은 다음 발달단계를 잘 적응하고 건전한 양상으로 진행하려면 각 위기를 적절하게 해결해 나가야 한다는 것이다.

Erikson의 점성원칙적인 성숙에 대한 신념은 그의 **생활주기**의 심리사회적 위기에 관한 도표를 보면 분명히 알 수 있다(그림 3-1 참조).

2. 인간발달의 여덟단계

1) 영아기(신뢰 대 불신 : 희망)

한 살까지를 말한다. 기본적인 신뢰감이 불신감보다 더 많이 체험되지 않으면 장차 타인과 원만하며 지속적인 인간관계를 수립할 수 없게 된다. 기본 신뢰감 발달에 심한 결함을 나타내는 행동적 결과는 아기의 경우 급성 우울증이고, 어른은 편집증(paranoia)이다. 신뢰 대 불신의 갈등을 성공적으로 해결하여 얻어진 심리·사회적 능력 또는 덕목(virtures)을 Erikson은 '희망'이라고 본다.

2) 유아기 초기(자율성 대 수치와 의심 : 의지)

2~3세에 해당한다. 배설훈련을 통해서 자기의 행동을 통제할 것을 배워가지만, 실패할 때에는 자기의 능력에 의혹을 품거나 수치심을 갖게 된다.

무관심한 부모 슬하에서 자란 아동일수록 자율성 발달을 침해당하기 쉽다. 그 결과 자기 부적절감, 무기력, 자기 의심(self-doubt)의 심리·사회적 태도가 생긴다. 어른이 되면 강박적 행동, 피해망상에 사로잡힌 편집증을 나타내기 쉽다.

3) 유아기(주도성 대 죄악감 : 목적)

유희 연령인 학령전 아동이 마지막으로 경험하는 심리·사회적 갈등이다. 사회생활을 확대해 가면서 놀이나 학습을 통해 자발적인 행동이나 양심이 발달되는데, 실패하게 되면 죄의식을 갖게 된다. 지속적인 죄의식은 소극성, 불감증으로 발전된다.

4) 학동기(근면성 대 열등감 : 능력)

약 6세부터 11세까지 학동이기다. 아동이 학교에 다니면서 문화적 유산을 이해하기 시작할 때 근면성(sense of industry)이 발달한다. 이 때 아동의 자아 정체감(self-identity)은 열심히 공부해서 훌륭한 사람이 되자가 된다. 근면성이란 대인관계 능력감, 즉 자신감을 나타낸다.

5) 청년기(자아 정체감 대 자아 정체감의 혼란 : 충성)

12~13세부터 20세까지이다. 아동기부터 싹이 튼 자아 정체감을 통합・재편성하여 새로운 주체적인 자아 정체감을 확립하는 시기이다. 실패하면 자아 정체감의 혼란이 생긴다. 정체감 위기는 직업을 선택하지 못하거나 무력감, 허무감, 소외감, 부족감을 경험한다. 성실성・충성심은 자아 정체감의 적절한 해결을 통해 나타낸다.

6) 성인기 초기(친밀 대 고독 : 사랑)

20세부터 40세까지이다. 친구나 이성 등의 타인과의 관계에서 우정, 사랑, 성적 친밀성이 과제가 되며 실패하면 고독에 빠진다. 즉, 이 시기의 자아 정체감은 다른 사람과 연합하는 능력이다. 친밀감은 성공적인 결혼의 필수 요소이다. 친밀한 인간관계를 맺을 수 없으면 사회적 공허감이나 소외감을 느끼게 된다.

7) 성인기(생식성 대 정체 : 배려)

40세부터 65세까지이다. 생식성(generativity)이란 자기 세대를 대치하는 후세대를 키우고 지도하는 후세대에 대한 배려를 뜻한다. 좋은 예는 생산 양육과 자손의 성취에 대한 개인의 만족감이다. 생식에 실패한 사람은 자기 도취(self-absorption) 상태에 빠진 사람으로서 '중년기의 위기', 즉 절망으로 인생이 무의미해지는 느낌이다.

8) 성숙기(자아통합 대 절망 : 지혜)

점성원칙의 마지막인 이 단계는 인간이 자신의 거의 완성적 노력과 성취에 대해서 반성하는 시기이다. 새로운 심리사회의 위기의 출현보다는 오히려 자아발달이 지금까지의 전 단계의 종합·통합 그리고 평가로 나타난다. 자아통합은 모든 관점에서 자신의 인생을 돌이켜 보면서 겸허하게 그러나 확고하게 "나는 만족스럽다"라고 확신하는 지혜나 능력에서 생긴다. 반면 자아통합의 결여나 상실은 되돌릴 수 없는 실패, 희망했었던 것에 대한 끊임없는 미련으로 나타나며 인생을 다 살 수 없다는 후회 속에 절망한다.

이 도식은 연대적 순서로 배열된 위계로서 8가지 발달 단계를 나타내고 있다. 도표의 대각선상의 네모는 각 위기를 성공적으로 처리해서 생긴 심리사회적 능력(strength) 혹은 덕성과 동시에 연속되는 각 단계의 긍정적 요소나 부정적 요소를 다 포함하고 있다. 점성원칙과 일치하게끔 각 단계는 전 단계의 심리사회적 갈등의 해결과 통합을 토대로 세워진다. 그러나 Erikson은 모든 갈등은 생후 초기에서부터 어떤 형태로 나타난다고 주장한다. Erikson은 매 위기마다 연관된 심리사회적 건강과 대응되는 병적 증상이 일어날 가능성이 있는 조건을 묘사했다.

Erikson은 이 8단계를 인간 발달의 보편적 양상으로 간주하지만 그는 개인이 각 단계의 문제를 처리하는 방법과 이 문제에 대한 가능한 해결책은 문화적 차이가 있음을 또한 가정했다.

개인이 다음 단계에 발달해 가려면 이러한 위기를 잘 극복해 나가야 한다는 것이다. 각 **발달단계**에 있어서 이와 같은 위기를 긍정적으로 달한 경우와 부정적으로 달한 경우를 대응시켜 [그림 3-1]과 같이 나타내고 있다.

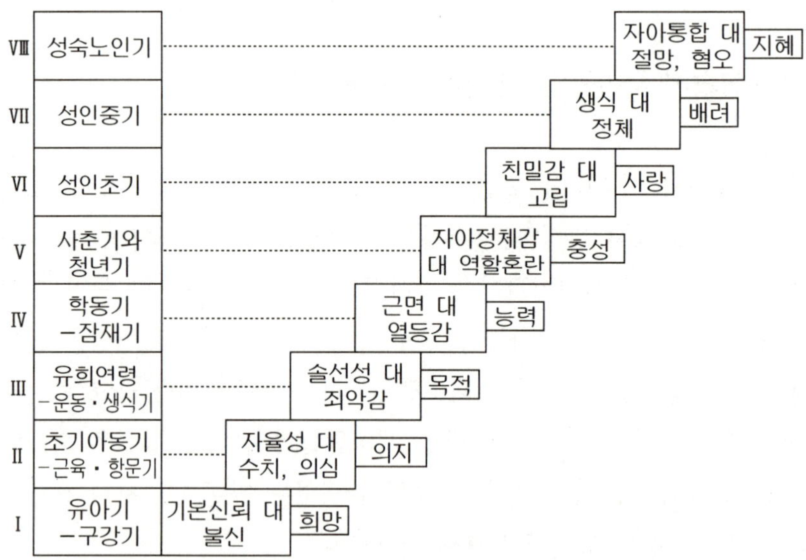

[그림 3-1] Erikson의 심리사회발달 8단계의 점성적 도표

제 4 장

Murray의 유아기 콤플렉스 발달론

1. 기본 입장

Freud와 다른 정신분석 학자들이 세운 기초를 토대로 H. A. Murray는 초기 유아기 때의 사건과 경험들 그리고 이러한 결정적인 시기에 초점을 맞추었다. 구체적으로 말해서 그는 유아기를 다섯 단계로 나누었는데 각 단계는 개인이 성숙하고 사회화하는 동안 불가피하게 좌절되었거나 끝나게 된 즐거운 상태로 특징지이진다.

이러한 각 단계는 콤플렉스(여러 단계의 흔적으로부터 생긴 특질이나 유형이 묶음)라는 형태로 성격에 자국을 남기는데 이 콤플렉스는 무의식적으로 개인의 다음 발달 단계를 결정한다.

Murray에 따르면 모든 사람은 이러한 여러 가지 콤플렉스를 발달시키는데 이는 모든 사람이 다섯 단계의 발달을 거쳐 성장하기 때문이다. 따라서 극단적인 비율을 나타낼 때를 제외하고는 하등 병적인 것이 아니다. 극단적으로 될 때, 인간은 하나의 발달 수준에 다소 고착된 상태로 남아 있게 되고 따라서 성인다운 성숙으로 나아갈 수 없게 된다.

2. 콤플렉스 발달단계

1) 폐소 콤플렉스

Murray가 세 가지 독특한 유형이 있다고 본 폐소 콤플렉스는 모체의 자궁이나 출생 전 경험으로 거슬러 올라간다. 단순 폐소 콤플렉스(simple claustral complex)에 있어서 출생 전의 상태로 돌아가려는 욕망은 자궁과 같이 폐쇄된 것을 찾는 형태를 취한다. 이러한 유형의 사람은 보통 수동적이고 의존적이며 과거지향적이고 새로운 것이나 변화를 주저한다. 또한 이러한 유형의 사람은 아침에 침대에 누워 있기를, 비밀스런 은밀한 장소를 갖기를, 도시에서 떨어진 곳에 살기를 더 좋아할 것이다. 두 번째 폐소 콤플렉스인 비지지 콤플렉스(insupport complex)는 기본적인 불안정과 무력감에 대한 불안을 나타낸다. 비지지의 공포는 보통 개방된 공간, 추락, 익사, 지진, 화재, 가족의 지지 상실에 대한 공포로 표현된다.

세 번째 도피 콤플렉스(egression complex)는 질식과 감금의 공포와 관련된다. 따라서 이러한 콤플렉스를 나타내는 사람은 개방된 공간, 신선한 공기, 운동, 여행, 변화에 대한 강한 애착을 갖는다. 그러한 사람은 또한 자율성에 대한 강한 욕구를 갖고 있다.

2) 구강 콤플렉스

세 가지 유형으로 되어 있는 구강 콤플렉스는 초기의 수유 경험과 관련된 사건으로부터 온다. 구강구호 콤플렉스(oral succorance complex)는 수동적이고 의존적 경향이 혼합된 구강활동을 나타낸다. 이 콤플렉스는 또한 빠는 것, 먹는 것, 입맞춤 그리고 인간이 어떤 양육자로부터 수동적으로 받을 수 있는 양육, 보호, 칭찬, 동정, 사랑, 돌봄에 대한 욕구의 형태로 나타난다.

구강의 깨무는 운동이 공격의 욕구와 관계될 때 구강공격 콤플렉스가 나타난다. 이 콤플렉스에 관계되는 행동은 침뱉는 것, 깨무는 것, 소리치는 것, 권위적 인물에 대한 양가감정(ambivalence) 등을 포함한다.

구강거부 콤플렉스(oral rejection complex)는 침을 뱉고, 토하고, 입술을 꽉 다물고, 말을 더듬고, 구강감염(키스를 함으로써 오는), 식욕상실 그리고 일반적인 의존적 관계에 대한 혐오감 등의 형태로 나타난다.

3) 항문 콤플렉스

Murray는 항문 콤플렉스가 배설과 배변훈련의 행위와 관련된 사건으로부터 온다고 보고 있다. Murray가 인식한 두 가지 항문 콤플렉스가 있다. 즉, 하나는 대변과 배설과 관계되는 것(항문거부 콤플렉스, anal rejection complex)과 다른 하나는 대변의 보유와 관계되는 것(항문보유 콤플렉스, anal retention complex)이다.

항문거부 콤플렉스는 배변에 대한 지나친 관심, 배변적 유머를 즐김, 변과 같은 물질에 대한 관심을 나타낸다. 이러한 유형의 사람은 보통 지저분하고 파괴적이다. 공격의 욕구가 이 콤플렉스의 일부가

될 때 인간의 행동은 분명히 적의가 있고 파괴적이다.

항문보유 콤플렉스에는 물건을 저장하고, 약탈을 두려워하고, 완고하고 부정적이며, 심한 질서 소유감(order possession) 같은 경향을 나타낸다. 여기에는 또한 질서와 청결에 대한 강한 욕구가 있다(Freud가 말하는 항문기 성격의 특징을 참조 바람).

4) 요도 콤플렉스

Murray는 요도 콤플렉스를 이카루스 콤플렉스(Icarus complex)라 불렀는데, 이는 아버지의 경고에도 불구하고 태양에 너무 가까이 날아가서 인공날개를 받치고 있던 밀납이 녹았다는 그리스 신화에 나오는 인물의 이름을 딴 것이다. 이카리안적 개인이 나타내는 행동 특성은 불에 대한 추구, 실패 앞에서 녹아버리는 극도로 높은 야망, 칭찬의 갈망, 강한 자존심, 야뇨증 등을 포함한다.

5) 거세 콤플렉스

Freud는 성인의 많은 신경증적 불안이 유아기 때 가진 거세불안까지 거슬러 올라간다고 보았다. 한편 Murray는 이 콤플렉스는 좀더 제한된 의미에서 문자 그대로 성기가 잘릴지도 모른다는 '공상에 의해 야기되는 단순한 불안'으로 해석되어야 한다고 믿는다.

Murray는 또한 거세공포는 보통 유아기의 수음과 그에 따른 부모의 금지와의 관련된 공상으로부터 결과한 것이라고 믿는다.

이 콤플렉스와 관련된 성인의 성격 특성은 Freud의 남근기(phallic stage)의 성격 특성과 유사하다. 그래서 Freud와 같이 Murray는 초기 유아기가 성인의 성격 발달의 궁극적 근원이 됨으로 중요하다고 강조한다.

제 5 장

Piaget의 인지 및 도덕성 발달이론

1. Schema

인지발달이란 추리, 기억, 문제해결을 포함하는 사고유형의 변화를 말한다. J. Piaget의 연구 이후 인지발달은 발달심리학의 핵심적인 주제가 되었다.

Piaget는 신생아가 이 세상에 태어나 생존을 영위하려면 환경에 적응해야 하는데 이러한 적응체제를 schema라고 칭하고, 인간발달이란 바로 이 schema의 변화과정이라고 말하고 있다.

이 과정은 또한 동화(assimilation)와 조절(accomodation)이라는 두 가지의 보충적 과정을 통해서 이루어진다고 했는데 발달단계를 다음과 같이 구분하고 있다.

2. 인지발달의 단계

1) 감각운동기

출생해서 2세까지를 감각운동기라고 하는데 이 시기의 유아는 거의 외부자극과 그에 대응하는 아주 단순한 schema만을 갖는다.

이 시기에서는 유아들이 언어나 어떤 상징을 제대로 사용하지 못하고 있기 때문에 이 단계의 행동은 언어 이전 단계(preverbal stage)의 행동으로 보고 있다.

Piaget는 이 시기를 다시 6단계로 나누고 있다.

(1) 반사기(0～1개월)

이 시기는 선천적인 반사작용을 하는 시기이다. 이 때에는 주로 영아가 젖꼭지를 빠는 것과 같은 타고난 반사행동을 한다.

(2) 1차적 순환반응기(1개월～3개월)

이 시기는 젖빨기 운동, 주먹펴고 쥐기의 반복운동 등 의도성이나 목적성이 없는 단순행동을 재미로 반복하는 것이 특징이다. 따라서 이 시기에는 반사작용과 반응의 협응(coordination)이 이루어진다.

(3) 2차적 순환반응기(3개월～6개월)

이 시기에는 유익하고 흥미 있는 결과를 가져오는 반응을 반복하게 된다. 즉, 영아들이 자기 행동의 결과를 예견하게 되고 흥미있는 결과가 나타나는 반응을 의도적으로 반복할 수 있게 된다.

(4) 2차적 반응협응기(6개월~10개월)

이 시기의 영아들은 간단한 문제를 해결하기 시작한다. 즉, 장애물 제거나 물건을 이용할 수 있게 된다.

(5) 3차적 순환반응기(10개월~18개월)

이 시기엔 활발한 시행착오적 경향을 나타내기 시작한다.

(6) 정신적 결합기(18개월~24개월)

이 시기엔 상상력과 관념적 작용을 통해 목표를 달성할 수 있도록 새로운 수단을 구안하는 시기로서 탐색적 사고의 출발이라고 볼 수 있다.

2) 전조작적 사고기

전조작적 사고기(2~7세) 동안의 아동은 근본적으로 감각운동적 양식(model)으로 기능을 수행할 수 있는 사람으로부터 개념적·상징적 양식으로 기능을 수행할 수 있는 사람으로 진화한다. 그러므로 아동은 사건을 점점 내적으로 표상할 수 있게 되며, 행동을 지향하는 데 있어 직접적으로 감각운동 활동에 의존하는 바가 적어진다. 그러나 이 시기를 전조작적 사고기라고 부르는 이유는 어린이가 정신적 표상에 의한 사고가 가능하기는 하나 아직 개념적 조작능력이 충분히 발달하지 못했기 때문이다.

전조작적 사고기는 연역적·귀납적인 추리를 못하고 비약적인 추리를 한다. 이 시기에 언어가 빠른 속도로 획득되어진다. 더구나 초반기의 행동이 대부분 자기중심적이고 비사회적이었지만 발달이 계속됨에 따라 이러한 특징은 점점 덜 지배적으로 되어 6~7세에 이르면 그들의 회화는 거의 의사소통적이며 사회적으로 된다.

전조작적 사고는 **감각운동적 사고**를 거쳐 진보한 것인데 아직 여러 측면에서 제한적이다. 이 때의 아동은 조작을 가역(可逆)할 수 없으며, 변환을 추구할 수도 없다. 즉, 지각은 **중심화**(centration) 경향을 가지며 사고는 자기 중심적이다. 이러한 특징들은 느리고 구체적인 동시에 제한적인 사고를 하게 만든다.

이 단계의 사고 특징은 **자기중심성**, **중심화**, **비가역성**, **비전환성** 등이며 이들로 인하여 **논리성**이 결여된 사고를 하게 되는 것이다.

양의 보존개념에 관한 실험에서 어린이에게 똑같은 높이로 물을 채운 A_1과 A_2의 두 컵을 보여 주고서, 두 개의 컵에 같은 양의 물이 들어 있느냐고 물어 보면 대부분 그렇다고 대답한다. 다음에 실험자가 A_2의 물을 높이가 더 낮고 밑면적은 더 넓은 컵 P로 옮겨 붓는다. 그리고 나서, 물의 양이 여전히 같은지를 물어 보면 전조작적 사고 수준의 어린이는 양이 같다는 것을 알지 못하여, 물의 높이나 넓이 중 어느 한 가지 차원에 얽매여서 **보존개념**을 획득하지 못한다. 이것은 어린이가 논리적으로 사고하지 못하고 직관적으로 사고하기 때문이다.

수 보존개념에 대한 실험에서는 어린이들 앞에 한 무더기의 달걀을 놓아둔 다음, 다른 한편에 놓인 달걀 컵에 하나씩 담을 수 있을 만큼의 달걀들을 집어내라고 했다. 전조작적 사고기의 어린이들은 달걀의 개수나 밀도를 무시하고 다만 컵과 달걀을 늘어놓은 길이만 똑같게 했다. 이것도 마찬가지로 직관적 사고를 하기 때문에 보존에 실패하는 것이다.

자아중심성에 관한 실험에서는 어린이 앞에 모양이 각기 다른 세 개의 산을 왼쪽, 가운데, 오른쪽에 배열해 놓고 어린이를 탁자의 한쪽

편에 앉게 하고 그와 반대되는 산의 배치모형을 보고 있는 인형을 놓고서 피험자인 어린이와 인형을 서로 마주보게끔 앉혔다. 그리고 나서 어린이 자신이 보는 것과 인형이 보는 것이 같은 가를 물었다. 이 단계에 있는 어린이들은 자기가 앉아 있는 곳에서 보는 것과 인형의 자리에서 보는 것이 다르다는 것을 이해하지 못하므로, 자기에게 보이는 대로의 산의 배치를 이야기한다. 이것은 타인의 관점을 이해하는 능력이 아직 획득되지 않음을 보여 주는 것이다.

또한 이 시기의 아동의 언어와 사회적 행동은 거의가 자기중심적이다. 그래서 그는 남의 앞에서도 자신과 이야기를 나누며 남의 이야기는 들으려고 하지도 않는다. 그의 언어행동은 정보 교환의 기능을 갖지 않으며 대부분이 비사회적이다.

중심화는 시각적 자극이 있을 때 아동은 그것의 한정된 지각측면에 주의를 고정시키거나 중심화하는 경향을 갖는다. 결국 중심화가 계속되는 한, 어린이는 어떠한 사건의 피상적인 측면만을 동화하는 경향성을 갖는다.

비가역성이란 일단 변형된 상태가 반대 절차를 밟으면서 다시 원래 상태로 되돌아갈 수 있다는 것을 알지 못하는 것을 뜻한다.

비전환성은 어린이가 계속적으로 변화하는 계열적 상태를 관찰하는데 있어서 한 상태가 다른 상태로 변하는 변환보다는 계속적이고 계열적인 상태들의 요소들에만 집중한다. 변환의 과정에 주의를 집중하는 것이 아니라, 변환이 일어나는 순간적인 상태에만 주의를 모으기 때문에 선제과정을 통합하지 못한다.

이와 같이 전조작직 사고기의 어린이들은 사물을 외관적 · 현상적 · 표면적 특성에 의해 눈에 보이는 그대로 받아들이는 경향이 있다. 사회적 인지도 이와 유사하세 피상적인 경향이 있다.

3) 구체적 조작기

이 시기(7~11세)의 schema는 어느 정도의 논리적 조작을 할 수 있을 정도로 발달한다. 그러므로 **개념단계**라고도 할 수 있다. 그러나 아직도 구체적인 사항에 한해서만 논리적 조작이 가능하다. 이 시기에는 자기 중심성에서 탈피할 만큼 지능이 발달한다. 따라서 전 단계의 유아들이 사물의 절대적인 속성에 얽매여 사물간의 관계성을 이해할 수 없는 데 비해 구체적 조작기의 아동들은 사물의 속성을 다룰 때 그들 사이의 관계성을 고려할 수 있게 된다. 이처럼 구체적 조작기의 아동은 지각에 얽매이지 않고 전 단계의 유아의 지적 활동을 제한했던 여러 가지 인지적 조작을 할 수 있게 된다. 즉, 지각의 중심화를 벗어나서 계속해서 변환을 추구할 수 있으며, 구체적 조작기에서 가장 중요한 **조작의 가역성**(reversibility)도 획득된다.

구체적 조작기의 사고는 전조작적 사고를 질적으로 능가한다. 그래서 **계열화**(seriation), **분류화**(classification)와 같은 shcema들이 나타나며, 인과성, 공간, 속도, 시간 등의 질적으로 개선된 개념이 발달한다.

구체적 조작기란 전논리적(전조작적) 사고와 완전한 논리적 사고 사이의 과도기이다. 보존개념에서 아동은 세 가지 논거에 의해 보존문제를 해결한다.

(1) 동일성의 원리

아동은 두 물컵에서 "물을 더 붓거나 쏟아내지 않았으므로 물의 양은 같다"고 대답할 수 있다. 이것은 **동일성**(identity)의 원리이다.

(2) 보상의 논리

"이 컵은 여기가 더 길지만, 저 컵은 여기가 더 넓다. 그래서 물의 양은 같다"고 말할 수 있다. 이것은 하나의 변화가 다른 변화로 인하여 서로 상쇄된다는 보상의 논리이다.

(3) 역조작의 논리

"이것을 전에 있던 컵에다 그대로 다시 부을 수 있기 때문에 두 컵의 양은 같다"라고도 말할 수 있다. 이것은 역조작의 논리이다.

이상과 같이 이 단계의 아동이 **보존능력**이 있다는 것은 구체적 조작기에 들어갔다는 것을 보증하는 것이다. 그리하여 6·7세쯤 되면 **수보존**을, 7·8세쯤에는 **질량보존**을, 11·12세쯤에는 **부피보존**을 할 수 있다. 또한 이 시기에는 전조작적 사고기에서 불가능했던 유목화(類目化) 능력도 획득된다. 이것은 대상과 대상간의 공통점과 차이점 및 관련성을 이해함으로써 비로소 가능해진다.

4) 형식적 조작기

지적 발달의 최종단계인 이 시기(11세 이후)에는 **형식논리적 사고**를 전개할 수 있을 만큼 지능이 발달한다. 따라서 추상적 개념을 구사하여 사고를 할 수 있을 만큼 지능이 발달한다. 즉, 형식적 조작이 발달함으로써 아동이 갖는 질적 가역성은 극대화된다. 구체적 조작기의 아동들이 시간적·공간적으로 현재에 진행되고 있는 사실에 대한 논리적 사고를 하는 반면, 형식적 조작기의 청소년은 현실적 세계를 넘어 추상적으로 사고할 수 있게 된다. 즉, 이 시기에 이르러서야 청소년들은 비로소 순전히 상징적 추론이 가능하게 되며, 가설을 세우고 체계적으로 검증하고 추상적 개념을 사용하여 여러 가지 사태를 일반화할 수 있게 된다.

형식적 조작기에 이르러서 가능해지는 사고방식 중에 중요한 것이 **조합적 사고**(combinational thinking)이다. 이는 하나의 문제에 직면했을 때 모든 가능한 해결책을 논리적으로 모색해 봄으로써, 결국에 가서는 문제해결에 이르는 사고를 말한다.

이러한 조합적 사고가 가능해지면서 형식적 조작기에는 연역적 사고도 가능해진다. 구체적 조작기의 아동이 구체적인 현실에서 출발하여 여러 가지 경험에 의해 일반적 사실에 도달하는 한편, 형식적 조작기에 이르면 일반적 사실에서 출발하여 특정한 사실에 도달할 수 있게 된다.

위에서 설명한 Piaget의 **인지발달 단계론**을 요약해 보면 〈표 5-1〉과 같다.

〈표 5-1〉 Piaget의 인지발달 단계

발달 단계	각 단계의 행동 특징
감각운동기 (0~2세)	· 반사행동의 단계로부터 의도적인 반복행동을 할 수 있는 단계에 이르기까지의 6단계로 세분화된다.
전조작적 사고기 (2~7세)	· 상징의 사용 : 모방, 상징적인 모방, 상징적인 놀이, 말·언어 사용과 의사소통이 가능하다. · 자신이 본 것만을 믿으려고 한다. · 사물의 단일차원에서 직관적으로 분류, 자기 중심성의 사고 때문에 그 자신의 관점만으로 사물을 보려고 한다. · 비가역성 : 가역적 사고는 아직 불가능하다.
구체적 조작기 (7~11세)	· 동작으로 생각했던 것을 머리로 생각할 수 있음. · 논리적 사고·가역성 획득·언어의 복잡화·사고의 사회화, 보존성, 이행성 분류 및 서열개념 획득. · 길이, 양, 무게, 수의 항상성을 믿게 된다. · 많고 적음의 순서에 따라 배열할 수 있다.
형식적 조작기 (11세 이후)	· 추상적 사고와 개념의 이해, 사물의 인과관계 터득. · 가설검증 능력, 추리력·적용력이 발달

3. Piaget의 도덕성 발달단계설

Piaget의 도덕성 발달단계설은 다음의 두 개의 짤막한 이야기를 4

~13세 아동에게 제시하고 그에 대한 대답을 분석한 것을 기초로 하고 있다.

> 존이 자기방에 있는데 저녁을 먹으라는 말을 듣고 내려와서 식당문을 열었다. 문 바로 뒤에는 의자가 있었고, 의자 위에는 쟁반이 놓여 있었고 거기에는 컵이 5개가 있었다. 존은 그것을 알지 못했다. 그가 문을 열자 문이 쟁반에 맞아, 컵이 모두 산산조각으로 깨어졌다.
>
> 어머니가 외출하고 없을 때, 헨리는 과자통에서 과자를 꺼내 먹으려고 의자에 올라가 과자통에 손을 대다가 그 옆에 있는 컵 한 개를 떨어뜨려 깨뜨렸다. 존과 헨리 중 누가 나쁜가?

1) 제1단계 : 타율적 도덕성의 단계

이 단계의 아동들의 특징은 이유를 찾거나 판단함이 없이 규칙에 무조건 복종하는 것이고, 성인이 정해 놓은 규칙이 과연 정당한 것인가에 대하여는 의심도 품지 않은 채 그대로 따른다. 이 단계의 아동은 도덕적 행위의 판단 근거를 어떤 행동 뒤에 있는 의도성이나 동기를 고려하지 않고 결과에 대해서만 의존한다.

2) 제2단계 : 자율적 도덕성의 단계

이 단계는 보통 7~8세 사이에 나타나기 시작하여 상황 판단이 변화하기 시작한다. 행동의 이면에 있는 행위자의 의도성을 고려하여 행동의 선악을 판단한다.

아동은 도덕적 위배사태에 대하여 그 당시의 구체적인 상황을 고려하기 때문에 거짓말로 정당화할 수 있으며, 거짓말이 항상 반드시 나쁜 것이 아니라는 사실을 인정한다. 이 단계는 형식적 조작단계와 일치하며, 이 단계에 있는 아동은 어떤 특정한 문제를 해결하는데 가능한 모든 방법을 동원할 수 있으며 많은 용인을 고려할 수도 있다.

위의 이야기에서 7세 이상의 아이들은 헨리가 나쁘다고 하였으며, 그 이유는 어머니가 없을 때 해서 안 되는 일(과자를 꺼내는 일)을 하였기 때문이라고 하였고, 7세 이하는 존이 더 나쁜 일을 하였다고 하는데 그 이유는 컵을 헨리보다 더 많이 깨뜨렸기 때문이라고 하였다. 그러나 나이가 더 들어감에 따라 존이나 헨리는 둘 다 컵을 일부러 깨뜨린 것이 아닌 점을 고려하게 되었다.

제 6 장

Vygotsky의 사회 · 문화적 인지발달이론

1. 사회 · 문화적 접근법

J. Piaget와 L. S. Vygotsky는 아동을 적극적인 유기체로 보았다는 점에서는 유사하지만, 인지발달에 관한 견해에는 상당한 차이가 있다.

Piaget는 유아가 혼자서 세계에 대한 폭넓은 이해를 구성하는 작은 과학자라고 설명한 반면, Vygotsky는 유아의 지식, 생각, 태도는 타인과의 상호작용을 통하여 발달한다고 주장하며, 특히 언어가 인지발달에 결정적이라고 주장한다. 즉, 언어는 생각을 표현하고 질문하는 방법을 제공하며 또한 사고활동에 있어서 범주와 개념을 제공한다. 특히 그는 사적 언어(private speech)가 인지발달을 좌우한다고 믿었다.

우리는 유아들이 놀 때 자기 자신에게 말하는 것을 들을 수 있다 ("그렇지, 그렇지, 해봐……").

Piaget는 이러한 자기지향적 대화를 '자기중심적 언어'라고 불렀다.

그는 이러한 자기중심적 언어가 유아가 타인의 관점에서 세상을 보지 못한다는 것에 대한 증거라고 생각하였다. 그들은 듣는 이의 요구나 관심을 고려하지 않고, 자신과 중요한 것들에 대해 이야기한다.

그러나 Vygotsky는 유아들의 사적 언어에 대하여 다르게 설명하였다. 그는 이러한 **중얼거림**이 인지적 미성숙의 표시라기보다는 인지발달에 중요한 역할을 한다고 생각하였다. 유아들은 자신의 행동과 사고를 안내하기 위하여 자기 자신과 의사소통을 한다. 그들이 점차 성숙하면서, 이러한 자기지향적 언어는 소리나는 말에서부터 속삭여진 언어로, 그리고는 조용히 입술만의 움직임으로 변하면서 사라진다. 마지막에는 단어들을 생각만 한다. 이러한 사적 언어의 사용은 5세에서 7세에 절정을 이루고 일반적으로 9세에 사라진다.

사적 언어는 사고의 조절을 돕기 때문에 사용을 격려하여야 한다. 어린 아이들이 어려운 문제를 풀고 있을 때 완전한 침묵을 강요하는 것은 도움이 되지 않는다.

Vygotsky는 인지발달은 유아들이 자기문화 속의 성인들이나 유능한 또래들과의 대화와 상호작용을 통하여 일어난다고 믿었다. 아동들은 보존개념이나 분류 기술 같은 인지적 조작을 세상에서 홀로 배우는 것이 아니라 가족구성원, 교사 그리고 또래들에게 도움을 받는다.

2. 언어와 사고의 발달단계설

1) 언어의 발달단계

(1) **원시적 또는 자연적 단계**(primitive or natural stage)

Vygotsky는 이 단계는 출생부터 만 2세 경까지 계속되며 세 가지의 비지적 언어기능(nonintellectual speech functions)으로 특징지어 진다고 보았다. 맨처음으로 나타나는 것은 고통이나 좌절로 인한 울음이나 만족을 나타내는 목청의 울림과 같이 정서적 해방(emotional release)을 표현하는 소리이다. 그 다음에 나타나는 것은 빠르게는 생후 2개월 경부터 볼 수 있는 것으로, 기존의 정서적 반응에 타인의 모습이나 목소리에 대한 사회적 반응(social reaction)으로 해석될 수 있는 소리들이 추가되는 것이다. 세 번째로 들 수 있는 비지적 언어는 대상과 욕구에 대한 대용으로 기능하는 최초의 단어들(first words)의 출현이다. 이러한 최초의 단어들은 기본적으로 부모나 형제가 어떠한 대상들을 그에 해당하는 단어와 빈번하게 짝지어 주는 조건반사에 의해 학습된다.

(2) **순수심리적 단계**(native psychology stage)

이 단계의 아동은 언어가 상징적 기능을 지닌다는 사실을 발견하고 사물이 이름에 대한 계속적인 질문을 통해 이러한 발견을 표현하게 된다. 아동은 대상이나 행동을 명명하는데 있어서 더 이상 타인에 의해 단순히 조건화되는 것이 아니고 스스로 활발하게 이러한 정보를 추구한다. 결과적으로 아동의 어휘는 급격히 증가한다. 이 단계의 아동은 자기의 주변세계를 인식하고 자신이 바라는 바를 달성하기 위한 수단으로 대상을 하나의 노구로서 사용하는 실제적 지능(practical intelligence)을 나타내기 시작한다. 그러나 아동이 적절한 문법적 구조의 언어들을 사용하기는 하지만 그 문법적 구조가 수행하는 내면적 기능은 인식하지 못한다는 점에서 아직은 순수 또는 순진(naive)하다고 할 수 있는 것이다.

(3) **자기중심적 언어의 단계**(egocentric speech stage)

이러한 유형의 언어는 취학 전의 유치원 아동에게서 많이 나타나는데, 특히 놀이장면에서 발견된다. 이러한 자기중심적 언어는 아동이 주변에 다른 사람이 존재하는가의 여부와 관계없이 자신이 활동하는 것에 대해 독백을 하는 형태로 나타난다. 이것은 다른 사람이 아닌 바로 자기 자신만을 향한 것이기 때문에 누구로부터의 반응도 필요하지 않은 것이다.

이러한 현상에 대한 해석은 연구자에 따라 다양하다. 일부에서는 이를 사고과정에서 나타나는 긴장을 완화하는 것이거나 아직은 미숙한 사고에 병행하여 나타나는 부산물 정도로 파악한다. 그러나 Vygotsky는 자기중심적 언어를 사고의 중요한 새로운 도구라고 간주한다. 아동은 단지 말하는 것에 대해 생각할 뿐만 아니라 자신에게 말하는 것이 다음에 무엇을 생각할 것인가에 영향을 미치며, 이렇게 말하는 것과 생각하는 것은 개념적 또는 언어적 사고를 산출하는 데 함께 상호작용하는 것이다.

이 가설을 검증하기 위하여 Vygotsky는 어린 아동이 놀고 있는 동안에 문제가 일어나도록 상황을 설정하였다. 예를 들면, 그림을 그리는 과제를 부여하고, 그 때 연필이 없거나 또는 종이가 너무 작거나 너무 크거나 하는 문제를 고의로 일으키는 것이다. 그 결과 아동이 이러한 곤란한 상황에 직면했을 때 자기중심적 언어는 곤란한 상황에 직면하지 않았을 때의 그것과는 2배의 양이 되었다. 이것으로부터 Vygotsky는 자기중심적 언어를 다음과 같이 해석하고 있다. 자기 중심적 언어는 긴장으로부터 해방하는 것이고, 활동의 부속물일 뿐만 아니라 문제에 대한 해결책을 탐색하고 고찰하는 가운데 이루어지는 올바른 의미에서의 사고에 대한 중요한 도구인 것이다.

(4) **내적 언어의 단계**(ingrowth stage)

Vygotsky는 자기중심적 언어는 단지 7세 정도에서 소멸해 버리는 것이 아니라는 사실에 동의하고 있다. 자기중심적 언어는 소멸하는 것이 아니고, 오히려 감소하는 것으로 그것은 발달의 네 번째 단계, 즉 내적 언어의 단계로 향하는 준비단계라는 것이다. 아동은 머리 속에서 말을 하지 않고 언어를 조작하는 것을 학습한다. 여기서 문제해결을 위한 내적 기호를 사용한, 논리적 기억이라는 수단을 사용하여 사고를 하는 것이다. 이 단계 이후에는 사람은 개념적 사고 또는 언어적 사고의 도구로서 내적 언어와 외적 언어 모두 사용하게 되는 것이다. 그러므로 아동의 언어는 출생으로부터 7~8세 정도까지의 4단계를 지나서 발달한다. 그 과정은 비지적 또는 비사고적 언어로부터 순수하고 자기중심적 언어로 발달하고, 개념적 사고 속에서 불가분으로 연결지어져 내적 언어화되어 간다.

2) 사고의 발달단계

Vygotsky는 블록 해결과제 실험을 통해서 다음과 같은 개념적 사고의 발달단계를 제시하고 있다.

(1) 조직화되고 있지 않은 군집단계 가운데서의 사고

아동은 우연적인 지각상의 연계에 따라 사물을 집단에 소속시킨다.

① 하위단계 1(시행착오에 의한 집단분류)

이 시기에 아동은 집단을 무작위로 형성한다.

② 하위단계 2(지각상의 조직화)

시간적 · 공간적으로 우연히 동시에 일어난 사물을 집단으로 분류하여 그 집단에 이름을 붙이는 단계이다.

③ 하위단계 3(군집의 수정)

처음에는 제멋대로 지각상 조직화에 다른 집단분류를 한다. 그 후 그 집단 분리방법에 불만을 가지고 집단 내의 요소를 여러 가지로 이행시켜 집단 분류의 수정을 행한다. 그러나 본질적인 변화는 없다.

(2) 복합적인 사고단계

아동의 마음 속에서 개개의 사물은 주관적인 인상에 의해서만이 아니고, 사물간에 실제로 존재하는 연계에 따라 연결지어지는 시기이다. 이는 자기중심적 사고로부터 이탈하여 객관적 사고로 향하는 것이다. 복합체에 있어서 사고는 집단의 구성체에 의한 결합은 어느 정도 구체적인 사실에 적합한 것이고 추상적 · 논리적인 것은 아니다. 이 시기의 사고과정은 다음과 같이 5단계로 이루어진다.

① 하위단계 1(연합적 복합성의 단계)

사물의 색깔, 형, 근접성 등과 같은 아동이 관심을 가진 요소에 의해 사고하는 단계이다.

② 하위단계 2(집합적 복합성의 단계)

이 단계에 사물은 유사성보다는 대비로 분류된다. 예를 들면, 각각의 색을 가진 사물들을 모아 집단으로 분류하고, 그것에 이름을 붙이는 단계이다.

③ 하위단계 3(연쇄적 복합성의 단계)

이웃한 것으로 의미있는 어떤 관련을 가지고 점차로 연합적으로 사물을 선택한다. 예를 들면, 굵고 푸른 사물과 굵고 붉은 사물을 연합하고, 다음으로 붉고 낮은 둥근 사물을 가지고, 둥근 황색 가운데의 사물과 연합한다고 하는 것과 같은 것이다.

④ 하위단계 4(확산적 복합성의 단계)

사물을 분류할 때 사물 개개의 요소를 결합하는 속성에 유동성이 있는데, 예를 들면, 삼각형을 모은 후 사다리꼴도 같이 함께 섞는 것과 같은 경우이다. 이 경우에 사다리꼴의 각은 아동에게 있어서 삼각형의 각과 같이 받아들여진다.

⑤ 하위단계 5(유사 개념적 복합성의 단계)

이 단계는 참다운 개념적 사고에 따른 집단적 분류라고 생각되나 아동은 이 시기에 집단에 붙인 명칭을 설명하라고 하면, 집단 분리에 사용된 조건을 합리적으로 설명할 수 없다. 이러한 유사 개념적 사고는 복합적 사고로부터 참다운 개념적 사고로의 이행기를 나타낸다.

(3) 개념적 사고단계

이 시기에 아동은 정확히 추상하던 특징을 새롭게 통합해 사고한다. 여기서의 통합은 안정되고, 마음 가운데 안착되고, 사고의 주된 도구가 된다. 아동은 사기의 통합, 분석의 개념으로 사물을 보아간다. 그러나 청년기에 들어가서는 개념적 사고는 불안정하고, 언어만의 상황보다도 사물을 제시하고 있는 구체적 상황으로부터 더욱 일관성이 있다.

[그림 6-1]이 사고와 언어의 일반적인 발달단계를 도식화한 것이기는 하지만 이 두 개의 원의 관계는 실제로는 훨씬 복잡하다고 할 수 있으며, Vygotsky 역시 이 두 개의 원의 관계가 명확하게 밝혀진 것은 아니라는 점을 인정하고 있다. 그러면서도 Vygotsky는 사고와 언어가 서로 평행하게 발달해 가는 것은 아니며 그들 두 개의 성장

곡선은 교차하고 또 교차한다. 그들은 일직선을 이루며 서로 나란히 나가기도 하고, 또 때로는 서로 일치되기도 하지만 결국은 언제나 다시 떨어지게 된다. 이러한 사실을 계통발생과 개체발생에 적용되는 것이라는 사고와 언어의 독립성을 강조한다.

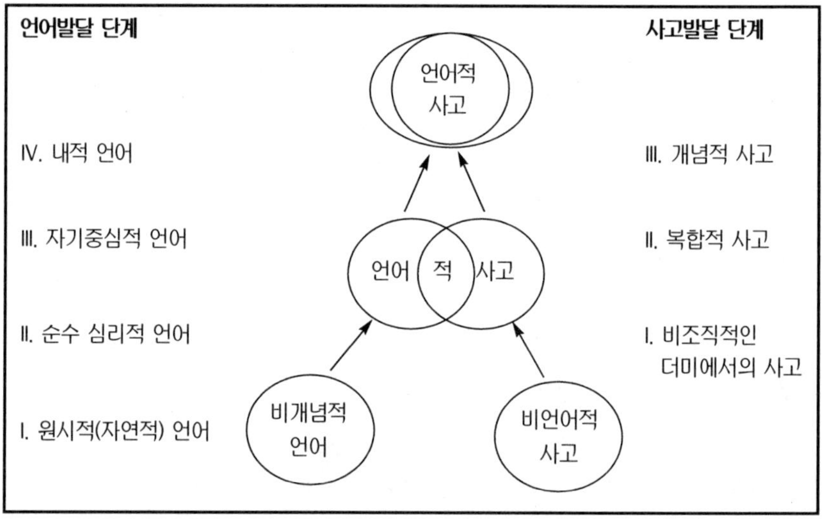

[그림 6－1] 언어와 사고발달에 대한 Vygotsky의 관점

(4) 근접발달 영역(ZPD)

Vygotsky의 가장 탁월한 업적 중의 하나는 **근접발달 영역**(ZPD : the zone of proximal development)에 대한 주장이다. **근접발달 영역**이란 아동 스스로의 독립적인 문제해결이 가능한 실제적 발달수준과 성인의 도움을 받아 해결할 수 있는 잠재적 발달수준과의 차이라고 할 수 있다. Vygotsky는 아동들의 현재의 발달 수준이 같더라도 (예를 들어, 두 아동의 지능지수가 같다 하더라도) 다른 사람의 도움을 받아서 어려운 문제를 해결할 수 없는 검사와 도움을 받아 해결할 수 없는 검사를 함께 실시하여 비교하므로 전체적인 지적 발달을 파악할 수 있게 한다.

Vygotsky의 **근접발달 지역**에 대한 의미는 효과적인 학습을 위해서는 아동 자신이 이해에 도달해야 하면서 다른 아동들이나 교사의 지원이 가능한 상황에 놓여 있어야 함을 뜻한다. 때로는 가장 좋은 교사는 그 문제를 막 이해한 다른 아동이 될 수도 있다. 그 아동은 바로 학습자의 근접발달 지역에 위치하고 있기 때문이다.

Vygotsky에 의하면, 발달의 어떤 주어진 시점에서 아동이 해결할 수 있도록 가까이 근접된 어떤 문제들이 있다. **근접발달 지역**은 어린이가 혼자서는 문제를 해결할 수 없지만, 성인의 안내나 더 앞선 또래들과 협력하면 성공할 수 있는 지역을 의미한다.

물론 Vygotsky의 근접발달 영역의 개념은 하나의 가정에서 출발하고 있다. 일부에서는 이 개념이 매우 모호하다고 비판을 하고 있다. 특히 교사들은 학생의 잠재적 수준을 어떻게 파악하여 지도를 해야 되는가 하는 의문을 제기하고 있다. 여기에 대하여 Vygotsky는 서로 다른 교수 활동이 제공되었을 때 서로 다른 근접발달 영역이 형성된다고 주장하고 있다.

인지발달과 학습에 있어서 사회 문화적 성질을 강조하는 Vygotsky 이론은 교육과 관련하여 중요한 시사점을 제공한다.

Vygotsky의 관점에서는 수업이 발달에 선행하는 것이 바람직하다. 즉, 수업은 근접발달 영역에 작용하여 아동들의 잠재적인 능력을 깨우치도록 하는 것이다. 따라서 교사는 아동들의 인지발달을 이끌기 위해서는, 아동의 근접발달 영역을 찾아내야 할 것이다. 아동의 능력을 최대한 개발하기 위해서는 높은 수준의 복잡한 내용을 보다 체계적으로 가르쳐 아동들을 이끌어야 한다고 한다. 이러한 도움을 주는 과정은 현재의 수준을 바탕으로 하여 이해의 틀을 지탱하는 발판(scaffolding)을 제공하는 것으로 보는 것이다.

Vygotsky의 관점에서 보면 아동의 인지세계는 사회제도, 관습, 문화적 유산과 관련되어 있다. 따라서 인지발달은 이러한 세계를 이해하여 나가는 과정이다.

3) 언어의 발달과 사고발달의 관계

Vygotsky는 아동의 언어와 사고는 본래 별개의 독립적인 기능으로 출발하며 이들 간에 어떤 관계가 반드시 따르는 것은 아니라고 본다. 이들 간의 관계는 마치 서로 동떨어진 두 개의 원과도 같다. 하나의 원은 비언어적 사고(nonverbal thought)를 의미하고 다른 하나의 원은 비개념적 언어(nonconceptul speech)를 의미한다. 아동이 성장함에 따라 이 두 개의 원은 서로 만나고 겹치게 된다. 두 원의 접속부분은 언어적 사고(verbal thought)를 나타내는데 이는 아동이 특정한 말의 명칭(label)이 지닌 개념을 획득하기 시작함을 의미한다. 여기에서 개념(concept)이란 추상화된 어떤 것으로, 하나의 특정한 대상(object)보다는 다양한 대상들 가운데 존재하는 공통적인 특성이나 그들간의 관계를 표현하는 하나의 생각을 의미한다. 이 두 개의 원이 결코 완전히 겹쳐지지는 않는다. 비록 아동이 성장함에 따라 서로 겹치는 공통부분의 비율이 증가하기는 하지만 어느 정도의 비언어적 사고와 비개념적 언어는 항상 남아있게 되는 것이다.

제 7 장

Lorenz의 각인이론

1. 각인과 결정적 시기

특수한 유발자극에 대한 동물의 반응은 생리적이거나 선천적인 경우가 많다. 그러나 사회적 본능을 유발하는 자극의 중요한 측면들은 생의 초기의 민감한 시기 동안에 획득되어지는 경우도 많이 있다. 예컨대, 많은 종류의 조류와 포유류의 새끼들은 그들의 어미에게 추종반응을 보인다. 이는, 새끼들이 특정한 시기에 보고 따르는 최초의 대상이 바로 어미였기 때문이다. 거위 새끼들을 이미 거위 대신에 K. Lorenz가 키웠더니, 거위 새끼들은 어미 거위를 무시한 채 Lorenz를 어미로 여기고 그가 가는 곳마다 열심히 줄지어 따라다녔다. Lorenz에 의하면 거위 새끼는 그에게 각인하였다. 즉, 거위 새끼들은 생의 초기에 그를 애착의 대상으로 삼아 그에 대한 '각인(刻印, imprinting)'을 형성하였다.

비록 Lorenz가 각인을 관찰한 최초의 사람은 아니지만, 그는 각인이 결정적 시기(critical period) 동안에 일어난다는 것을 최초로 말한 사람이다. 각인은, 어린 동물이 일단 생후 초기의 특정한 시기동안 어떤 대상에 노출되어 그 뒤를 따르게 되면 그 대상에 애착하게 되는 것을 의미한다. 만약, 결정적 시기 이전이나 이후에 대상에 노출되면 애착은 형성되지 않는다. 일단 결정적 시기가 경과해 버리면, 그 동물로 하여금 다른 대상에게 애착하도록 유도하는 것이 불가능해진다.

2. 각인의 대상과 범위

Lorenz는 각인되는 대상의 범위가 종에 따라서 각기 다르다는 것을 발견하였다. 기러기 새끼는 움직이는 것이면 어떤 것이나 각인하는 것 같다(몇 마리는 움직이는 보트에도 각인하였다). 반대로 물오리 새끼들은 보다 까다로워서, Lorenz가 움직여 다닐 때 어떤 높이 이하로 몸을 구부리고 꽥꽥거리는 소리를 지를 때만 그에게 각인하였다. 다시 말해서, 오리 새끼는 적절한 양친의 어떤 측면, 즉 양친은 움직여야 하며, 키가 어느 정도여야 하고, 어떤 소리를 질러야 한다는 것에 대한 타고난 도식을 가지고 있다.

각인은 새끼의 추종반응뿐 아니라, 그 이후의 사회적 행동도 결정지을 수 있다. 특히 초기 각인은 후의 성적(性的) 취향에 영향을 미칠 수 있다. Lorenz가 체험한 바에 의하면, 그의 이웃이 갈가마귀 한 마리를 길렀는데, 역시 개별적인 경험에서 인간에게 각인된 그 갈가마귀는 성적 성숙기에 이르렀을 때 Lorenz에게 구애해 왔다. 그 새는 전형적인 갈가마귀의 의식을 통해 Lorenz를 유혹하였으며 그의 입에다 벌레를 집어 넣으려 하였다. 그가 입을 다물자 이번에는 귀에다

지렁이를 집어 넣으려고 하였다. 이 새는 생의 초기에 오직 인간에게만 노출되었던 까닭에 성적 대상으로 인간에게 초점을 두었던 것이다. 성적 각인의 **결정적 시기**는 어미를 따르는 각인과는 시기적으로 다르지만, 역시 매우 초기에 나타나며 실제의 성행동이 나타나기 전까지 지속된다.

지금까지 우리들은 사회적 애착, 즉 **양친애착**과 **성애착**의 형성에 대해 논의해 왔다. 각인과 같은 방식의 과정은 또한 영토나 먹이, 혹은 노래에 대한 학습 등 그 밖의 다른 종류의 학습에 대해서도 영향을 미칠 수 있다. 예를 들어, 흰줄머리 참새의 우짖는 소리는 항상 일정한 기본 구조를 가지지만, 세부적인 면에 있어서는 지리적 위치에 따라 각기 다르다. 이렇게 세부적인 것들은 초기의 결정적 시기 동안 새가 듣는 노래 소리에 의해 결정된다.

그럼에도 불구하고, 각인에 관한 대부분의 연구는 사회적 애착의 형성, 특히 초기의 추종반응에 초점을 두고 있다. 이러한 연구들 중에서는 Lorenz의 초기 이론에 대해 의문을 제기하는 것도 있다. 처음에 Lorenz는 양친에게 각인하는 것은 항상 초개체적인 것이라고 주장했다. 즉, 특수한 종(種)의 양친에게 각인하는 것이지 개별적인 어미에게 각인하는 것은 아니라고 생각했다.

그러나, 다른 동물행동학자들은 어떤 종들은 개별적인 어미에게 각인하는 것을 관찰하였다. 그 후 Lorenz도 자신의 관점을 수정하였는데, 이를테면 거위 새끼는 먼저 한 종에게 고착을 한 다음 개별적인 어미에게 각인한다고 생각하였다. 이 모든 것은 출생 후 이틀간에 발생한다.

다른 연구들, 특히 실험실에서 실시된 연구들은 각인이 완전히 불변적이라는 Lorenz의 가설에 의문을 제기해 왔다. 어떤 새들은 각인된 것과는 다른 대상에 대해서도 추종반응을 학습할 수 있었다. 하지만 이러한 학습은 최초의 학습에 비해 속도가 느리며, 새는 처음 각인된 대상을 더 좋아하는 것 같았다.

비록 인간이 어떤 종에 있어서는 매우 이른 시기에 신속하게 일어나는 과정이긴 하지만, 침팬지 같은 영장류를 포함하는 광범위한 종에 있어서는 어떤 다른 형태의 각인이 나타난다. 침팬지 새끼는 출생 후 3, 4개월이 지난 뒤에야 비로소 함께 있는 다른 침팬지에게 관심을 보이기 시작한다. 이 때에 침팬지들은 어미에 대한 뚜렷한 애착을 보이며 다른 침팬지에 대해서는 경계하게 된다. 이 시기 후에 새끼들은 더욱 어미곁에 머무르며, 수시로 어미에게 되돌아오곤 한다. 만약 어미가 떠난다면 어떤 신호를 보이면 새끼들은 달려들어 어미에게 올라타곤 한다. 이렇게 새끼 침팬지들은 생의 특정 시기 동안 특별한 대상에게 확실한 애착을 하게 된다.

제 8 장

Bowlby의 애착행동이론

1. 애착행동의 유형과 과정

J. Bowlby에 의하면, 인간행동은 '적응 환경', 즉 인간행동이 진화해 온 기본 환경을 고려함으로써만이 이해될 수 있다고 한다. 인류역사의 대부분 동안 인간은 아마도 소집단으로 이동해 다니며 식량을 찾고 가끔 강력한 약탈자로부터의 공격을 감수해야 했다. 위협을 받았을 때, 인간은 다른 영장류 집단과 마찬가지로 약탈자를 쫓아내고, 병자와 어린 아이를 보호하기 위해서는 협동해야 했을 것이다. 이러한 보호를 받기 위해서 아동은 항상 양친과 가까이 있도록 하는 자세가 필요하게 되었다. 아동들은 애착행동들(attachment behavior), 즉 양육자와 가까이 있도록 하는 몸짓과 신호들을 발달시켜 왔음에 틀림없다.

하나의 명백한 신호는 아기의 울음이다. 울음은 고통스런 부르짖음이다, 아기는 고통스럽거나 놀랐을 때 소리쳐 울게 되며, 이에 양친은 달려와서 무엇이 잘못되었는가를 보게 된다. 또다른 **애착행동**은 아기의 미소이다. 아기가 양친의 눈을 향해 미소질 때 양친은 아기에 대해 사랑을 느끼며 아기와 가까이 있기를 좋아한다. 이 밖의 다른 애착행동으로는 옹알이, 잡기, 빨기, 따라다니기 등이 있다.

Bowlby는 아동의 **애착행동**이 다음과 같은 과정을 거쳐 발달한다고 주장하고 있다. 처음에는, 아기의 사회적 반응을 구별하기 어렵다. 예를 들어, 아기는 어떠한 얼굴에 대해서도 미소를 지으며 누구라도 떠나가 버리기만 해도 울게 된다. 그러나 생후 약 3개월에서 6개월 사이에는 그들의 반응을 몇몇 익숙한 사람에게만 한정하며 특정한 사람만을 특히 좋아하게 된다. 이렇게 되면 아기들은 낯선 사람에 대해서는 경계를 하게 된다. 이러한 배타적인 **애착의 형성**은 다른 종의 각인과정과 유사하다.

그 후, 아기는 보다 활동적이 되어 이리저리 기어다니게 되고 애착대상을 가까이 있게 하는데 좀더 적극적인 역할을 하게 된다. 아기는 부모가 어디에 있는지를 지켜보며, 만약 부모가 갑자기 떠난다는 눈치를 보이게 되면 뒤따라 가려는 반응을 하게 된다.

Bowlby의 주장을 전체적으로 보면, 그는 애착행동들(울음이나 미소 추종행동과 같음)을 '본능적'인 것으로 이야기하고 있다. 그러나, 그는 본능이라는 용어를 의도적으로 융통성 있는 의미로 사용한다. 그는 이러한 행동들이 기본적으로 생래적인 것이고, 종의 거의 모든 개체에 있어 매우 전형적인 패턴을 가지며, 그 종을 위한 적응적 가치를 지닌다고 말하고 있다. Bowlby는 편리할 때는 유발자극에 관해 언급했지만, 각각의 행동패턴이 어떻게 특수한 외적 자극에 의해 유발되는가를 보여 주려고는 하지 않았다.

2. 애착의 단계

1) 1단계(0~3개월)

1단계(0~3개월)는 인간에 대한 비변별적(indiscriminate) 반응성의 단계이다. 생후 처음 몇 달 동안 아기는 사람에 대해 다양한 반응을 보인다. 그러나 이 반응은 비선택적이다. 아기는 대부분의 사람에게 아주 비슷하게 반응한다.

출생 직후 아기는 사람의 목소리를 듣고 싶어하며, 사람의 얼굴을 보고 싶어한다. 예를 들어, 최근 한 연구에서, 출생한 지 10분된 아기는 다른 시각적 자극보다 사람의 얼굴을 더 좋아한다는 것이 밝혀졌다. 아기는 흐트러진 얼굴이나 빈 종이보다는 정확한 얼굴 모습 쪽을 따라 그들의 머리를 더 많이 움직였다. Bowlby와 같은 동물행동학자들은 이러한 선호가, 가장 강한 애착행동 중의 하나인 미소를 유발시키는 시각적 패턴에 대한 유전적인 성향을 시사한다고 받아들이고 있다.

처음 3주 동안 아기는 보통 잠에 빠지려 할 때 때때로 눈을 감은 채로 미소를 짓는다. 이러한 미소는 아직 사회적인 것은 아니다. 이것은 사람을 향해서 하는 것이 아니다. 약 3주 경에는 사람의 목소리를 듣고 미소짓기 시작한다. 이를 사회적인 미소라고 할 수는 있지만 아직도 뚜렷한 것은 아니다.

약 5주 초쯤에는 매우 강렬한 사회적 미소가 시작된다. 사람의 얼굴 모습을 보고 행복하게 그리고 활짝 미소짓는다. 또한, 이러한 미소는 눈 마주치기를 포함한다. 사람들은 이러한 시각적 미소가 시작되리라는 것을 미리 짐작할 수 있다. 4주쯤 아기는 조사하듯 의도적으로 얼굴을 빤히 쳐다보기 시작한다. 그리고 나서 유아는 함빡 웃음을 터뜨리게 된다. 이 때가 종종 부모에게는 흥분된 순간이다. 부모들은 이제 아기의 사랑에 대한 '증거'를 가지게 된 것이다. 아기가 눈을 깊이 펴다보다가 웃음짓는 모습을 바라보는 것만으로도 가슴 속으로부터 사랑스럽다는 감정이 솟아나게 된다.

실제로 3개월이 될 때까지 아기의 미소는 어떤 개인적인 선호를 보이지 않는다. 아기는 어떠한 모습의 얼굴—비록 종이 위에 그려진 얼굴일지라도—이라도 그것 보고 미소짓는다. 중요한 조건은 그 얼굴이 완전하게 정면으로 제시되어야 한다는 것이다. 옆모습은 그다지 효과가 없다. 목소리와 쓰다듬기 역시 이 단계에서는 미소를 짓게 하는 유발인자로서는 비교적 약하다. 이상과 같이 아기의 사회적 미소는 매우 특수한 시각적 자극에 의해 유발되는 것 같다.

Bowlby의 견해로는, 미소는 돌보는 이를 가까이 있도록 하기 때문에 애착을 증진시키는 것이다. 아기가 미소지을 때, 돌보는 이는 즐거이 아기와 함께 있으려 한다. 돌보는 이는 아기에게 미소를 지어주고 말을 건네고, 토닥거리기도 하며 안아 올려주기도 한다. 미소는 그 자체로서 **사랑을 주고 돌봐주는 상호작용**—아기가 건강하게 생존할 수 있는 기회를 높여 주는 행동—을 촉진시키는 유발자인 것이다.

아기가 얼굴을 보고 미소짓기 시작할 때쯤 되면 또한 옹알이가 시작된다. 아기는 주로 사람의 목소리를 듣거나 얼굴을 보았을 때 옹알거리는데, 특히 사람의 얼굴을 보았을 때 그러하다. 미소와 같이 옹알이도 처음에는 비선택적이다. 아기는 주위에 있는 사람이 누구이건 가리지 않고 옹알거린다. 아기의 옹알이는 돌보는 이를 즐겁게 하며, 돌보는 이로 하여금 되받아 이야기하게끔 한다. "미소와 옹알이도 아기와 어머니간에 **사회적 상호작용**을 증진시킴으로써 어머니가 유아 가까이에 있게끔 하는 기능을 가진 사회적 유발자극인 것이다."

울음 역시 돌보는 이와 아기를 가까이 붙어 있게 한다. 울음은 고통스런 부르짖음과 같다. 이것은 아기가 도움이 필요하다는 신호이다. 아기는 고통스럽거나, 배고프거나, 춥거나, 불편할 때 울게 된다. 그들은 자신들이 쳐다보고 있던 사람이 시야에서 사라져 버릴 때에도 울게 된다. 생후 첫주에는, 사라지는 사람이 누구인가 하는 것은 문제가 안 된다. 마찬가지로, 아기는 안아서 흔들어 주거나 자신들이 요구에 주의를 기울이는 사람들이 누구인가는 상관하지 않는다.

아기는 **붙잡는 행동**에 의해서도 부모와 가까이 있을 수 있다. 신생아는 두 가지의 붙잡는 반응을 갖추고 있다. 한 가지는 파악반사(grasping reflex)이다. 아기의 손바닥에 어떤 물건이 닿았을 때, 그 손을 자동적으로 꽉 쥐게 된다. 다른 한 가지는 **모로반사**인데, 이것은 큰 소리에 놀라거나 혹은 갑자기 지탱하는 힘을 잃었을 때 나타난다. 이 때의 반응은 팔을 짝 펼쳤다가 도로 가슴 주변으로 가져오는 것이다. 이 행동은 마치 어떤 것을 껴안으려는 듯이 보인다. 오래 전부터 Bowlby는 이러한 반사가 아기를 돌보는 양친을 붙잡으려고 하는 것으로 생각하였다. 예컨대, 만약 아기의 위험을 보고 어머니가 갑자기 달려갈 때, 아기는 손으로 어머니의 아무 부분이라도 붙잡아야만 한다. 그리고 만약 아기가 붙잡는 것을 놓쳤다면, 아기는 다시 어머니를 껴안아야 할 것이다.

아기는 또한 입으로 더듬거나, 빠는 반사를 갖추고 있다. 뺨이 닿았을 때는 자동적으로 머리를 자극이 온 쪽으로 돌리며, 입에 어떤 것이 닿을 때까지 '더듬어' 찾는다. 물론 **더듬기반사**와 **빨기반사**는 아기가 보다 용이하게 젖을 먹을 수 있도록 해준다. 하지만 Bowlby는 이들 반사가 아기와 어머니간의 상호작용을 가져오기 때문에 이들을 또한 애착패턴으로 간주하고 있다.

2) 2단계(3～6개월)

2단계(3～6개월)는 **낯익은 사람**에게 시각적 초점맞추기 단계이다. 약 3개월 초부터 아기의 행동은 변한다. 그 하나로, **모로반사**·파악반사 · 더듬기반사를 포함하여 많은 반사들이 사라진다. 그러나 Bowlby에 있어 보다 중요한 것은 아기의 **사회적 반응**이 좀더 **선택적**으로 시작된다는 점이다. 3~6개월 사이에 아기는 차츰차츰 낯익은 사람을 보고서야 미소를 짓는다. 낯선 사람을 볼 때는 단순히 응시하기만 한다. 옹알이에서도 보다 선택적으로 된다. 4~5개월된 아기는 자신들이 알고 있는 사람이 있을 때만 **옹알거린다**. 또한 이 무렵부터는 아기는 **낯익은 사람**이 달래야만 울음을 잘 그친다.

5개월쯤에는 마침내 사람에게 손을 뻗쳐 머리카락 등 신체의 일부분을 만지고 붙잡기 시작한다. 그러나 이것 역시 아기가 그 사람을 알고 있을 때에만 그렇게 한다.

이와 같이 이 단계에서는 아기는 주로 낯익은 사람에게만 반응한다. 그들은 보통 두세 사람을 좋아하며, 그 중에서도 특히 어느 한 사람을 좋아한다. 이 사람이 가까이 있을 때는 잘 웃고 잘 **옹알거린다**. 주요 애착인물은 보통 어머니가 되지만, 아버지나 다른 돌보는 이가 될 수도 있다. 아기들의 신호에 가장 잘 반응해 주고, 아기들과 가장 잘 놀아주는 사람에게 강한 애착을 발달시킨다.

3) 3단계(6개월~3세)

3단계(6개월~3세)는 **능동적 접근** 추구의 단계이다. 약 6개월 경에 아기는 **애착인물**이 있고 없음에 깊은 관심을 보이는데, 종종 **애착 인물**이 떠나려 하면 울기 시작한다. 초기에는 쳐다보고 있던 누군가가 떠나기만 해도 운다. 그러나 이제 아기가 당황하게 되는 경우는 주로 애착 인물 한 사람이 떠날 때이다.

그러나, 아기는 울거나 무리하게 기다리기만 하지는 않는다. 7개월 경에는 보통 기어다닐 수 있으며, 그 때문에 떠나가는 양친을 능동적으로 뒤따라갈 수 있게 된다. 이 때부터 아기의 행동은 목표 수정 체계를 구축하기 시작한다. 즉, 양친이 어디에 있는지를 지켜보다가 만약 떠나려 하면 재빨리 뒤따라가서 양친과 다시 가까이 있게 될 때까지 자신의 움직임을 수정하고 적응한다. 아기가 다시 양친 가까이 있게 되면, 이들은 전형적으로 두 팔을 뻗쳐 안아달라는 몸짓을 하기도 한다. 안아 주면 다시 마음을 가라앉힌다.

아기는 또한 새로운 방식으로 소리쳐 부르기 시작한다. 그리고 부르는 것 역시 목표 수정의 특성을 지닌다. 즉, 양친의 위치와 움직임에 따라 달리 소리쳐 부른다. 만약 양친이 멀리 떠나간다면, 다급하게 소리쳐 불러댄다. 만약 가까이 있거나 오고 있다면 보다 여유 있게 부른다.

이러한 행동체계에서, 애착대상이 떠나는 것은 아기들로 하여금 접근 추구를 활성화시키는 자극으로 간주된다. 양친이 천천히 그리고 조용히 떠날 때보다는 갑자기 떠날 때, 또는 익숙하지 않은 환경에 놓여 있을 때, 아기들은 다시 양친과 가까이 있으려고 더 큰 노력을 경주할 것이다. 다른 유발자극으로는, 큰 소리나 갑작스런 어둠과 같이 아기를 놀라게 하는 사건들을 들 수 있다.

아기는 애착인물을 향하여 다가갈 뿐만 아니라 종종 그들로부터 멀어져 가기도 한다. 이것은 특히 아기들이 돌보는 이를 탐색하기 위한 출발점으로 삼을 때 분명히 나타난다. 만약, 한두 살 먹은 아기가 어머니와 공원이나 놀이터에 갔을 때, 아기는 대개 잠시 동안 어머니와 가까이 붙어 있다가 과감하게 탐색을 하러 나선다. 하지만 수시로 되돌아보며 어머니와 시선이나 미소를 교환한다. 심지어 모험을 하기 위해 앞으로 더 나아가기 전에 어머니에게 다시 되돌아올 때도 있다. 이렇듯 아기는 어머니와 계속해서 가까이 있다는 것을 자신에게 확인시키기 위하여 짧은 접촉을 시도해 본다. 만약 어머니가 반응하지 않거나 혹은 떠난다고 위협하면, 아기는 보다 다급한 전략을 쓰거나 찰싹 매달리는 작전을 쓰게 된다.

Bowlby는, 양친과 접촉을 유지하는 아동의 능력이 발달하긴 하지만 적어도 3세까지는 불완전하게 남아 있다는 점을 강조하고 있다. 3세가 되어서야 아동은 비로소 양친과 함께 걸을 때 양친에 보조를 맞추기 위해 아동 자신의 움직임을 조절할 수 있게 된다. 다른 동물들과 마찬가지로 인간도 목표수정 체계가 완전히 발달하는 데에는 한 동안의 시간이 걸린다.

이 단계 동안 애착은 점점 더 강해지고 배타적으로 된다. 애착의 강도는 양친이 떠나갈 때 아기가 우는 정도로 알 수 있다. 이것은 때로 **분리불안**(separation anxiety)이라고 불리운다. 관찰자는 또한, 어머니가 잠깐 사라졌다가 나타날 때 어머니를 맞이하며 기뻐하는 정도에도 주목하였다. 어머니가 되돌아왔을 때, 아기는 보통 미소를 지으며 가까이가서 안기려 하며, 어머니 팔에 안길 때 즐거워서 까르르 웃게 된다. 어머니도 역시 재결합에 대해 행복해 한다.

아기의 애착의 새로운 배타성은 7~8개월 경에 가장 명백하게 나타나는데, 이 때 아기는 낯선 사람에 대해 두려움을 보인다. 낯선 사람을 보았을 때, 아기의 반응은 약간 경계를 하는 것에서부터 울음을 터뜨리기까지 다양하다. 보통 아프거나 혹은 낯선 환경에 처했을 때는 보다 강한 반응이 나타난다. 낯선 사람에게 겁을 먹을 때 아기는 양친에게 매달리는데, 만약 양친이 그 때 아기를 낯선 사람에게 건네주려고 한다면 더욱 더 바싹 매달릴 것이다.

4) 4단계(3세~아동기 말)

4단계는 동반자 행동의 단계이다. 2세 혹은 3세 이전에 아기들은 오로지 돌보는 이와 가까이 있으려는 데만 관심을 기울인다. 아기들은 돌보는 이의 계획이나 목표는 생각하지 않는다. 2세 아기에게는 양친이 "우유를 빌려오기 위해 잠깐 옆집에 간다"는 사실은 무의미하다. 아동은 단순히 함께 가기만을 원한다. 이에 비하여 3세 아동은 그러한 계획을 어느 정도 이해하며, 양친이 없는 동안 양친의 행동을 상상할 수도 있다. 따라서 아동은 양친이 떠나는 것을 보다 기꺼이 허용하게 된다. 아동은 동반자와 같은 관계로 행동하기 시작한다.

Bowlby는 4단계의 애착행동에 관해서는 별로 알려진 것이 없다는 사실을 인정하고 있다. 또한 그는 4단계 이후의 행동에 관해서도 거의 언급하지 않았다. 그럼에도 불구하고, Bowlby는 애착이 여전히 중요한 역할을 한다고 생각하고 있다. 청년들은 양친의 지배로부터 벗어나지만 그들은 양친 대신 누군가에게 애착을 형성하게 된다. 성인들을 스스로가 독립적이라고 생각하지만, 위기가 닥쳐오면 사랑하는 사람과 가까이 있으려 한다. 노인들은 자신들이 점점 더 젊은 세대에게 의존해야 한다는 것을 알게 된다.

3. 수용시설 양육의 영향

1) 각인으로서의 애착

각인은 동물의 새끼들이 사회적으로 반응해야 할 대상을 학습하는 과정이다. 새끼들은 처음에 광범위한 대상들을 기꺼이 뒤따르려 하지만, 이러한 범위는 급격히 좁혀진다. 각인 시기의 끝 무렵에, 새끼는 단 하나의 대상—대개 어미—에 애착하게 된다. 그 후에는 공포반응으로 인해 새로운 애착을 형성하는 것이 매우 어렵게 된다.

인간에게서도, 비록 매우 느리게 발달하긴 하지만, 유사한 과정을 관찰할 수 있다. 생후 첫 몇 주 동안 아기는 움직이면서 능동적으로 대상을 뒤따를 수가 없다. 그러나 아기들은 사람들에게 직접적인 사회적 반응을 보인다. 아기는 미소짓고, 옹알이를 하고, 붙잡으며, 우는 등의 행동을 한다. 처음에는 그들 중의 아무에게나 이러한 반응을 보이지만, 6개월 경에는 그 대상이 몇몇의 친숙한 사람으로 국한되며 결국에는 어느 한 사람에게 애착하게 된다. 이 때 아기들은 낯선 사람에 대해 공포를 보인다. 동물의 경우와 마찬가지로, 낯선 사람에 대한 공포는 새로운 애착을 형성할 가능성을 감소시켜 버린다. 그 후 아기들은 주요 애착대상이 어디에 있는지에 대해 예민하게 신경을 쓰며, 그 사람과 가까이 있기 위해서 **목표수정 추종체계**를 발달시킨다.

2) 시설적 결핍의 영향

Bowlby는 **수용시설**에서 자란 많은 아동들이 커서도 깊은 애착을 형성하지 못하는데 충격을 받았었다. 그는 이러한 사람을 '애정없는 인물'이라고 불렀다. 그러한 사람들은 타인을 단지 자신의 목적을 위해서만 이용하고, 타인과 사랑하는 지속적인 유대를 형성할 수 없는 것 같다. 아마 이러한 사람은 어렸을 때 어떤 인물에 '**각인**'할 기회, 즉 타인과 애정적 관계를 형성할 기회가 없었을 것이다. 어렸을 때 타인과 밀접한 유대관계를 맺는 능력을 발달시킬 수 없었던 까닭에 이들은 성인이 되어서도 깊은 **인간관계**를 맺지 못한다.

수용시설의 형편을 살펴보면, 대부분의 경우 밀접한 유대관계를 형성하는 데 부적절해 보인다. 대개 간호사 몇 사람이 아기를 돌보는데 이들은 아기의 신체적인 욕구를 충족시켜 주기는 하지만, 그들과 어울려 놀아줄 만큼 한가하지는 않다. 아기가 울 때 돌봐주고, 웃을 때 함께 웃어 주고, 옹알거릴 때 말을 받아 주고, 안아달라고 할 때 안아서 들어올려 줄 사람이 아무도 없을 때도 흔히 있다. 따라서 아기는 어떤 특정한 사람과 강한 유대관계를 형성하기가 어렵다.

만약 **수용시설 결핍**의 영향이 '**각인의 실패**'로 설명될 수 있다면,

그러한 영향이 회복될 수 없는 결정적 시기가 있을 것이다. 그러나 연구자들은 그러한 결정적 시기의 정확한 연령을 꼭 집어내는 데 어려움을 겪었다. Bowlby가 시사하는 바에 따르면 다른 종들과 마찬가지로 결정적 시기는 **공포반응**이 시작될 무렵에 끝난다고 한다. 이것은 결정적 시기의 종결이 8~9개월 경이라는 뜻인데, 이 연령에는 거의 대부분의 아기들이 낯선 사람에 대한 공포뿐만 아니라 어머니로부터 분리되는 데 대해서도 공포를 보여준다. 사실, 이 시기가 어떤 사회적 행동의 적절한 발달을 종결점이라는 증거도 있다. 특히, 이 시기까지 **인간적 상호작용**이 부족한 아기는 언어발달에 있어 영구적인 장애를 보여 준다. 그러나 치료를 위한 활동에 의해 18~24개월까지의 대부분의 사회적 장애는 보상될 수 있는 것 같다. 한 견해에 의하면, **수용시설**에 **의한 결핍**은 유아를 '냉장고' 안에 들여 놓는 것 같아서 사회적 성장을 느리게 하고 애착에 대한 결정적이고 민감한 시기를 생후 2년까지 연장시킨다. 이후에도 **인간적 상호작용**이 부족한 아기는 결코 정상적으로 발달할 수 없을 것이다.

3) 격리작용의 영향

Bowlby는 '**각인의 실패**'에 대해서도 관심을 가지고 있었지만, 아기가 애착을 형성한 후 애착대상과의 분리로 인해 고통을 겪는 경우에 더 큰 흥미를 가지고 있었다. 예를 들어, 아기가 신체적인 병으로 인해 몇 주간 병원에 입원해야 하는 경우를 생각해 보자.

Bowlby에 의하면 격리의 영향은 다음과 같은 과정을 거친다. 첫째, 아기는 반항한다. 울고, 고함치며 어떠한 형태의 돌봄이건 모두 거절한다. 둘째로, 절망의 시기를 거친다. 아기는 조용해지고 행동을 철회하며, 무기력해지고 깊은 슬픔의 상태에 빠진 것처럼 보인다. 마지막으로 분리상태에 들어선다. 이 시기동안은 아동은 좀 활발하며,

간호사나 다른 사람의 보호를 받아들이기도 한다. 병원 의료진들은 아기가 회복되었다고 생각할 수도 있다. 그러나 모든 게 좋아진 것은 아니다. 어머니가 되돌아왔을 때, 아기는 그녀를 알아보지 못하는 것 같다. 아기는 어머니를 외면하고 그녀에 대한 모든 흥미를 상실한 것처럼 행동한다.

다행히, 대부분의 아기들은 몇 주 후 어머니와의 유대를 재형성한다. 그러나 언제나 그러한 것은 아니다. 만약 격리가 지속되고, 다른 돌보는 이들까지 상실하게 된다면, 아기는 모든 사람과의 유대를 포기하게 될 수도 있다. 그 결과는 더 이상 타인을 깊이 좋아하지 못하는 '애정없는 인물'이 되는 것이다.

격리의 영향은 역시 아기의 연령에 따라 다양하다. 격리는 6개월과 1년 사이에, 즉 아동이 애착을 형성한 직후에 가장 심각한 영향을 미치는 것 같다. 반대로, Bowlby의 네 번째 단계인 3~4세 이후의 격리는 덜 영향을 미치는 것 같다. 이 때의 아동은 어머니가 없어도 잘 견딜 수 있으며 그에 대한 이유도 이해할 수 있기 때문이다.

제 9 장

Chomsky의 언어발달이론

1. 변형규칙

1) 규칙의 중요성

N. Chomsky 이전에, 아마도 대부분의 사람들은 고전적인 언어 학습의 '저장소 이론'(storage in thcory)을 신봉하였을 것이다. 아동들은 다른 사람들을 모방하여 그들이 머리 속에 저장하고 있는 수많은 문장들을 획득한다. 그런 다음 아동들은 필요한 경우가 발생하면 적합한 문장을 찾아내어 사용하게 된다는 것이다.

Chomsky는 이러한 견해가 옳지 않다는 것을 보여 주었다. 우리는 단순히 고정된 수의 문장들만을 학습하지는 않는다. 왜냐하면, 우리는 일상적으로 새로운 문장들을 창조하기 때문이다. 저자는 이 책을 쓰면서 동일한 단어들을 반복해서 사용하긴 해도, 실제적으로는 매번 새로운 문장을 만들어 낸다. 우리 모두는 말하거나 쓸 때 이와 똑같은 일을 한다. 이것은 우리로 하여금 어느 문장이 문법적이며 또 우리가 의도한 의미를 전달하는가를 결정하도록 해 주는 내적 규칙들이 있기 때문에 가능하다. 만일 우리가 이전에 들은 적이 있어 기억하고 있는 문장들만 사용할 수 있다면, 우리의 언어는 심한 제한을 받을 것이다. 우리는 **규칙체계**(문법)를 갖고 있기 때문에 전에 결코 들어 본 적이 없는 문장들도 만들어 내고 이해할 수 있는 것이다.

2) 변형규칙

Chomsky는 우리가 능동적 서술문을 의문문으로 변형할 때와 같이, 변형을 만드는 규칙에 초점을 둔다. 변형규칙은 결코 명백하지는 않다. 다음과 같은 문장들을 단순히 '예', '아니오' 식의 의문문으로 변형시키는 경우를 고려해 보자.

① The man is tall — Is the man tall ?
The book is on the table — Is the book on the table ?
I can go — Can I go ?

여기에서의 규칙은, 첫 번째 동사 요소('is', 'can' 등)가 나올 때까지 왼쪽에서 오른쪽으로 읽어가다가 그러한 요소가 나오면 이것을 문두로 옮기는 것이다. 이것을 가설 1이라 부르자. 이 가설은 이러한 유형을 갖는 거의 모든 문장에 적용될 수 있다. 그러나, 다음에 나오는 이와 유사한 문장들에도 가설 1을 적용하면 어떻게 되는지 살펴보라.

② The man who is tall is in the room — Is the man who tall is in the room ?

가설 1은 비문법적인 의문문을 만들게 된다. 따라서 가설 1은 옳지 않다.

우리는 문장을 올바르게 변형할 때, 문장을 우선 추상구(예, 명사구와 동사구)로 분석한다. 이러한 구들을 '추상적'이라고 부르는 이유는, 그것들의 경계를 구분할 아무것도 없기 때문이다. 우리가 이것들을 아는 것은 직관적이다. 그러면, 위와 같은 유형의 문장들에서 첫 번째 주 명사구 다음에 첫 번째 동사 요소('is', 'can' 등)를 위치시키고, 그런 다음 바로 이 동사 요소를 문두로 옮겨 보자.

①	The man	is	tall
	The book	is	on the table
	I	can	go
②	The man who is tall	is	in the room

어떻게 우리는 문장 ②와 같은 문장들을 올바르게 변형시키는 방법을 배우는가? 그렇게 하는 방법을 우리가 배우는 것 같지는 않으며, 더구나 우리의 지식이 특수한 경험으로부터 얻어지는 것 같지도 않다. 우리는 생의 초기 몇 년이 지난 후에야, 보다 단순한 가설 1과 구조 의존적 규칙 사이에서 선택하도록 강요하는 문장 ②와 같은 문장을 접하게 된다. 우리의 모든 경험은 보다 단순한 가설 1과 일치할 수도 있다. 하지만 문장 ②를 접하게 되면, 우리는 주저없이 구조 의존적 규칙을 적용한다.

아마도 아동이 명사구 단위를 아는 것은 어느 정도 조건형성이나 모방을 통하여 학습된 것인지도 모른다. 그러나, 아동들은 조건현성이 일어나기 이전에 매우 즉각적으로 이러한 구조들을 만들어 내는 것 같으며 성인들의 끊어 읽기 패턴을 모방하는 것 같지도 않다. 이러한 점에 관해서는 더 많은 연구가 요구된다. 그러나 아동이 명사구 단위들, 즉 구조 의존적 문법의 최초 구성블럭(building-block)을 아는 능력은 자발적으로 발달하는 듯이 보인다.

더욱이 모든 언어에 있어서 변형규칙들은 항상 구조 의존적이다. 이론적으로는 여러 가지 다른 체계들을 사용할 수도 있으나, 실제는 그렇지 않다. 즉 항상 구조 의존적 규칙을 따르고 있다. Chomsky에 의하면, 언어가 인간의 정신에 대한 생물학적인 본질을 부분적으로 반영하고 있기 때문에 이 같은 현상이 가능하다는 것이다. 정신은 언어적 경험을 구라고 부르는 단위 안으로 구조화하고, 단지 구조 의존적 변형규칙만을 사용하도록 생래적으로 성향지어져 있다고 본다.

3) 언어획득 장치

Chomsky는, 어린 아동들이 복잡한 언어 규칙을 숙달하는 놀랄 만한 속도에 대해 되풀이해서 강조한다. 아동들은 모국어의 규칙뿐만 아니라 필요하다면 제2언어의 규칙들도 학습한다. 우리는 이민 온 사람들이 어린 자녀들이 거리에서 다른 아동들로부터 제2언어를 놀라운 속도로 학습하여 다른 아동들과 마찬가지로 유창하게 새로운 언어를 말하는 것을 흔히 관찰할 수 있다.

Chomsky는 모든 사람의 말—성인들의 말도 포함하여—에는 잘못이나 실언, 서두가 잘못되는 경우, 불분명한 표현, 단절된 문장 등이 있다는 것을 인정한다. 그러나, 이러한 수행상의 결점은 원래의 유능성에 비하면 아무것도 아니다. 이 유능성은 잘못 구성된 문장과 잘 구성된 문장을 구별해 내는 능력에 의해서 가장 잘 나타난다.

Chomsky에 의하면, 평범한 아동의 언어적 성취를 단지 강화・모방・자연적 호기심만으로 설명하기에는 너무 미흡하다고 한다. 아동들은 제한된 수의 문장만을 들으며, 그 중에서도 많은 문장들이 잘못

구성되어 있으나, 그럼에도 불구하고 아동들은 무한정한 수의 새로운 문장들을 이해하고 만들어 내는 데 있어 고도로 세련된 규칙들을 발달시킨다.

그렇게 하기 위해서, 아동들은 특수한 생래적인 언어획득 장치를 부여받아야만 한다. 다시 말해, 그들로 하여금 가설을 세우고, 규칙성을 찾고, 규칙들, 즉 모두가 특수한 종류(구조 의존적 규칙들)를 형성하도록 촉진시켜 주는 기제를 부여받아야 한다는 것이다. 인간의 언어획득 장치를 새에 비유하면, 한 새가 여러 가지 노래를 배울 수 있는 것은 생래적으로 어떤 구조에 잘 들어 맞는 도식화된 경향성이 있기 때문이며 이것과 마찬가지이다.

언어획득 장치는, 현 시점에서 단지 개략적인 가설에 지나지 않지만, 아마도 종특유(인간에게서만 발견되는)의 것이며, 신체적으로 정상적인 모든 아동들의 정상적 장치의 일부인 것이다. 언어획득 장치는 보편적인 언어적 조작을 설명하기 위해서는 충분히 구조화되어야 하지만, 너무나 고도로 구조화되어 이 세계에 있는 언어들의 다양성과 불일치해서는 안 된다. 언어획득 장치는 출생시부터 완전히 형성되어 있지는 않지만, 중추신경계가 성숙함에 따라 같이 성장한다.

2. 문법과 표현의 발달

1) 영아기의 언어

(1) 초기언어

아기들은 태어나자마자 언어에 조율되는 것처럼 보인다. 유아들을 찍은 화면을 자세히 분석해 보면, 유아들은 말에 대한 반응으로 아주 경미한 신체움직임을 보이며, 그들의 움직임은 소리와 단어의 범위에 따라 다르다. 이와 같은 움직임은 똑똑 두드리는 것과 같은 다른 소리들에 의해서는 나타나지 않는다.

2~3개월이 되면, 유아들은 '바바바', '다다다' 등과 같은 소리를 내면서 옹알이를 시작한다. 초기 옹알이는 세계의 어느 곳을 막론하고 동일한 것처럼 보이는데, 이는 아마도 발달의 초기단계에 있는 음성장치의 본질 때문인 것 같다.

(2) 단일 단어 표현

1세 경이 되면 아기들은 단일 단어로 말하기 시작한다. 많은 연구자들은 아기들이 전체 문장을 표현하기 위한 수단으로 단일 단어들을 사용하려 한다고 믿는다. 예를 들면, '우유'라는 말은 문맥에 따라 "좀더 우유를 먹고 싶어" 혹은 "저기 우유가 있어"라는 의미가 될 수 있다.

(3) 두 단어 표현

생후 1년 6개월 정도가 되면서, 아기들은 두 단어를 함께 묶어 쓰며 그들의 언어는 명백한 구조를 갖추게 된다. 〈표 9-1〉의 표현 6부터 8까지에서, 어떻게 아동들이 행위자 · 행위 · 대상 등을 분리하고 있는지를 주목하라. 그들은 주어—동사—목적어 관계를 형성하는 것처럼 보인다.

2) 문법의 발달

대략 2세에서 3세 사이에 아동들은 문장구조에 대해 보다 명백한 감각을 보인다. 아동이 세 단어를 사용하게 되면, 보통 두 단어 단계에서 함축되었던 부분을 채운다. 때때로 아동이 말 중간에서 표현을 바꿀 때 이러한 일이 일어나는 것을 볼 수 있다. 예를 들면, "want that …Andrew want that"이라 말하는 경우이다. 여기서 보면, 주어-동사-목적어의 순서가 그대로 되어 있다. 영어를 말하는 아동들은 대체로 이와 같은 정확한 단어배열을 따르고 있는데, 아마도 이것이 영어의 심층구조에 필수적인 것이기 때문이다.

〈표 9-1〉 전형적인 두 단어 표현

유 형	예
1. 명령(naming)	저 개(that doggie)
2. 반복(repetition)	더 뛰어(more jump)
3. 부정(negation)	공 없어(allgone ball), 안 쌌어(no wet)
4. 소유(possession)	내 차(my truck)
5. 속성(attribution)	큰 애(big boy)
6. 행위자-행위(agent-action)	죠니가 때려(Jonny hit)
7. 행위-대상(action-object)	공 쳐(hit ball)
8. 행위자-대상(agent-object)	엄마 빵(Mommy bread : 엄마가 빵을 자른다는 의미).
9. 의문(question)	아빠 어디(where Daddy)

아동들이 더 큰 단위로 단어들을 묶는 것도 바로 이 시기 동안에 일어나는데, 앞서 언급한 바와 같이, 특히 명사구에 있어서 그러하다. 그들이 "Put…the red hat…on", 또는 "The red hat…lost" 등과 같이 말을 끊어서 하는 것은 아동들이 몇 단어들이 하나의 단위로 기능한다는 것을 알고 있음을 뜻한다.

덧붙여, 이 시기에는 또한 **굴절형**(inflections) 또는 **접미사를** 사용하기 시작한다. 이 때 아동들은 "I runned", "It goed"나 "She doed it" 등을 말함으로써 **과규칙화**(overregularize)한다. 이와 유사한 과정은 복수에 대해서도 나타난다('fooots', 'mans', 'mouses'). 이러한 과규칙화는 초등학교 때까지 지속되기도 한다.

아동들이 하는 일은 일반적인 규칙들을 찾는 것처럼 보인다. 아동들은, 과거시제를 만드는 규칙은 '-ed'를 단어 끝에 첨가하면 되는 것을 발견하고, 언어는 실제보다 더 일관성이 있다고 가정하면서 그 후에는 모든 경우에 이 규칙을 적용한다. 이와 유사하게, 복수를 만드는 규칙은 's'를 추가하면 된다.

그러나, 아동들은 그들이 듣는 모든 것을 과일반화시키는 것만은 아니다. 영어를 말하는 아동들은 'ing' 어미는 과규칙화하지 않는다. "I making coffee"라고는 말하지만 "I wanting"이라고는 하지 않는다. 아동들은 'make'와 같이 행위를 묘사하는 동사들은 '-ing' 어미를 취하지만 'want'와 같이 상태를 묘사하는 동사들은 그렇지 않다는 규칙을 알기 때문이다. 따라서 아동들의 마음에 있는 최대한의 것은 규칙이며, 아동들은 하나의 규칙을 발견했다고 생각하면 그것을 과규칙화한다.

두 단어 시기와 그 이후 시기에서 아동들은 부정어를 사용한다. 그 예로서, 'no ball', 'no drop mitten', 'get car no' 등을 들 수 있다. 얼마동안 아동들은 'no'를 문장의 앞이나 뒤에 놓긴 하나 문장 중간에 넣지는 않는다. 이러한 사용법은 다시 한번 심층구조에 대한 무의식적인 이해를 반영하는 것으로 보이는데, 이 심층구조에서 부정어는 문장 바깥 쪽에 붙어 있으며, 변형을 하는 데 사용되어진다.

3) 변 형

약 3세와 6세 사이에, 아동들의 문법은 급속히 매우 복잡해진다. 가장 주목할 만한 것은, 그들이 변형을 만들기 시작한다는 것이다. 예를 들면, "Where can I put it ? "은 본질적으로 "I can put it where"

의 변형이다. 아동들이 변형 조작을 급속히 숙달하는 것은 아니다. 전형적으로 그들은, 먼저 "Where I can put it"식의 문장으로 말한다. 'where', 'what'은 문장 앞으로 맞게 옮겨 놓지만, 주어와 조동사의 순서를 바꾸는 데 실패한다. 모방해 보라고 요구했을 때조차도, 주어-조동사 순서 바꾸기는 보통 실패한다. 예를 들면 다음과 같다.

성인 : "아담, 내가 말하는 것을 그대로 따라해 봐. Where can I put them ? "

아담 : "Where I can put them ? "

아마도 영어권에 있는 아동들은 주어-동사-목적어 순의 단어 배열을 쉽게 변경하지 않으려 하는 것 같다. 이러한 주어-동사-목적어 순서는 아동들이 이제 막 숙달한 심층구조에 기본적인 것이기 때문이다.

특히 잘 연구된 변형으로는 부가 의문문을 들 수 있다. 예를 들면, Chomsky의 피험자인 Adam이 4세 반일 때 1시간 동안 자발적으로 했던 말 가운데 많은 부가의문문이 있었다. 여기에는 다음의 문장들이 포함된다.

Ursula's my sister, isn't she ?

I made a mistake, didn't I ?

Diandros and me are walking, aren't we ?

He can't beat me, can he ?

He doesn't know how to do it, does he ?

부가된 것들은 문장의 끝부분에 있는 짧은 의문문들이다.

부가의문문을 만들기 위해서는 몇 가지 조작이 필요하다. 무엇보다 먼저, 화자(話者)는 문장의 앞부분에 있는 부정 진술문이나 긍정 진술문을 반대로 바꾸어야 한다. 예를 들어, Adam이 "I made a mistake"라는 긍정 진술문을 말할 때 부가되는 것은 "Didn't I ? "라는 부정문이어야 하고, "He can't beat me"라는 부정 진술문을 말할 때 부가되는 것은 "Can he ? "라는 긍정문이어야 한다. 또한 Adam은 문장의 주어 "Diandros and me"를 찾아내어, 적절한 대명사 'we'로 바꾼 다음 부가문에 넣는다. 게다가 부가의문문에서는 적절한 조동사를 사용해야 한다. "I made a mistake, didn't I"라는 문장에서, 조동사 'did'는 첫째 구절에서는 나타나 있지도 않다. Adam은 복잡한 규칙에 따라서 이것을 생각해내야 하는데, Chomsky가 이러한 규칙을 밝혀내기 전까지, 우리는 그것에 대해 인식조차 못하고 있었다. 그리고 이러한 것들은 관계되는 조작들의 일부에 불과하다. Adam이 4세나 4세 반 정도에 올바른 부가의문문을 생성해낼 수 있고 또 이러한 점에 있어서 그가 비범한 것이 아니라는 사실은 정말로 놀랄 만한 것이다.

Adam의 언어 기록에서 흥미로운 측면은, 이러한 문장들의 시간에 따른 빈도 분포이다. Adam은 4세나 4세 반 이전까지는 전혀 부가의문문을 생성하지 않았다. 그러다가 갑자기 부가의문문이 쏟아져 나오게 된 것이다. Adam은 1시간에 32개의 부가의문문을 생성한데 비해, 성인의 평균 빈도는 3~6개 정도이다. 아동들은 반복적인 연습을 통해서 새로운 역량을 견고히 하려는 내적 욕구를 갖는 것처럼 보인다.

4) 보편성

다른 문화권에 있는 아동들은 각기 다른 언어를 학습하게 된다. 그럼에도 불구하고, Chomsky와 그의 추종자들은 여러 가지 다양성 가운데에서도 발달과정에 대한 어떤 보편성이 있다고 믿는다. 어느 곳에 있는 아동이든, 처음에는 단일 단어에서 두 단어 표현으로 넘어가고 다음으로 굴절, 심층구조, 구(句) 구조 단위, 그리고 다른 요소 등에 관한 규칙을 작동시키고 마지막으로 변형생성을 시작하게 된다.

이렇듯, 어느 곳에 있는 아동이든지 표준적 순서로 학습하는 듯이 보이는데, 이 순서는 아마도 관련된 과제들의 복잡성을 반영해 줄 것이다.

게다가, 연구자들은 각각의 일반적인 시기에서 범문화적 유사성도 찾고 있다. 앞서 언급했듯이, 옹알이는 전 세계적으로 동일하다. 또한, 어느 곳에 있는 아동이든 같은 종류의 두 단어 표현을 사용하며, 말의 어느 부분을 과일반화하고, 처음에는 부정어도 같은 방식으로 다룬다.

그러나 아동이 변형을 다룰 수 있는 연령쯤 되면, 이들은 언어에 따라 조금씩 다른 규칙들을 학습하게 된다. 그럼에도 불구하고, Chomsky는 보편적 제어장치(universal constraints)가 변형이 가능한 범위를 제한한다고 주장하였다. 우리는 이미 하나의 주요 제어장치에 대해 언급한 바 있다. 즉, 모든 언어는 단지 구조 의존적 규칙만을 사용하는 것 같다. Chomsky는 보편적 제어장치가 학습과정을 촉진시킨다고 하였다.

아동들은 모든 가능한 종류의 변형 규칙을 가설화할 필요는 없다. 그들은 어떤 종류의 규칙만을 탐색하도록 생래적으로 성형지어져 있기 때문이다. 그들이 가능한 변형체계 전부에 대해 생각한 후 그 중에서 결정해야 한다면, 그들은 결코 언어를 숙달할 수 없을 것이다.

제 10 장

Kohlberg의 도덕성 발달이론

1. 도덕성의 발달단계설

L. Kohlberg는 도덕성 발달에 관한 Piaget의 이론을 발전시켜서, 주로 아동을 연구의 대상으로 하던 것에서 성인에까지 확대하여 도덕성 발달단계를 더 체계화시켰다.

Kohlberg는 오랫동안 아동과 성인의 도덕성을 연구한 끝에 도덕성 발달은 어떤 국가나 문화에 관계없이 일정한 발달단계를 가지고 있다는 것을 발견했다. 이것은 도덕성이 어떤 정해진 특성으로 고정되어 있는 것이 아니라 일련의 발달단계에 따라 어떤 특성들이 나타난다는 것을 뜻한다.

Kohlberg는 사람들이 실제로 도덕 문제에 어떻게 답하는가 하는 사고체제를 연구하여, 이것을 바탕으로 도덕성 발달단계를 6단계로 나누었다. 서로 다른 문화적 배경을 가진 연령이 다른 아동과 청소년들에게 '도덕적 행위의 동기'와 '인간 생명의 가치' 등 도덕성의 문제를 담고 있는 '도덕적 딜레마(이렇게도 할 수 없고 저렇게도 할 수 없는 갈등 상태)'를 들려주고, 그런 상태에서 '어떻게 하겠는가?', '왜 그렇게 해야 하는가?'를 물었다. Kohlberg의 이런 질문들에 대한 응답은 6가지 판단체계로 분류될 수 있는데, 이것이 바로 Kohlberg의 도덕성 발달 6단계를 이루는 것이며 문화적 배경과는 관계없이 연령에 따른 도덕적 발달단계는 그 순서에 있어서 공통적이다.

2) 도덕적 딜레마

L. Kohlberg는 도덕적 딜레마에 대해 아동과 청년을 대상으로 면담했다. Kohlberg의 주요 표집은 시카고에 사는 중류 및 하류 계층의 소년 72명으로 구성되었다. 그들의 연령은 10, 13, 16세였다. 후에 그는 더 어린 아동, 비행소년, 다른 도시 출신의 소년 소녀, 다른 나라 출신의 소년 소녀들을 더 첨가시켰다.

기본면담은 다음과 같은 일련의 딜레마들로 구성된다.

Kohlberg가 들려준 '도덕적 딜레마' 중에서 두 가지를 예시하면 다음과 같다.

아우의 딜레마

> 형과 아우가 있었다. 형이 아버지에게 캠핑가려고 50달러를 달라고 요구했을 때, 아버지는 네가 50달러를 벌어서 가라고 말씀하셨다. 그런데, 형이 그 50달러는 벌기 위해 열심히 일하고 있었는데, 아버지는 갑자기 마음을 바꾸어 번 돈을 모두 내어놓으라고 하셨다. 형은 일을 마친 후에 10달러 밖에 벌지 못했다고 거짓말을 하고 10달러만 아버지에게 드렸다. 그리고 나머지 40달러 캠핑을 갔다. 캠핑을 떠나기에 앞서 형은 동생에게 사실대로 이야기했다. 이 때 동생은 아버지에게 형의 거짓말을 일러바쳐야 할 것인가, 아니면 이르지 말아야 할 것인가? 그리고 왜 그렇게 해야 한다고 생각하는가?

Heinz의 딜레마 : 'Heinz가 약을 훔치다'

> 유럽의 어떤 부인이 무서운 암에 걸려서 거의 죽어가고 있었다. 그 병을 낫게 하는 데는 오직 한 가지 약 밖에 없는 것으로 알려져 있었다. 이 약은 같은 마을에 사는 어느 약사가 최근에 만들어낸 라디움 종류의 약이었다. 그 약을 만드는 데 원가도 상당히 많이 먹히는 데다가, 그 약사는 약값을 원가의 10배나 매겼다. 라디움을 200달러에 구입해 갖고 2,000달러에 팔려고 한 것이다. 그 병자 부인의 남편인 하인츠는 돈을 구하기 위해 아는 사람들을 모두 찾아다녔으나, 그 약값의 절반 밖에 안되는 1,000달러를 마련하는 데 그쳤다. 할 수 없이 하인츠는 그 약사에게 가서 자기 부인이 지금 죽어가고 있다고 설명하고 그 약을 싸게 1,000달러를 받고 팔거나, 아니면 외상으로라도 자기에게 팔아주면 다음에 그 돈을 갚겠다고 간청했다. 그러나, 그 약사는 안됩니다. 그 약은 내가 발명한 약인데, 나는 그 약으로 돈을 벌어야 됩니다. 라고 대답했다. 절망에 빠진 하인츠는 결국 약방문을 부수고 들어가서 자기 부인을 위하여 그 약을 훔쳐 내었다. 남편이 한 일이 정당한 것인가 ? 그렇다면 무슨 이유로 그 일이 정당한가 ?

3. 도덕성 판단의 6단계

Kohlberg는 위와 같은 질문들에 대한 대답을 기초로 하여 개인의 도덕성은 1단계에서 6단계로 발달한다고 보고, 또한 그것을 크게 세 가지 수준으로 구분하였다.

1) 인습 이전 수준의 도덕성

이 수준의 아동은 도덕적 규칙이나 선악의 개념은 알고 있으나, 이 개념을 행위의 쾌락적 결과, 또는 도덕적 규칙을 강요하는 사람의 힘이나 권력에 관련해서 해석한다.

(1) 1단계 : 벌과 복종에 의한 도덕성

이 단계에서는 아주 단순한 신체적, 물리적 힘이 복종이나 도덕 판단의 기준이 된다. '큰 물고기는 작은 물고기를 잡아먹는다.'라던가 '힘은 곧 정의다.'라던가 '적자 생존'같은 힘의 원리가 가장 의미 있는 것으로 되어 있다. 따라서 이 단계의 행동은 권력을 가진자로부터의 신체적인 벌을 피하기 위한 것이다. 그러한 행동의 결과가 어떤 의미, 또는 가치를 가지는가 하는 것은 전혀 문제가 되지 않는다. 벌을 피하는 것이나, 권력에 복종하는 것은 그 자체로서 가치를 지니게 되며, 벌이나 권력에 내재되어 있는 도덕적 원리는 중요한 것이 아니다.

1 응답반응

① 정당 : 약을 훔친 것은 그렇게 나쁘지 않다. 그는 처음에 돈을 내려고 했었다. 그는 다른 나쁜 짓은 하지 않았고, 그 밖에 어떤 것도 가져가지 않았다. 그가 훔친 약은 겨우 200불 정도지 2,000불이 아니다.

② 부당 : 그는 약을 가져가라는 허락을 받지 않았다. 그가 들어가서 창문을 부슨 것은 나쁘다. 그런 손해를 입혔으므로 그는 범죄자이다. 그 약은 아주 비싼 것이고, 그렇게 비싼 것을 훔치는 것은 범죄이다.

2 평 가

위 두 사람은 모두 하인츠의 의도는 생각하지 않고 그 결과에 의해서만 그 행동을 판단한다. 지지하는 사람은 결과를 가능한 한 작게 축소하려고 하고, 비판자는 크게 확대하려 한다. 그것은 모든 범죄는 벌을 받아 마땅하다는 뜻을 함축하고 있다.

(2) 2단계 : 욕구 충족을 위한 수단으로서의 도덕성

이 단계에서의 행위는 자기 자신의 개인적인 욕구를 충족시키거나, 혹은 자기 자신을 가장 우선으로 생각하는 것으로 나타난다.

예를 들면, 차표를 위조한다든가, 공금을 횡령한다든가 하는 등의 비행을 들키지 아니하고 제대로 해내거나, 혹은 도망만 잘 치면 그것은 정당한 것이 된다. 교묘한 사기꾼이나 협잡꾼 등이 좋은 예이다. 철학적인 말로는 이런 범주의 도덕적 사고는 '도구적 쾌락주의'라고 말하는데, 이것은 다른 사람들에 관해서는 전혀 인간다움이 없다는 것으로 특징지워진다. 다시 말해서, 감정이입 같은 것은 전혀 찾아볼 수 없다.

이 단계에서는 신체적인 고통이나 죽음보다는 사람들에게 돈을 사기친다거나, 다른 사람의 감정을 무시하건, 혹은 부정을 저지른다거나 하는 등의 행위를 함으로써 고통이나 죽음을 피할 수 있다면 차라리 그 편이 나은 것이다. 따라서, 2단계에서의 사고는 문제해결을 위해서 보다 적극적인 방법이 되긴 하지만, 그러나 역시 1단계에서와 마찬가지로 옳고 그름이 힘으로 결정되는 상황에서만 가능하다. 신의를 지킨다거나, 감사를 느낀다거나, 공정을 기한다거나 하는 생각과는 거리가 먼 것이다.

[1] 응답반응

① 정당 : 하인츠는 약사에게 어떤 손해도 끼치지 않았다. 그는 언제라도 그 돈을 갚을 수 있을 것이다. 그의 아내를 잃고 싶지 않다면 그는 약을 가져가야 한다.

② 부당 : 그 약사는 나쁘지 않다. 그는 다른 사람들의 하는 것과

마찬가지로 이익을 조금 보려고 한 것 뿐이다. 상인들이 하는 것이 바로 그것이고, 그것은 돈을 버는 것이다.

2 평 가

지지자는 하인츠의 의도를 언급하고 있고, 비판자는 약사의 의도에 대해 언급하고 있다. 그들의 생각은 하인츠나 약사 모두 그들 자신의 욕구나 목적을 만족시키려 하는 한 옳다는 것이다.

2) 인습수준의 도덕성(conventional morality)

이 수준에서는 개인의 가정이나 집단이나 국가의 기대를 따른 것이 그러한 행위의 즉각적인 결과와는 관계없이, 그 자체로서 가치를 지닌다. 단순히 자기 자신에 대한 기대나, 사회의 질서에 동조하는 것만으로 그치는 것이 아닌, 오히려 그것을 충실히 따르려고 노력하며, 질서를 적극적으로 유지하고 정당화하고, 나아가서는 그 질서에 관련된 개인이나 혹은 집단과 자기 자신을 동일시한다.

(1) 3단계 : 대인관계에서의 조화를 위한 도덕성

이 단계에서는 '사회적 조화'가 중심이 된다. 이 단계에서는 딜레마 상황에 있는 모든 감정들의 갈등을 해결하는 데 개인은 아직 상당한 어려움을 지닌다는 문제가 있다. 따라서, 앞에서 예로 든 하인츠의 경우를 보면 3단계에 있는 아동들의 반응은 대체로 훔친다는 것은 잘못된 일인데 왜냐하면, 거의 대부분의 사람들이 훔치는 것은 잘못된 일이라고 말하기 때문이라는 결론을 내릴 것이다. 이 단계에서는 "나는 다수의 의견이나 혹은 사회적인 인습에 따를 것이다. 대부분의 사람들은 그러한 견해를 가지고 있고 내가 만약 다수의 의견과 반대되는 일을 한다면 매우 불편함을 느낄 것이라는 것을 잘 안다."는 식의 도덕판단이 가능하고, 이러한 도덕판단은 결국 대중을 이끌어 가고 있는 것을 맹목적으로 따라가는 것과 마찬가지이다.

3단계에서의 **도덕적 사고**는 독특한 **고정관념**을 바탕으로 하고 있으며, 도덕적 행동이란 자기가 살고 있는 사회의 고정된 인습에 엄격하게 따르며, 자기 자신의 내적인 동기는 아직 나타나지 않는다.

1 응답반응

① 정당 : 훔치는 것은 나쁘다. 그러나 이 경우는 상황이 아주 좋지 않다. 하인츠는 좋은 남편들이 당연히 해야 하는 일을 했을 뿐이다. 자신의 아내에 대한 사랑 때문에 그가 어떤 일을 한 것에 대해서 나쁘다고 할 수 없다. 만일 그가 아내를 구원하지 않았다면 그를 나쁜 사람이라고 손가락질을 할 것이다.

② 부당 : 하인츠의 아내가 죽는다고 해도 하인츠를 비난할 수는 없다. 그가 죄를 범해서 아내를 구하지 않았다고 해도 그를 몰인정한 사람이라고 비난할 수는 없다. 그 약사는 이기적이고 몰인정한 사람이다. 하인츠는 그가 할 수 있는 모든 일을 다 했다.

2 평 가

응답자 양쪽 다 그런 상황에서 다른 사람들이 무엇을 인정하느냐에 의해 갈등을 해결하려 하고 있다. 양쪽 다 하인츠가 해야 할 일을 한, 좋은 의도를 가진 사람으로 묘사되고 있다.

(2) 4단계 : 법과 질서를 준수하는 도덕성

이 단계에서의 개인은 질서나 법을 알게 되고, 또한 딜레마 상황을 해결해 줄 수 있는 어떤 관례를 알게 된다. 도덕적 딜레마를 해결하기 위해서는 사회적 인습이나 다수의 의견 등으로 그 문제에 대한 행위를 결정하는 것보다는 오히려 형벌이나 민법 등 법률이 보다 안전하고 포괄적인 체제가 된다는 것을 안다. 법률이나 질서 등은 지혜를 성문화한 것이기 때문에, 사회 관습이 급격하게 변하고, 사회적인 무질서가 난무하는 일시적인 조류로부터 지켜 줄 수 있고 따라서 사회를 안정성 있고 응집력 있게 만들어 준다. 즉, 법이나 질서는 사회의 모든 시민들에게 **행위의 표준**을 동일하게 만들어 주는 것이다.

개인은 그러한 법이나 질서에 따라서 도덕 판단을 하게 된다. 이 단계에서의 사고는 2단계에서처럼 단지 자기 자신을 최우선으로 보는 것도 아니고, 3단계에서처럼 다른 사람을 위해서만 하는 것이 아닌, 현재의 법률이나 질서에 일치하느냐에 따라 결정을 내리는 것이다.

1 응답반응

① **정당** : 약사가 어떤 사람을 죽게 한다면 그는 잘못된 삶을 살고 있는 것이다. 따라서 하인츠가 아내를 구하는 것은 그의 의무이다. 그러나 하인츠가 법을 어긴 일을 그냥 둘 수는 없다. 그는 약사에게 돈을 주어야 하고, 훔친 것에 대한 벌을 받아야 한다.

② **부당** : 하인츠가 그의 아내를 구하려고 한 것은 자연스러운 것이다. 그래도 훔치는 것은 나쁘다. 어떤 느낌이나 특수한 상황에 관계없이 법을 준수하지 않으면 안 된다.

2 평 가

법률에 대한 의무가 특수한 이익을 초월하고 있다. 지지하는 대답까지도 하인츠가 도덕적으로 나쁘다는 것과 그의 잘못에 대해 벌을 받아야 한다는 것을 인정하고 있다.

3) 인습 이후 수준의 도덕성(post-conventional morality)

이 수준에서는 도덕적 가치나 원리가, 그 가치를 표방하는 개인이나 집단의 권위와는 관계없이 또한 자신과 그 집단과의 유대와는 관계없이 그 자체로서의 타당성을 가지는 것이라고 생각한다. 다시 말하면, 사회적 계약에 따른 행위나, 혹은 정의 등과 같은 보편적 도덕원리에 따른 행위가 도덕적인 행위가 된다. 도덕적인 사고와 판단은 매우 복잡하고 포괄적인 것이 되며 반대로 나타날 수 있는 점도 고려할 수 있게 된다.

(1) 5단계 : 사회계약 정신으로서의 도덕성

이 단계에서의 원리는 이상적인 것을 가정해서 이야기할 때 흔히 쓰여진다. 예를 들면, 헌법은 각 법률들의 적법성을 판단하기 위한 근거가 되는 일련의 원리들을 밝히고 있다. 이 헌법에서 중심되는 것은 정의, 자유, 평등 등의 의도를 해석함으로써 딜레마를 해결해 주고자 하는 것이다.

이와 마찬가지로 5단계에서는 도덕문제 또는 사회정의를 해결하는 일이 단순한 일이 아니며 나의 자유와 상대방의 자유가 간단히 같아질 수 있는 것이 아니라는 사실을 알게 된다. 흔히 보다 높은 단계의 이성은 그것이 문제를 보다 간단하고 쉽게 해결해 주는 것이기 때문에 좋은 것이라는 오해가 있다. 그러나, 사실은 그렇지 않다. 이 단계에서의 이성은 서로 대비가 되는 주장들을 심사숙고하며 이 때 윤리적인 문제뿐만 아니라 정서적인 문제도 함께 고려하고 사회정의에 대한 보다 적절한 해석을 허용하는 언제나 개방되어 있는 입장을 취할 수 있기 위해서 추상적으로 사고할 수 있는 능력을 필요로 한다.

이 단계의 특징은 공리주의적인 색채가 짙다는 것이다. 즉, 법적인 관점을 중요하게 생각하게 생각하지만 동시에 법이란 사회적인 유용

성에 대한 합리적인 고려로 합의에 도달할 때 바뀔 수도 있다는 것이 중요시된다.

1 응답반응

① 정당 : 훔치는 것이 나쁘다고 하기 전에 전체적 상황을 고려해야 한다. 물론 법률은 물건을 훔치는 경우에 대해서 명확히 규정하고 있다. 그리고 더욱 나쁜 것은 하인츠는 그의 행동이 전혀 합법적이 아니라는 것은 알지도 모른다. 그러나 어느 누구라도 이런 상황에서 약을 훔치는 것은 합리적이라고 할 것이다.

② 부당 : 약을 불법으로 훔쳐감으로써 나타날 좋은 일에 대해서는 충분히 알 수 있다. 그러나 결과가 수단을 정당화할 수는 없다. 하인츠가 약을 훔친 것이 완전히 잘못되었다고 말하기는 어렵다. 그러나 이러한 상황들이 그것을 옳다고 하기도 힘들다.

2 평 가

판단이 더 이상 이분법적이 아니다. 응답자 모두 반대편 입장을 인정하고 있다.

(2) 6단계 : 보편적 도덕원리에 대한 확신으로서의 도덕성

이 단계에서의 올바른 행위란 스스로 선택한 도덕원리에 따른 양심의 결단을 말한다. 여기서 말하는 도덕원리는 윤리적으로 포괄적이며, 보편적이고 일관성 있는 것이어야 하지만, 반드시 성문화되어 있을 필요는 없다. 즉, 이 도덕원리는 구체적인 규칙이 아니라 추상적인 것으로 되어 있다. 이러한 보편적인 도덕원리라고 하는 것은 정의와 인간 권리와 평등성, 그리고 개인으로서의 인간 존재의 존엄성에 대한 존중 등을 말한다.

인습 이후 수준에서의 반응은 하인츠가 약을 훔친 것은 정당한 것이 된다. 1단계에서는 만일 그 여자의 남편이 그 여자를 죽게 내버려 둔다면 신으로부터 죄를 받게 될 것이라고 판단하기 때문이며, 2단계에서는 약을 훔쳐서라도 자기의 아내의 생명을 구하기만 하면 된다는 식의 자기 중심적이고, 실리적인 요소가 강하게 작용하기 때문이다. 그러나 인습 수준에서의 반응은 하인츠가 약방을 부수고 들어가서 약을 훔친 것은 잘못이라고 말한다. 훔친다는 것은 옳은 일이 아닐 뿐만 아니라, 법은 환경과는 관계없이 지켜져야 하는 것이라고 말한다. 한편 인습 이후 수준에서의 반응은 하인츠의 행동이 보편적인 도덕원리에 반하는 것인가를 고찰한다.

1 응답반응

① 정당 : 법률을 어기는 일과 사람의 생명을 구하는 일 가운데 하나를 선택해야 한다면, 생명을 구해야 한다는 보다 높은 원리가 약을 훔치는 것을 도덕적으로 정당화시킨다.

② 부당 : 암 환자는 많고 약은 귀해서, 그것을 필요로 하는 사람들에게 모두 충분히 돌아갈 수 없을지도 모른다. 관련되는 모든 사람들에 의해 옳다고 인정된 것만이 올바른 행동이다. 하인츠는 감정이나 법률에 따라 행동해서는 안 되고, 이런 상황에서 이상적으로 정당한 사람이 할 수 있으리라고 생각하는 일을 해야 할 것이다.

3 평 가

응답자 모두 법률이나 자기 이익을 초월하고 모든 합리적인 사람들이 이런 상황에서 고려해야 할 보다 높은 원리에 의존하고 있다.

생명의 가치와 다른 재화의 가치가 어떻게 서로 비교될 수 있는가? 모든 사람이 다 가지는 보편적인 권리란 무엇인가? 5단계에서의 도덕적 결정이란 공동성과 사회 유용성을 바탕으로 해서 되어 있는 법체계 위에서만 가능하다. 즉, 문제를 하나의 법으로 해결하는 것이 아니라 전체 법체계를 통해서 해결한다. 나아가서 6단계에서는 성문화된 전체 법체계가 고려될 뿐 아니라, 도덕이나 보편적인 원리까지 고려된다.

6단계에서의 원리는 모든 사회계층과 문화에 다같이 적용되는 것이며, 또한 사실 이것이 보편적으로 적용될 수 있어야만 진정한 원리라고 말할 수 있다.

앞의 하인츠의 예에서 6단계에 있는 사람이 나타내는 반응은 먼저 인간 생명의 가치는 다른 어떤 재화의 가치보다 더 근원적이라는 보편원리를 근거로 해서 하인츠가 약을 훔쳐서 자기 아내의 생명을 구한 행위는 정당한 것으로 나타난다. 동시에 하인츠는 훔친 일에 대해서 법률적인 처벌을 받을 자세도 되어 있어야 한다. 여기서 중요한 것은 비록 약사가 더 많은 이득을 얻을 수 있게 잘못되어 있는 법이지만 하인츠는 그 법을 고의로 어긴 것이고 결국 그 법에 대한 불복종의 행위를 범한 것이기 때문에 도덕에 대한 사회의 처벌을 받아야 한다. 이상의 도덕적 발달단계를 요약하면 〈표 10－1〉과 같다.

〈표 10－1〉 Kohlberg의 도덕성 발달단계

수 준	단 계	특 징
Ⅰ. 인습 이전 수준	1. 주 관 화	물리적 신체적인 벌과 복종에 의한 도덕성, 자기 중심적 욕구 추구
	2. 상 대 화	욕구 충족수단으로서의 도덕성, 욕구의 배분성, 그리고 욕구배분의 동기는 자기 자신의 욕구를 충족시키기 위해서이다.
Ⅱ. 인습 수준	3. 객 체 화	대인관계의 조화를 위한 도덕성, 다른 사람들의 생각이 옳다. 가치판단의 객관성
	4. 사 회 화	법과 질서 준수로서의 도덕성, 선악판단의 사회성
Ⅲ. 인습 이후 수준	5. 일 반 화	사회계약 정신으로서의 도덕성, 가치기준의 일반화, 세계화 공리주의적 해석
	6. 궁 극 화	보편적 도덕 원리에 대한 확신으로서의 도덕성, 양심의 결단, 윤리관의 최고 경지

제 11 장

Montessori의 민감기이론

1. 민감기의 개념

M. Montessori 이론에서의 중심요소는 민감기(sensitive period) 개념인데, 이는 결정적 시기와 유사하다. 즉, 민감기는 유전적으로 계획된 기간으로서, 아동들은 특별히 이 기간 동안 어떤 과제를 숙달하고자 노력하고 또 숙달할 수 있게 된다. 예를 들면, 언어획득과 손의 사용을 시작하게 되는 민감기가 있어서 이 기간 동안에 아동은 이러한 능력들을 숙달시키는 데 전력을 다한다. 그리고 만일 아동이, 자연스럽게 그들에게 그렇게 하도록 계획한 바대로 그 시기에 이러한 경험들을 즐기지 못한다면, 그들로 하여금 그러한 경험을 하도록 이끌어준 특별한 민감성은 사라지고 그 결과 발달에 방해적인 효과를 남긴다.

2. 민감기의 유형

1) 질서에 대한 민감기

주로 생후 처음 1년간에 나타나는 첫 번째 민감기 동안에 아동들은 질서(order)에 대한 강한 욕구를 갖는다. 아기들은 움직일 수 있게 되자마자 물건들을 제자리에 놓기를 좋아한다. 만일 책이나 펜이 제자리에 있지 않으면, 그들은 단호히 그것들을 원래 자리로 갖다 놓는다. 그리고, 스스로 움직일 수 없을 정도로 어릴 때조차 제자리에 있지 않은 무엇인가를 보면 동요한다. 그 한 예로, Montessori는 방문객이 우산을 탁자 위에 놓았을 때 우는 6개월된 여아에 대한 이야기를 했다. 그 여아는 탁자 위를 보고는 한동은 울다가 어머니가 그 이유를 알아채고서 우산 놓는 자리인 선반 위에 우산을 놓았을 때에야 비로소 조용해졌다.

매우 일반적인 이 반응이 우리에게는 어리석은 것으로 보인다. 왜냐하면, 질서에 대한 성인들의 욕구는 다른 차원에 속하는 것이기 때문이다. 성인들에게 있어서 질서는 어떤 외부적인 즐거움을 제공해 주는 것이지만, 어린 아동들에게 있어서의 질서는 본질적인 것이다. 그것은 동물들이 걸어 다니는 땅이나, 물고기가 헤엄치는 물과 같은 것이다. 생후 1년 동안에 유아들은 그들이 후에 지배해야만 하는 환경으로부터 지향 원리들(principles of orientation)을 도출해 낸다.

2) 세부에 대한 민감기

1세에서 18개월 사이의 유아들은 작고 세밀한 것에 그들의 주위를 고정시킨다. 예를 들어, 그들은 우리가 주목하지 못하는 작은 곤충들을 탐지한다. 또는 이들에게 그림을 보여주며, 우리가 중요하게 생각하는 주된 대상은 무시하고 대신 배경에 있는 작은 대상에 초점을 맞추는 것처럼 보인다. 세부(details)에 대한 이러한 관심은 아동의 정신발달에 있어 어떤 변화를 나타내는 것이다. 그들이 처음에는 반짝거리는 물체나 밝은 빛 또는 색깔 등에 이끌렸던 반면에, 이제는 가능한 한 완전하게 그들의 경험을 채우려고 노력한다. 아주 세밀한 것에 대한 어린 아동들의 관심은 성인들을 어리둥절하게 만드는 것이다. 이런 것은 아동들의 "정신적 특성이 성인들의 그것과는 아주 다르며, 단순히 그 정도에 있어서만 다른 것이 아니고 그 종류에 있어서도 다르다."는 사실에 대한 또다른 증거가 된다.

3) 양손 사용에 대한 민감기

세 번째의 민감기는 손의 사용과 관계된다. 18개월에서 2세 사이의 아동들은 끊임없이 물건을 움켜 잡으려 한다. 그들은 특히 뚜껑이 여닫거나 그릇에 물건들을 집어 넣고, 쏟아내고, 또 다시 가득 채우는 일 등을 즐긴다. 그 다음 기간 동안에는 그들의 동작과 촉감을 세련화시킨다. 예를 들면, 3세 아동은 눈을 감은 채 물체를 만져서 그것을 확인하는 것, 즉 성인보다는 아동들에게 훨씬 더 흥미있는 이러한 게임을 즐긴다.

4) 걷기에 대한 민감기

가장 쉽게 볼 수 있는 민감기는 걷기에 대한 민감기이다. Montessori는 걷는 법을 배우는 것은 일종의 제2의 탄생이라고 한다. 즉, 무력한 존재에서 능동적인 존재로 바뀌에 된다. 아기들은 억제할 수 없는 충동에 의해 걷는 것을 시도하게 되며, 걷는 방법을 배울 때 대단한 자부심을 갖는다.

우리는 다른 행동과 마찬가지로, 걷기의 의미가 성인에게 있어서와 아동에게 있어서 서로 다르다는 것을 종종 인식하지 못하고 있다. 우리가 걸을 때는 마음 속에 어떤 목적지를 가지고 있다. 즉, 우리는 어딘가로 가고자 한다. 반면에, 아장아장 걷는 아기들에게는 걷는 그 자체가 목적이다. 예를 들면, 아기들은 반복해서 계단을 오르락 내리락거리기도 한다. 그들은 어디로 가기 위해 걷는 것이 아니다. "자신의 기능을 완전하게 하기 위해서, 그리고 결과적으로 그들 내부의 창조적인 무엇인가에 대한 그들의 목적을 달성하기 위해서 걷는다."

5) 언어에 대한 민감기

다섯 번째의 민감기는 아마도 모든 민감기 중에서 가장 두드러진 것으로 언어의 획득과 관계된다. 놀랄 만한 것은, 아동들이 이와 같이 복잡한 과정을 학습하는 속도이다. 언어를 배우기 위해서는 단지 단어나 그것의 의미뿐만 아니라, 말의 다양한 부분들을 어떻게 배열해야 하는가를 가르쳐 주는 규칙체계인 문법도 배워야만 한다. 예를 들어, 우리가 "컵이 탁자 위에 있다."라고 말할 때, 우리가 여기에 부여한 의미는 단어들을 나열한 순서에서 나온 것이다. 만일 "위에 컵 책상 있다."라고 말했다면 그 의미를 파악하기가 어려울 것이다.

문법에 내재하는 규칙들이 너무 알기 어렵고 추상적이어서 언어학자들도 아직 형식적인 방법으로 그것들을 이해하려고 노력하는 중이다. 그러나 아동들은 규칙들에 대해서 많은 생각을 하지 않고도 그 규칙들에 숙달한다. 만일 두 가지 언어에 동시에 노출된다 하더라도 아동들은 두 가지 모두 숙달하게 될 것이다.

언어를 파악하는 아동들의 능력이 이처럼 크기 때문에, Montessori

는 아동이 특별한 종류의 언어적 수용력이나 '기제'를 부여받았음에 틀림없다고 결론지었다. 이러한 기제는 나이든 아동이나 성인들의 정신생활에 있는 어떠한 것과도 매우 상이한 것이다. 우리는 외국어를 배울 때, 매우 신경을 써서 시제 · 전치사 · 수식어 등에 관한 규칙을 암기하려고 의식적으로 노력하면서 대단히 힘들어 배우는 데 비하여 어린 아동들은 언어를 무의식적으로 흡수한다.

Montessori의 묘사에 의하면, 아동의 언어획득은 일종의 각인과 매우 유사한 듯이 보인다. 생후 수개월에서 2세 반 또는 3세 사이의 어떤 결정적 시기에, 아동은 환경으로부터 소리 · 단어 · 문법 등을 흡수하기 위한 내적 준비가 되어 있다. "아동은 이러한 인상들을 그의 마음으로가 아니라 그의 생 자체로서 흡수한다." 소리는 믿을 수 없을 정도로 강한 인상과 정서를 일으킨다. 즉, 소리는 아동의 몸 안에 있는 보이지 않는 섬유들을 작동시키며, 그 소리를 재생시키고자 할 때 이 섬유들은 진동하기 시작한다. 우리 성인들은 그러한 경험이 어떠한 것인지 상상할 수도 있는데, 이 경험이 가능한 경우는, 우리가 교향악에 깊은 감명을 받았을 때 느꼈던 감정을 회상하고 다음에 그보다 몇 배 더 강한 유사한 감정을 상상하려 할 때이다. 언어에 대한 이러한 특별한 민감성은 생후 3년 정도만 유지되고 그 후로는 사라진다.

Montessori는 언어획득이 선천적인 것이며 성숙적 요인에 의해 지배되기 때문에, 아동들은 그들이 성정하는 곳이 어디건 간에 동일한 단계를 거쳐 언어를 발달시킨다고 주장했다. 예를 들면, 모든 아동들은 옹알이 단계에서부터 단어를 말하기 시작하는 단계로 진행해 나가며, 그 다음에는 두 단어 문장을 함께 사용하는 단세에 들어서고 (예 : "남자애 간다") 그 뒤에는 점점 더 복잡한 문장구조를 알게 되는 시기가 뒤따르게 된다.

Montessori는 이런 단계들이 점진적이고 연속적인 방식으로 나타나지는 않는다고 강조했다. 아동은 아무런 진전도 없는 것처럼 보이는 기간을 몇 차례 겪고 난 다음에 새로운 성취를 급격히 증가시킨다. 예를 들면, 아동이 갑자기 많은 새 단어들을 입 밖으로 쏟아내거나, 또는 접미사나 접두사 등과 같은 언어의 일부분을 구성하는 일단의 규칙들을 갑자기 숙달하게 된다.

약 3세에서 5, 6세 사이의 아동들은 더 이상 무의식적으로 단어나 문법들을 흡수하지는 않지만, 아직도 언어에 대한 일반적 민감기에 있는 것이다. 이 기간 동안 더욱 의식적으로 새로운 문법적 형태를 배우며, 그렇게 하는 데서 커다란 기쁨을 느낀다.

아동은 5~6세가 되어 정규적인 학교에 갈 준비가 되는 시기가 되기 전에 이미 말하는 것을 다 배운다. "이런 모든 일들은 가르치는 사람도 없이 일어난다. 그것은 자발적인 획득인 것이다. 그런데 우리는 아동이 이 모든 것을 스스로 해낸 후에야 이들을 학교에 보내 굉장한 대우를 해주는 듯이 알파벳을 가르쳐 준다." 또한 우리는, 아동의 뛰어난 성취에 비하면 사소한 것인 그들의 결점에 초점을 맞추는 주제 넘은 짓을 한다. 우리는 성인들이 아동 스스로의 학습능력에 대해 과소평가한다는 점을 알아야 한다(그림 11-1).

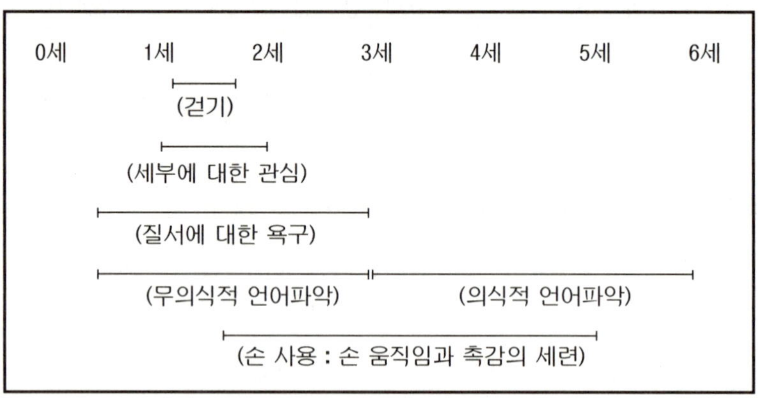

[그림 11-1] 초기의 민감기

3. 민감기의 가정 조기교육론

이렇듯 여러 민감기에서, 아동들은 어떤 경험들을 독립적으로 숙달하고자 하는 내부의 충동에 의해 이끌린다. 교육의 목적은 이러한 과정을 도와 주는 것이다. 아동들은 2세나 3세 정도 되어야 비로소 유아원이나 Montessori 학교에 들어갈 수 있기 때문에, 부모와 양육자들이 사실 최초의 교육자인 것이다.

아동심리에 대한 공식적인 지식을 가져야만 도움이 될 수 있는 것은 아니다. 우리가 필요로 하는 것은 어떤 태도이다. 우리는 무엇보다도 독립적으로 숙달하려는 아동의 노력을 존중해야 하기 때문에, 그들의 학습을 지시하는 것이 우리들의 일이 아님을 인식할 필요가 있다. 우리는 아동의 내적 구성력에 대한 믿음을 가져야만 한다. 동시에 우리는 단순히 아동들을 무시하거나 업신여겨서는 안 된다. 우리가 할 수 있는 것은 그들에게 가장 생생한 것들을 학습할 기회를 제공하는 것이다. 우리는 아동의 자발적인 흥미를 지켜보고 그들에게 그러한 흥미를 추구할 기회를 줄 수 있어야 한다.

예를 들어, Montessori는 6개월된 여아를 유모차에 싣고 정원을 거니는 보모에 대해 이야기했다. 매일매일 아기는 오래된 회색벽에 박혀 있는 하얀 대리석을 보고서 즐거워했다. 이 아기는 둘이 똑같은 장소에 있음을 발견하고 즐거워하는 것이 분명했다. 즉, 이 아기는 세상에서의 질서에 대한 자신의 민감성을 발달시키고 있었다. 어쨌든, 아기의 흥미를 알아차린 보모는 그 때마다 멈춰서서 아기가 그 광경을 바라보도록 해주곤 했다. 그 보모는 자기가 걷는 속도대로 아기를 밀고 다닌 것이 아니라, 아기의 자발적인 흥미가 자기를 이끌어가도록 했다. 그 보모는 일상적인 의미에서 아기를 가르친 것이 아니라 이상적인 교사로서 행동하고 있었던 것이다. 그녀는 무엇이든지 자발적으로 연결지을 수 있는 기회를 아기에게 주고 있는 것이다.

또다른 예를 들면, 부모들은 걷기에 대한 민감기에 있는 자녀를 도와줄 수 있다. 어떤 부모들은 아이가 이런 새로운 기술을 익힐 때 아이 뒤를 따라다니는 것을 즐거워한다. 그들은 아이가 놀랄만큼 긴 거리를 걸어갈 때에도 그 뒤를 따라가면서 아이가 새로운 장면을 탐색하기 위해 걸음을 멈추면 그들도 함께 멈춰 선다. 또한 아이가 계단오르기와 같은 걷기의 새로운 측면도 익힐 수 있는 시간을 준다. 이와 같이 부모는 아이 자신의 리듬을 따르며, 자녀가 이러한 새 기술을 숙달하면서 자랑스러워하는 것을 바라보고 즐거워한다.

그러나 어떤 부모들은, 아동이 자기 스스로 그리고 자기 고유의 방식으로 걷는 것을 익히기 위한 충분한 기회를 주지 못하고 있다. 그들은 아이에게 걷는 법을 가르치려고 애쓰지만, 그러한 훈련은 아마도 아이들에게 자기 자신의 노력이 부적합하다는 느낌을 줄 것이다. 즉, 그들은 아이들도 자기들처럼 목적지에 데려다 주기 위해서 아이들을 안아서 데려가든지 유모차에 태워 밀고 간다. 또는, 부모들은 아이들이 걸어서 어디로 가게 될까봐 두려워서 아이들 주위에 안전울타리 같은 것을 쳐 놓는다.

물론, 모든 정상아들은 결국에는 걷는 것을 배우게 된다. 그러나, 부모의 반응은 아이들 자신의 내적인 리듬과 독립성에 대한 그들의 느낌에 영향을 준다. 즉, 어떤 경우에는 아이가 중요한 기술을 자기힘으로 숙달하게 되었을 때 자유감과 자신감을 얻게 되나, 또다른 경우에서는 자신의 숙달하고자 하는 노력이 부정적 반응을 초래함을 발견하게 되어 그 결과 자신의 내적인 촉발에 관하여는 우물쭈물하면서 억제하게 될 수도 있다. 아동들이 처음 걷기를 배운 방식과 이후의 운동능력, 신체적 매력은 서로 관련된다는 것은 가능한 이야기이다.

제 12 장

Pavlov의 고전적 조건형성이론

1. 고전적 조건형성 모형

개를 어두운 방에서 함부로 날뛰지 못하도록 하는 장치에서 매어 놓고 나서 전등을 켠다. 30초가 지난 후에는 음식을 개의 입에 넣어 주어 타액분비 반사를 유발한다. 이러한 절차를 몇 차례 반복하는데, 불빛이 켜질 때마다 음식을 준다. 한참 후에, 처음에는 타액분비와 아무런 관계가 없었던 불빛만으로도 타액분비 반응을 일으키게 된다. 이 개는 불빛에 대해 반응하도록 조건형성된 것이다.

I. P. Pavlov의 용어로 말하면 음식을 제시하는 것을 무조건 자극(US : unconditional stimulus)이라 한다. 즉, 동물로 하여금 음식에 대해 침을 분비하도록 조건형성시킬 필요가 없다. 이에 반해 불빛은 조건 자극(CS : conditional stimulus)이다. 즉, 침을 분비하도록 하려

면 조건형성이 필요하다. 음식에 대해 침을 분비하는 것을 **무조건 반사**(UR : unconditional reflex), 불빛에 대해 침을 분비하는 것을 **조건 반사**(CR : conditional reflex)라 하며, 이러한 과정을 **고전적 조건형성**이라 부른다.

이 실험에서 독자들이 주목해야 할 점은, CS가 US보다 먼저 주어진다는 것이다. 즉, Pavlov는 음식을 제시하기 전에 불빛을 먼저 주었다. 그가 제기한 의문점 중의 하나는, 이것이 **조건형성**시키는데 가장 좋은 순서인가 하는 것이었다. 그와 그의 제자들은 위에 말한 순서가 맞다는 것을 발견하였다. CS가 US 후에 주어지면 조건형성이 되기가 상당히 어렵다. 최근의 연구들은 CS가 US보다 0.5초 가량 먼저 주어졌을 때 조건형성이 가장 잘 이루어진다는 사실을 시사해 주고 있다.

2. 소 거

조건형성이 한 번 이루어졌다고 해서 **조건 자극**이 계속해서 영원히 작용하는 것은 아니다. 예를 들면, Pavlov는 비록 불빛을 타액분비를 위한 CS로 만들 수는 있으나 만약 음식 없이 불빛만 몇 번 제시하면 불빛은 그 효과를 잃기 시작한다는 사실을 발견했다. 침의 분비량은 점점 적어져 마침내는 전혀 분비되지 않는다. 이 때가 바로 **소거**(extinction)가 일어난 때인 것이다.

또한, 비록 **조건 반사**가 소거된 것처럼 보이지만, 보통 자발적 회복(spontaneous recovery) 현상도 있다는 사실을 발견했다. 예를 들면, 한 실험에서 개로 하여금 음식을 보는 것만으로, 즉 CS에 침을 분비하도록 훈련시켰다(전에는 음식이 입 안에 있을 때만 침을 분비하였다). 다음에는 CS만을 3분 간격으로 6번 주었는데, 6번째에는 이미 침을 분비하지 않았다. 따라서 반응은 소거된 것처럼 보였다. 그러나, 실험이 중단된 2시간 후에 CS만을 주었는데도 다시 상당량의 침을 분비하였다. 따라서 이 반응은 자발적으로 회복된 것이다. 만일 CS와 US를 주기적으로 다시 짝지어 주지 않으면서 이 반응을 계속 소거시키기만 한다면 이 자발적 회복 효과도 사라질 것이다.

3. 자극일반화와 변별

1) 자극일반화

비록 하나의 반사가 단 하나의 자극에만 조건형성될지라도, 그 특정 자극만이 그 반사를 유발하는 것은 아니다. 반응은 더 이상의 조건형성을 시키지 않더라도 비슷한 자극들에 대해 **자극일반화**(stimulus generalization)되는 것 같다.

예를 들면, 어떤 음조의 종소리에 침을 분비하도록 조건형성된 개는 다른 음조의 종소리에도 또한 반응한다. 유사한 자극이 반응을 생성해 내는 능력은 원래의 CS와 유사한 정도에 따라 다르다. Pavlov는 그 자신이 확연(擴延, irradiation)이라고 명명한 기저 생리적 과정 때문에 자극일반화가 일어난다고 믿었다. 최초의 자극은 뇌의 특정 부위를 흥분시키고, 이것은 다시 대뇌의 부위에 확연 또는 확산된다는 것이다.

2) 변 별

처음의 일반화는 차차 분화과정으로 대치된다. 예를 들면, 만일 다른 음조의 종을 계속 울린다면(음식은 주지 않고), 개는 원래의 CS에 가장 가까운 음조에만 국한하여 좀더 선택적으로 반응하게 된다. 또한, 한 음조의 소리에는 음식을 주고 다른 음조에는 음식을 주지 않음으로써 능동적으로 **변별**(discrimination)을 일으킬 수도 있다. 이를 자극변별 현상이라 부른다.

4. 고차적 조건형성

Pavlov는 일단 개를 CS에 확고하게 조건형성시키면 이 CS만을 가지고 또다른 **조건자극**에 연결시켜 조건형성시킬 수 있다는 것을 보여주었다.

예를 들면, 한 실험에서 Pavlov의 제자는 개로 하여금 종소리에 침을 분비하도록 훈련시킨 다음, 종소리만 검은 사각형과 짝을 지어 제시했다. 많은 시행 후에는 검은 사각형만으로도 타액분비 반응을 일으켰다. 이것을 **2차 조건형성**이라 한다. Pavlov는 **3차 조건형성**(higher order conditioning)도 어떤 경우에는 가능하다는 사실을 알았으나 그 이상은 하지 못했다.

제 13 장

Watson의 정서의 조건형성이론

1. 조건자극과 정서반응

J. B. Watson의 주요 관심사 중의 하나는 정서의 조건형성이었다. 그의 주장에 의하면, 출생 직후에는 학습되지 않은 세 가지 정서반응—공포, 분노, 사랑—만이 있다고 한다. 사실, 우리가 관찰할 수 있는 것은 세 가지의 서로 다른 신체반응 뿐이나 그것들을 간략히 정서라고 부르는 것이다.

1) 공 포

Watson에 의하면 공포를 느낀 유아는 갑자기 움찔거리거나 깜짝 놀라고 숨을 가쁘게 쉬며, 주먹을 꽉 쥐고, 눈을 꽉 감거나 뒹굴고,

우는 등의 행동을 한다. 공포를 일으키는 무조건 자극은 단 두 가지뿐이다. 하나는 갑작스런 소음이고, 다른 하나는 신체를 지탱하는 힘을 상실할 때(아기의 머리가 갑자기 뒤로 젖혀지는 경우처럼)이다. 좀더 나이든 아동들은 낯선 사람, 쥐, 개, 어둠 등과 같은 다양한 종류의 것들도 무서워한다. 그러므로 공포반응을 일으키는 대부분의 자극은 학습된 것임에 틀림없다. 예를 들면, 어린 소년이 뱀을 무서워하는 것은 그가 뱀을 볼 때마다 비명 소리에 놀랐기 때문이다. 즉, 뱀이 조건 자극이 된 것이다.

2) 분 노

분노란 처음에는 학습되지 않은 반응으로서 신체동작을 구속하는데 대한 반응이다. 예를 들어, 만약 2세된 여아를 붙들어서 가고 싶은 곳으로 못하게 하면, 그녀는 소리를 지르고 몸을 경직시키기 시작한다. 길 한가운데서 막대기처럼 뻣뻣하게 주저앉아 버린 채 얼굴이 새파랗게 질릴 때까지 고함지른다. 비록 분노가 처음에는 한 상황—강제로 붙잡혀 있는—에 대한 반응이지만 나중에는 다른 여러 상황에서도 나타난다. 즉, 아동들은 세수를 하라거나, 변기에 앉으라거나, 옷을 벗으라거나, 목욕을 하라는 등의 말을 들을 때에도 화를 내게 된다. 이와 같은 명령들은 그러한 상황과 신체적 구속 사이에 연합이 되기 때문에 분노를 일으키게 된다. 예를 들면, 옷을 벗으라는 말에 아동은 화를 내는데, 이는 이 명령이 처음에 강제로 붙잡혀 있던 상황과 연합되기 때문이다.

3) 사 랑

사랑이란 처음에는 피부를 쓰다듬거나, 간질이거나, 가볍게 흔들거나, 톡톡 건드림으로써 자동적으로 일어나는 반응이다. 이 때 아기는 미소짓거나, 소리내어 웃거나, 즐거운 소리를 내기도 하며, 우리가 보기에 다정하고 유순하며 상냥한 반응들을 한다. 비록 Watson이 Freud의 이론을 빌려온 것은 아니지만, 그런 반응들은 "특히 젖꼭지, 입술, 성기와 같은 소위 성감대라고 부를 수 있는 부위를 자극함으로써 유발하기 쉽다"는 것에 주목하였다.

유아는 처음에는 어떤 특정인에게 애정을 느끼지 않지만 곧 애정을 느끼도록 **조건형성**된다. 엄마의 얼굴은 흔히 아기 자신을 톡톡 건드려 주거나, 흔들어 주거나, 간지럽혀 주는 행동과 함께 나다나므로, 엄마의 얼굴은 그 자체로서 엄마에 대한 좋은 감정을 일으키는 조건자극이 되는 것이다. 후에는, 어떤 식으로긴 엄마와 연합된 사람들이면 모두 이와 같은 반응을 일으키게 된다. 그러므로 타인에 대한 부드럽거나 긍정적인 감정은 **2차 조건형성**을 통해 학습되어진다.

2. 공포 조건형성의 실험

사실, 정서에 관한 Watson의 대부분의 글들은 매우 사색적이었으며 게다가 비체계적인 사색이었다. 그의 말에 따르면 세 가지의 기본정서는 다른 여러 자극에도 연합되며, "이러한 반응들과 이것들의 변형들에 덧붙여진 것들이 많다"고 말하였다. 그러나 이 이후의 정서발달이 어떻게 발생하는지에 관해서는 거의 언급하지 않고 있다. Watson의 독특한 점은 그가 한 실험연구인데, 그의 중요 실험은 Albert라고 불리우는 11개월된 유아의 **공포 조건형성**에 대한 것이다.

Watson은 Albert가 흰 쥐에 대해 공포를 갖도록 **조건형성**시킬 수 있는지 알아보고자 했다. 실험의 시초에 Albert는 그러한 공포를 보이지 않았다. 그 후, 네 번에 걸쳐 쥐를 보여주면서 그와 동시에

Albert의 머리 뒤에서 막대기를 세게 두드려 놀라는 반응을 일으켰다. 다섯 번째 시행에서, Albert는 쥐만 보고도 얼굴을 찡그리고 울면서 움츠렸다. 즉, 그는 **쥐를 두려워하도록 조건형성**된 것이다. 보다 충분하게 하기 위해서 다시 두 번 더 쥐와 큰 소리를 함께 제시하고, 다음 시행에서는 쥐만 제시했더니 Albert는 울면서 되도록 빨리 먼 곳으로 기어가려고 애썼다.

며칠이 지난 후에 Watson은 **자극일반화**에 대해 조사했다. 그들은, Albert가 여러 사물들을 갖고 놀지만 털이 난 것은 모두 무서워하는 것을 발견했다. 즉, Albert는 토끼나 개, 털코트, 면화솜, 산타할아버지 가면 등을 볼 때마다 안달하면서 울었다. 그런데, 전에는 이러한 것들을 무서워해 본 적이 없었다. 따라서 Albert의 공포는 털이 있는 모든 대상에 일반화된 것이다.

제 14 장

Skinner의 조작적 조건형성이론

1. 조작적 행동

Watson과는 대조적으로 B. F. Skinner가 연구한 조건형성의 주요 모델은 Pavlov식 조건형성이 아니다. Skinner의 말에 의하면, Pavlov가 연구한 조건형성은 반응적 행동에 관한 것이다. 이러한 행동은 이미 알려진 자극에 의해 자동적으로 유발되는 반응이다. 예를 들면, 음식섭취는 자동적으로 타액분비를 유발하며, 큰 소리의 소음은 자동적으로 놀라는 반응을 유발한다. 대부분의 반응적 행동들은 대개 단순한 반응들이다.

Skinner가 가장 흥미를 느낀 두 번째 부류의 행동은 조작적 행동이라 불리운다. 조작적 행동에서는, Pavlov의 개처럼 동물을 우리 안에서 묶어 놓지 않고 자유롭게 움직이게 하여 환경에 대해 '조작을 하도록' 한다. 예를 들면, E. L. Thorndike가 행한 초기 실험에서 퍼즐 상자 안에 있는 고양이는 냄새를 맡거나 발톱으로 할켜 보고 높이 뛰기도 하다가 우연히 걸쇠를 당기는 반응을 하게 되며, 이로 인해 음식을 얻어 먹게 된다.

따라서 이러한 성공적인 반응은 다시 일어날 가능성이 커진다. 이러한 경우, 이 반응을 자동적으로 유발한 사전 자극을 언제나 찾아볼 수는 없다. 오히려 동물의 반응을 방출하고, 그 중 어떤 반응들은 유리한 결과를 가져오기 때문에 미래에도 일어날 가능성이 더 많아진다. Skinner의 용어로 말하면, 행동은 그 행동 뒤에 나타나는 강화자극에 의해 통제된다.

조작적 조건형성을 연구하기 위해서 Skinner는 '**Skinner 상자**'라 불리우는 장치를 만들었다. 이것은 작은 상자인데, 이 안에서 동물은 마음껏 돌아다닐 수 있도록 되어 있다. 한쪽 구석에는 지렛대가 있고, 이것을 누르면 자동적으로 먹이 조각이나 물이 나온다. 쥐와 같은 동물은 처음에는 이리저리 돌아다니다가 마침내 지렛대를 누르게 되고, 그럼으로써 보상을 받게 된다. 시간이 흐름에 따라 동물은 지렛대를 더 자주 누른다. Skinner에 의하면, 가장 중요한 학습의 척도는 반응률이다. 즉, **반응이 강화되면** 반응의 발생률은 증가한다. Skinner의 장치에서, 지렛대를 누르는 것은 자동적으로 그래프에 기록되므로 실험자가 장시간 동안 그 옆에 있을 필요가 없다. 그 자료는 학습곡선으로 나타나기 때문이다.

Skinner는 조작적 행동이 반응적 행동에 비해 인간생활에서 훨씬 더 중요한 역할을 한다고 믿고 있다. 이를 닦거나 차를 운전하거나 책을 읽을 때, 우리의 행동이 특정 자극에 의해 자동적으로 유발되는 것은 아니다. 예를 들어, 밝은 불빛이 자동적으로 눈을 깜박이게 하는 것과는 달리 책을 단지 쳐다보는 것만으로 독서반응이 유발되는 것은 아니다.

우리는 과거에 경험한 독서의 결과에 따라 책을 읽을 수도 있고,

읽지 않을 수도 있다. 만약 책을 읽음으로써 좋은 성적과 같은 보상을 받았다면, 우리는 그러한 행동을 할 가능성이 더 커진다. 즉, 행동은 그 행동의 결과에 의해 결정된다.

2. 조건형성의 원리

1) 강화와 소거의 원리

Skinner학파 학자들은 많은 실험을 통해, 유아기에서부터 시작하여 인간의 행동은 강화자극에 의해 통제될 수 있다는 것을 보여 주었다. 예를 들면, 유아들은 빨아서 달콤한 액체를 먹게 되면, 달콤하지 않은 액체를 빠는 것보다 빠는 반응을 증가시킨다. 이와 마찬가지로, 유아의 미소나 발성률도 그 행동에 대해 실험자가 미소를 짓거나, 토닥거려 준다거나, 주의를 기울여 주는 등의 보상과 관련시킴으로써 증가시킬 수 있다.

이와 같은 실험에서, 실험자는 여러 가지 다른 종류의 강화물들을 다루게 된다. 음식이나 고통제거 같은 강화물들은 **1차 강화물**이며, 이들은 '자연적인' 강화속성을 갖고 있다. 이와는 달리, 성인의 미소나 칭찬 또는 주의를 기울여 주는 것 같은 강화자극을 조건형성된 강화물이라 한다. 이들의 효과는 1차 강화물과의 빈번한 연합에 의해서 나타나는 것이다.

조작적 행동도 반응적 행동과 마찬가지로 소거되기 쉽다. 예를 들면, 아동들은 "단지 주의를 끌기 위해서" 어떤 짓들을 하기 때문에, 지나치게 울거나 격렬한 투정을 하는 것과 같은 바람직하지 않은 행동들은 그러한 일이 발생할 때마다 주의를 기울여 주지 않고 계속 내버려둠으로써 소거시킬 수 있다.

한편, 분명히 소거된 것처럼 보이는 조작적 행동도 자발적으로 회복을 보일 수 있다. 예를 들면, 주의를 기울여 주지 않음으로써 소거되었던 격렬한 투정은 새로운 상황에 놓여지게 되면 다시 또 나타나기 시작한다. 그러므로 이러한 행동은 더 소거되어져야 한다.

2) 즉시강화의 원리

강화의 즉각성은 Skinner는 반응에 대해서 즉시 강화해 줄 때 그 반응률이 가장 높아진다는 것을 발견하였다. 예를 들면, 쥐는 지렛대를 누르고 나서 그 즉시 먹이알을 받아 먹게 될 때에만 지렛대를 누르는 율이 높아진다. 이 원리는 아동양육에 있어서 중요한 것이다. 예를 들면, 만약 어떤 아버지가 그의 아들이 슬리퍼를 갖다 줄 때마다 즉시 기쁨을 표시하면 이 아이는 다음날도 그 행동을 반복할 것이다. 그러나, 만약 아버지가 무엇인가에 정신을 빼앗겨서 아들의 행동을 강화하는 것을 한동안 연기했다면, 이 아이의 행동은 증가되지 않을 것이다. 사실 강화되는 것은 강화받는 순간의 행동이다. 예를 들면, 만약 강화받는 순간에 아들이 벽돌을 쌓고 있었다면, 강화되는 것은 슬리퍼를 가져다 주는 행동이 아니라 벽돌을 쌓는 행동이다.

3) 변별자극의 원리

변별자극은 우리는 조작적 조건형성이, 반응을 일으키는 처음 자극을 염두에 두지 않고서도 설명될 수 있다고 말했다. 이것은 사실이지만, 그렇다고 하여 이와 같은 자극들이 중요하지 않다는 뜻은 아니다. 반응에 선행하는 자극은 그 반응에 대한 상당한 통제력을 가질 수도 있다.

예를 들면, Skinner는 비둘기가 목을 뻗칠 때마다 강화를 주었다.

이 때 Skinner는, 비둘기가 목을 뻗치도록 한 처음 자극에 대해 전혀 아는 바가 없었다. 그는 단지 비둘기가 그러한 반응을 방출하기를 기다려서 강화를 주었을 뿐이다. 그러나 다음에는, 신호불빛이 켜졌을 때만 그 반응에 대해 강화를 주었다. 몇 번 그렇게 한 후에, 비둘기는 불빛이 꺼졌을 때보다는 켜졌을 때 더 자주 목을 뻗쳤다. 즉, 불빛은 변별자극이 된 것이다. 불빛은 행동에 대한 강화가 주어지는 때를 나타내기 때문에 그 행동을 통제하게 된 것이다.

Skinner는 일상의 행동이 어떻게 **변별자극**과 결합되는지를 보여주는 많은 예를 들고 있다. 과수원의 경우, 빨갛게 익은 사과는 달고 그렇지 않은 다른 것들은 시다고 할 때, 빨간색은 따서 먹으면 바람직한 결과가 나온다는 것을 알려 주는 자극이 된다. 이와 마찬가지로 어떤 사람이 미소지었을 때 그에게 접근하면 긍정적인 반응을 얻게 되리라는 사실을 우리는 알게 된다. 찡그렸을 때 접근하면 거절과 같은 혐오적인 결과를 얻는다. 이것이 사실인 한, 타인의 얼굴표정은 우리가 그에게 접근할 가능성을 통제하는 변별자극이 된다.

비록 **변별자극**이 상당한 통제를 하긴 하지만, 이러한 통제가 반응적 조건형성에서처럼 자동적인 것은 아니다. Pavlov의 실험에서는, 먼저 주어진 자극이 반응을 자동적으로 유발한다. 그러나 **조작적 조건형성**에서는 그러한 자극은 반응이 일어날 가능성을 높게 할 뿐이다.

4) 일반화의 원리

반응적 조건형성에서처럼 **조작적 조건형성**에도 자극 일반화 과정이 있다. 아버지를 보면 '다다'라고 말하면 엄마나 형제를 보면 그러지 않도록 강화받은 어떤 영아가 있다고 하자. 여기서 아버지는 **변별자극**인 것이다. 그러나 이 영아가 길거리에서 만난 낯선 어른에게도 '다다'라고 말하는 것은 흔히 있을 수 있는 일이다. 즉, 자극이 일반화된 것이다. 이때 부모는 그 영아가 제대로 구별하도록 가르쳐야 한다. 부모는 이 영아가 아버지를 보고 '다다'라고 말하면 '옳지'라고 말해 주지만, 다른 어른을 보고 그럴 때는 그렇게 해 주지 않는다.

마찬가지로 반응 일반화도 볼 수 있다. 예를 들면, 말을 할 때 어떤 단어의 복수형을 사용하는 것에 대하여 강화받은 아동들은 강화받은 적이 없는 다른 단어의 복수형도 말하곤 한다. 즉, **강화**는 특정 반응뿐 아니라 동일한 일반적 부류의 다른 반응에도 영향을 미친다.

5) 행동조성의 원리

조작적 행동은 실무율(all or nothing)적으로 습득되어지는 것은 아니며, 보통 조금씩 점진적으로 학습된다. Skinner는 비둘기에게 벽면의 한 지점을 쪼도록 학습시키는 것도 **점진적으로 조성**(shaping)되어져야 한다는 것을 보여 주고 있다. 만약 우리가 비둘기를 상자에 넣고 그 지점을 쫄 때까지 기다린다면, 며칠 또는 몇 주일을 기다려야 될지도 모른다. 오랫동안 비둘기는 그 지점 근처에도 가지 않는다. 그러므로 우리는 비둘기의 행동을 조성해야 한다. 먼저, 비둘기가 그 지점을 향해 돌아설 때 먹이를 준다. 그러면 이 행동의 빈도가 증가한다. 다음에는 그 방향으로 약간 움직일 때까지 먹이 주는 것을 보류한다. 이렇게 하여 비둘기가 벽면 앞에 다가갈 때까지 계속 강화해 준다. 이렇게 되었을 때 우리는 비둘기의 머리 움직임을 강화할 수 있게 되는데, 처음에는 앞으로 움직이기만 해도 먹이를 주다가 결국에 가서는 실제로 그 지점을 쪼았을 때만 강화된다. 이러한 과정을 통하여 우리는 점차 원하는 반응을 조성한다. 조성은 또한 '**점진적 접근법**'(method of approximations)이라고도 일컫는데, 이는 원하는 반응에 점점 더 접근할 때마다 강화가 주어지기 때문이다.

우리는 이와 같은 점진적 조성과정으로 여러 가지 기술을 가르친다. 예를 들면, 한 소년에게 야구 방망이를 휘두르는 것을 가르칠 때, 그가 방망이의 손잡이를 올바르게 쥐면 '좋아'라고 말해 준다. 그 다음에는 방망이를 어깨 위의 올바른 위치로 들었을 때 '옳지'라고 말해 준다. 그리고 나서 발자세, 수평으로 휘두르기 등으로 옮겨가면서 점차적으로 완전한 행동을 조성한다.

6) 강화계획의 원리

Skinner는 우리의 일상 행동이 매번 연속적으로 강화되는 경우는 드물고, 대신 **간헐적**(intermittently)으로 강화된다는 것을 관찰했다. 우리는 스키를 타러 갈 때마다 항상 스키 타기에 좋은 눈을 발견하는 것은 아니며, 파티에 갈 때마다 항상 재미있는 것도 아니다. 따라서 Skinner는 여러 가지의 간헐적 강화계획의 효과에 대해 연구했다.

간헐적 강화가 **고정간격**(fixed interval) 계획에 의해 주어질 경우, 유기체는 특정한 시간이 지난 후의 첫 반응에 대해 강화를 받는다. 예를 들면, 비둘기는 원판을 쫀 후에 먹이를 받으나, 그 다음에 쪼는 행동이 강화를 받으려면 3분을 기다려야 하며, 그 다음에 또다시 3분을 기다려야 하는 과정이 계속된다. 이 계획하에서 반응률은 대체로 낮다. 높은 반응률은 **고정비율**(fixed ratio) 계획 때 얻어지는데, 예를 들어 비둘기는 항상 5번씩의 쪼는 반응 후에야 먹이를 받게 된다. 그러나 이 두 가지 계획 모두에서, 반응은 강화 후에 잠시 뜸해진다. 이것은 마치 비둘기가 다음 강화까지는 아직 멀었다는 것을 알고 있는 것 같아 보인다. 학생들은 흔히 학기말 리포트를 완전히 쓴 직후에 이런 효과를 경험하게 되는데, 이 때는 또다른 숙제를 시작하는 일이 힘들게 된다.

고정계획에 의해 반응이 뜸해지는 것은 강화를 예상할 수 없는 방식으로 변동시키면 파악할 수 있다. **변동간격**(variable interval) 계획하에서는, 평균적으로 볼 때는 일정 시간 후에 강화가 주어지는 것이지만 그 간격은 여러 가지의 간격으로 되어 있어 일정하지 않다. **변동비율**(variable ratio) 계획하에서는 보상을 받기에 필요한 반응의 수를 변동시킨다. 이 두 계획을 적용하면, 유기체는 계속적으로 높은 반응률을 보이는데, 특히 변동비율 계획하에서 그렇다. 보상이 언제 주어질지 모르기 때문에 유기체는 계속적으로 반응하게 된다.

Skinner의 가장 중요한 발견들 중의 하나는, 연속적으로 강화된 행동에 비해 **간헐적으로 강화**된 행동이 더 **소거**되기 힘들다는 사실이다. 이것은 많은 아동들의 좋지 않은 행동이 왜 제거되기 어려운가에 대한 이유이기도 하다. 예를 들어, 우리는 아동이 칭얼대며 조르는 행동을 항상 묵살할 수 있을는지는 모르나, 만약 가끔 한 번씩 들어주게 되면 이 아이는 계속 그런 행동을 유지하게 된다.

만약 **바람직한 행동**을 가르치고자 한다면, 처음에는 연속적인 강화를 주는 것으로 시작하는 것이 가장 효과적이다. 이러한 방식이 행동을 처음 시작하게 하는 데 가장 효과적이기 때문이다. 그러나, 그 행동을 또한 오래 지속시키고 싶다면, 어떤 시점에서부터는 간헐적 강화계획으로 바꾸어야 한다.

7) 벌의 원리

지금까지 우리는 **정적**(正的, positive) **강화**(음식이나, 주의를 기울여 주는 것, 칭찬과 같은)를 통하여 행동을 통제하는 방식에 관해 논의해 왔다. 그러나, **부적**(負的) **강화**(negative reinforcement)나 또는 벌(punishment)을 통해서도 행동을 통제할 수 있다. 기법상으로 볼 때, 부적 강화와 벌은 다른 것이다. 부적 강화란 **혐오자극**을 제거하는 것을 말한다. 이러한 방식으로 인해 기본적으로 강화되는 것은 혐오자극으로부터 도피하려는 경향인데, 이러한 예는 물 속에 뛰어들므로써 친구들로부터의 조롱을 피하는 것을 학습하게 되는 소녀에게서 볼 수 있다.

다른 한편, 벌을 줄 때는 그 행동을 강화하려는 것이 아니라 제거하려는 것이다. Skinner의 생각에 따르면, 벌은 "현대 생활에서 가장 보편적인 통제 기법이다. 이러한 유형은 잘 알려져 있다. 만약 어떤 사람이 당신이 원하는 대로 행동하지 않으면, 때려 눕혀라. 아기가 못된 짓을 하면, 두들겨 주어라. 어떤 나라의 국민이 못된 짓을 하면, 폭격해 버려라."

그러나 벌이 항상 효과적으로 작용하는 것은 아니다. 초기 실험에서 Skinner는 쥐가 지렛대를 누를 때마다 벌을 주었더니(지렛대가 뒤로 넘어갔다가 쥐의 다리를 세게 때리도록 하였다), 그 반응이 단지 일시적으로 억제된다는 사실을 발견했다. 결국, 벌은 소거보다 결코 반응을 더 빨리 제거하지 못한다. 이러한 발견은 일상생활에서도 마찬가지다. 부모가 아이를 때리면 한 동안은 잘하지만, 그 아이의 못된 행동은 후에 다시금 나타난다.

Skinner는 벌주는 것을 반대하는데, 벌이 원치 않는 부작용을 유발하기 때문이다. 예를 들면, 학교에서 꾸지람을 들은 아이는 곧 자신을 억제하거나 갈등을 겪는 것처럼 보인다. 아이는 두려운 결과 때문에 공부하는 것과 공부를 피하려는 것 사이에서 갈피를 못 잡는다. 이 아이는 공부를 시작했다가는 그만 두거나, 마음이 산란해지고, 서투른 행동을 하게 될지도 모른다.

Skinner는, 아동들을 벌주는 대신에 소거시키려고 노력하는 것이 좋다고 권고한다. "만약 어떤 아동의 행동이 단지 부모를 화나게 함으로써 강화되어 왔다면, 이제 부모가 더 이상 화를 내지 않고 그대로 내버려두면 그 행동은 사라질 것이다."

제 15 장

Bandura의 사회학습이론

1. 관찰학습

1) 관찰학습과 모델링

Skinner이론에서 보면, 학습은 흔히 유기체를 배우기 위해서는 행동해야만 하는 점진적인 과정으로 보인다. 유기체는 반응을 방출하며 이 반응은 점차로 그 반응의 결과에 의해 조성되어진다. 그러나 A. Bandura는 사회적 상황 속에 있는 사람들은 단순히 다른 사람들의 행동을 관찰함으로써 훨씬 더 빨리 학습한다고 주장한다. 예를 들면, 아동들이 새 노래를 배우거나 그들의 부모를 흉내낸 소꿉놀이를 할 때, 이들은 종종 새로운 행동의 긴 계열을 즉각적으로 재현한다. 그들은 단지 관찰만으로 새로운 행동의 큰 부분들을 순식간에 획득하는 것처럼 보인다.

관찰은 또한 새로운 행동이 가져올 가능한 결과도 알려 준다. 즉, 우리는 다른 사람들이 새로운 행동을 시도할 때 어떤 결과가 나타나는지를 보게 된다. Bandura는 이러한 과정을 대리적 강화라고 부른다. 대리적 강화 역시 하나의 인지적 과정이다. 우리는 자신이 어떤 직접적인 행동을 하지 않고도 우리 자신의 행동의 결과에 대해 예상할 수 있다.

우리는 많은 종류의 모델을 통하여—살아있는 모델뿐 아니라 텔레비전을 보면, 책에서 읽는 것과 같은 상징적 모델을 통하여—학습한다. 상징적 모델의 또다른 형태는 언어적 지시인데, 예를 들어 운전교습소에서 강사가 우리에게 운전하는 행동을 묘사할 때와 같은 경우이다. 이런 경우, 우리는 강사의 시범과 더불어 언어적 묘사에 의해 알아야 할 대부분의 것들을 배운다. 이것은 참 다행스러운 일이다. 왜냐하면, 만일 전적으로 우리 자신의 행동에 의해서만 운전을 배워야 한다면 우리들 중 살아남는 사람은 거의 없을 것이기 때문이다.

2) 관찰학습의 4부분 모형

(1) 주의과정

무엇보다 먼저, 모델에 주의를 기울이지 않는다면 모델을 모방할 수 없다. 모델들은 특색이 있으며, 성공이나 명성, 세력, 그리고 다른 매력적인 특성들을 갖추고 있기 때문에 흔히 우리의 주의를 끈다. 특히 텔레비전은 매력 있는 특성들을 갖춘 모델을 성공적으로 제시하여 우리의 생활에 지대한 영향을 준다.

주의는 또한 관찰자의 욕구와 흥미 같은 심리적 특성들에 의해 좌우된다. 그러나 이러한 변인에 대해서는 별로 알려진 것이 없다.

(2) 파지과정

흔히는 모델을 관찰한 후 어느 정도의 시간이 지난 다음에 그 모델을 모방하기 때문에, 모델의 행동을 상징적인 형태로 기억하는 어떤 방식을 가져야만 한다. Bandura는 이러한 상징적 과정을 자극연합(stimulus contigency)—동시에 발생하는 자극들 사이의 연합—이라는 용어로 설명했다. 예를 들면, 한 남자가 새로운 도구인 드릴을 사용하고 있다고 가정해 보자. 우리는 그가 어떻게 끝을 조이고 어떻게 꽂는지 등을 볼 수 있다. 이런 과정이 지난 후에는, 단지 드릴만을 보고도, 연합된 많은 이미지가 떠오르게 되며 이러한 것들이 우리의 행동을 이끈다.

위의 예에서, 자극들은 모두 시각적이다. 그러나 Bandura의 말에 의하면, 우리는 보통 이러한 자극들을 언어적 부호와 연합시킴으로써 사상들을 기억한다고 한다.

5세 정도나 그 이하의 어린 아동들은, 아직 단어로 사고하는 데에 익숙치 못하므로 아마도 시각적 영상에 매우 많이 의존해야 할 것이다. 이 점이 그들의 모방능력을 제한시킨다. 따라서 이들에게 언어적 부호를 사용하도록 가르침으로써—그들이 모델을 보고 있는 동안에 모델의 행동을 언어적으로 묘사하도록 요구함으로써—모방을 증진시킬 수 있다. 그러나 이와 같은 지시가 나이가 더 든 아동들—소리를 내지 않고도 자발적으로 언어적 부호화를 할 수 있는 아동들에게도 도움이 될는지는 분명하지 않다.

언어적 부호화는 언어적 암송과는 구별된다. 암송은 되풀이하여 행동을 묘사하는 것을 포함하는데, 이렇게 함으로써 후에 그 행동을 더 잘 기억할 수 있게 된다. 암송 기법은 대부분의 사람들에게 회상을 증진시켜 주는 것으로 보인다.

(3) 운동재생 과정

행동을 정확하게 재생(reproduction)하려면, 필요한 운동기술을 갖추어야만 한다. 예를 들면, 한 소년이 아버지가 톱을 사용하는 것을 지켜볼 수는 있으나, 신체의 힘과 민첩성이 부족하기 때문에 제대로 모방할 수가 없다. 관찰을 통해서는 단지 새로운 반응패턴(예, 어떻게 나무를 올려 세우고, 어디에 톱을 대는지 등)은 알 수 있게 되지만 새로운 신체적 능력(예, 힘으로 나무를 자르는 것)을 얻지는 못한다. 이러한 신체적 능력에는 신체적 성장과 연습이 있어야 한다.

Bandura는 그 이전의 인지학습 이론가들처럼 **새로운 반응의 획득**과 **수행**을 구별하였다. 사람의 하나의 모델을 관찰하여 새로운 지식을 획득할 수는 있으나, 그 반응들을 수행할 수도 있고 혹은 수행하지 않을 수도 있다. 예를 들면, 한 소년이 이웃 사람이 어떤 비속한 말을 사용하는 것을 듣고서, 그러한 새로운 단어들을 배울 수는 있으나 그 단어들을 재생하지는 않을 수도 있다.

수행은 강화와 동기적 변인들에 의해 좌우된다. 즉, 보상을 얻게 될 것 같으면 우리는 실제로 타인을 모방할 것이다. 부분적으로는 과거에 받은 직접적인 강화도 중요하다. 위의 예에서, 만일 그 소년이 가거에 욕설을 하는 것에 대해 존경과 찬사를 받은 적이 있다면, 그는 그 이웃 사람을 모방하려 할 것이다. 반면에, 그러한 행동에 대해 벌을 받았다면, 그 이웃 사람을 모방하는 것을 주저할 것이다.

수행은 또한 대리적 **강화**—우리가 우리 자신의 행동에 대해 내리는 평가—에 의해서도 어느 정도 좌우된다.

(4) 강 화

모델을 성공적으로 모방하기 위해서는, ① 모델에 주의를 기울여야 하고, ② 본 것을 상징적인 형태로 저장하는 어떤 방식을 갖추어야 하며, ③ 그 행동을 재생하기 위해 필요한 운동기술을 갖추어야 한다. 이러한 조건들이 갖추어지면, 모델을 어떻게 모방하는지를 알게 될 것이다. 그러나 아직 모방하지 않을 수도 있다. 실제의 수행은, ④ 강화 기능성에 좌우되는데, 그 중의 많은 부분이 대리적 강화이다.

사실, 이 네 자기 요소가 완전히 분리된 것은 아니다. 특히 강화 과정은 주의를 기울이는데 영향을 준다. 예를 들면, 우리는 흔히 강력하고 유능하며 권위 있는 모델에게 주의를 기울인다. 왜냐하면, 열등한 모델보다는 그러한 모델을 모방하는 것이 보다 긍정적인 결과를 가져 온다.

2. 사회화 과정

1) 공격성

앞서 언급한 Bandura의 **4부분 모형**(4part model)은 **모방학습**에 대한 정교한 분석을 제공한다. Bandura의 주요 관심은 **사회화 과정**—사회가 그 구성원들을 사회적으로 용인되는 방식으로 행동하도록 유도하는 과정—에 있다.

Bandura는, 다른 행동뿐 아니라 공격성의 사회화도 부분적으로는 조건적 조건형성의 문제라고 믿는다. 예를 들면, 부모나 다른 사회화 주관자는 아동이 사회적으로 적합한 방식(예, 게임이나 사냥에서)으로 공격성을 표한할 때는 보상을 주고, 사회적으로 용인될 수 없는 방식(예, 나이 어린 아이를 때릴 때)으로 공격성을 표현할 때는 벌을 준다.

그러나 사회화 주관자는 또한 다양한 종류의 모델을 제시함으로써 아동들에게 많은 것을 가르치기도 한다. 아동들은 공격적인 모델을 관찰하고, 그 모델이 언제 강화받는지를 주시하며, 이에 따라서 모방한다. Bandura는 몇 가지 실험에서 이러한 과정을 조사해 왔으며, 이 실험들 중의 하나는 현재 하나의 고전으로서 간주되고 있다.

이 연구에서, Bandura는 4세된 아동들에게 각각 한 남자 모델이 약간 새로운 공격적 행동을 하고 있는 영화를 보여 주었다. 이 모델은 Bobo인형을 넘어뜨리고, 그 위에 타고 앉아 "코 한방 먹어라, 퍽!" "누워 있어!" 등과 같이 소리치며 주먹질을 하였다. 각 아동은 세 조건 중의 하나에 배정되었는데, 이 조건들은 각 아동이 똑같은 영화를 보게 되지만 마지막 부분이 다르게 끝나는 것들이었다.

공격성 – 보상 조건에서는, 영화 끝장면에 가서 모델이 칭찬을 받고 선물도 받았다. 즉, 다른 어른이 나타나 모델을 '강한 챔피언'이라 불렀고 그에게 초콜릿과 음료수 등을 주었다.

공격성 – 벌 조건에서는, 모델을 '깡패'라고 욕하고 때려 주어 겁을 먹도록 하였다.

세 번째의 **아무 결과도 없는 조건**에서는, 모델의 공격적 행동에 대하여 상이나 벌 중 아무것도 주지 않았다.

영화가 끝난 후에, 각 아동은 즉시 Bobo인형과 다른 장난감들이 있는 방으로 안내되었다. 실험자는 일방경을 통하여 아동이 얼마나 자주 모델이 했던 공격적인 행동을 모방하는지 관찰하였다.

그 결과는, 모델이 벌받는 것을 본 아동들은 다른 두 집단의 아동보다 훨씬 덜 모방하였다는 것을 보여주었다. 이렇듯 대리적 벌은 공격적인 반응의 모방을 감소시켰다. 공격성 보상 집단과 아무 결과도 없는 집단간에는 차이가 없었다. 이러한 결과는 공격성과 같이 전형적으로 금지되는 행동에 있어서 자주 발견된다. "이번에는 나쁜 결과가 나오지 않았다"는 것을 관찰하게 되면, 이는 대리적 보상만큼이나 쉽게 모방을 촉진시킨다.

이 실험에는 또한 첫번 실험과 똑같이 중요한 두 번째 부분이 있다. 실험자는 아동이 있는 방에 들어가서, 각 아동에게 영화에서 본 것을 추가해서 재현한다면 주스와 예쁜 그림딱지를 주겠다고 말했다. 이러한 유인물은 완전히 세 집단간의 차이를 없애버렸다. 모든 아동들은—모델이 벌받는 것을 본 아동들을 포함하여—똑같은 정도로 모델을 모방했다. 따라서 대리적 벌은 단지 새로운 반응의 수행을 방해했을 따름이지 그 획득을 방해한 것은 아니다. 공격성 – 벌 조건에 있던 아동들은 새로운 반응들을 학습하였으나, 새로운 유인물이 도입될 때까지는 그 반응들을 재생하려 하지 않았다.

위의 실험에서는 아동들이 새로이 획득한 반응을 수행한 것이지만, 모델들은 또한 이전에 학습한 같은 유목의 행동을 수행하는 데에도 영향을 줄 수 있다. 예를 들어, 한 소년이 폭력 영화를 본 다음 여동생에게 거칠게 행동했다고 하자. 그는 화면에서 본 행동을 실제로 모방한 것은 아니지만, 모델이 하는 것을 보고 이전에 학습한 그와 같은 종류의 행동을 해도 괜찮다고 생각한 것이다. 이런 경우, 그 행동은 **탈억제**(disinbibited)되었다고 말한다. 모델은 또한 이전에 학습한 행동을 억제시킬 수도 있는데, 이를테면, 교실에서 벌받는 어떤 소년을 본 소녀는 어떤 나쁜 일을 하고자 하는 자신의 충동을 억누르게 될 것이다.

2) 성역할

사회화되는 동안, 아동들은 자신의 성에 적합한 방식으로 행동하는 것을 배운다. 사회는 소년들에게는 '남성적' 특질을, 소녀들에게는 '여성적' 특질을 발달시키도록 격려한다.

물론 **사회학습**이론가들이 성 특질(sex traits)이 부분적으로는 유전적으로 연결되어 있을 수도 있다는 가능성을 부정하지는 않지만, 그들은 더 많은 것이 특히 **사회화 과정**과 **모방의 역할**에 관한 연구로부터 얻어질 것으로 믿는다.

성 역할의 학습에 있어서, 획득과 수행 사이의 구별은 특히 중요하다. 아동들은 관찰을 통하여 흔히 두 성에 관계된 행동을 모두 학습한다. 그러나 보통 그들 자신의 성에 적합한 행동만을 수행하는데, 왜냐하면 그렇게 하도록 강화를 받아왔기 때문이다. 예를 들어, 에스키모 소년들과 소녀들은 그렇지 않은 데 비해 사냥을 하고 눈집을 짓는 것에 대해 어떻게 격려를 받는가를 말해 준다. 따라서 소년들만이 통상 이러한 활동에 참여한다. 그럼에도 불구하고, 소녀들은 소년들이 하는 것을 지켜보다가 비상시에는 소년들만큼 잘 하지는 못하지만 그와 동일한 기술을 수행할 수 있다. 소녀들은 그러한 기술을 연습해 보지 않았기 때문에 소년들만큼 잘 숙련되어 있지는 않지만, 단지 관찰만을 통해서도 그 기술들을 습득한다.

따라서, 사회적 강화는 소년 · 소녀들이 관찰한 것을 제한하는 것이 아니고 단지 그들이 실행하는 기술의 범위를 제한할 뿐이다. 그러나 얼마 후에 아동들은 이성 모델에 대한 주의깊은 관찰을 멈추게 된다. 예를 들어, 한 소년이 다음과 같이 말하는 것과 같다. "내가 남자애들이 하는 일을 할 때만 사람들이 즐거워하는 것 같다. 그래서 나는 남자애들이 하는 일에만 더 세심한 주의를 기울이려 한다." 이와 같이 사회적 강화는 심지어 관찰 과정 그 자체까지도 영향을 줄 수 있다. 이러한 가능성에 대한 지지는, 아동들이 특정 모델을 모방한 것에 대해 보상을 받을 때 그들은 그 모델의 후속 행동을 더 잘 기억한다는 것을 보여주는 실험으로부터 나왔다.

3) 자기강화

사람들은 사회화됨에 따라 외적인 보상과 벌에 덜 의존하고 자기 규제의 패턴을 확립하게 된다. 즉, 그들 자신의 내적 기준들을 설정하고 거기에 따라 자기 스스로에게 보상과 벌을 준다. 예를 들어, 어떤 여성은 다른 사람들은 허물이라고 생각지도 않는 것을 자신은 도덕적인 허물이라고 스스로 비판한다. 그녀는 자신의 행동이 자신의 기준에 어긋났기 때문에 스스로 처벌하는 것이다.

Bandura는 사람들이 성공과 성취를 위하여 노력할 때, 자신들의 수행에 대해 어떻게 강화해 주는가에 가장 관심이 있었다. 어떤 사람들은 너무 높은 성취 목표를 세우고 그에 도달할 때에만 스스로에게 보상을 준다. 예를 들어, 어떤 예술가는 다른 사람들이 결코 발견하지 못한 흠은 스스로 수정하고 난 후에야 비로소 자신의 작품을 인정하게 되는 반면, 다른 사람들은 덜 완전한 작품에 만족하기도 한다.

어떻게 자기 평가적 기준이 획득되는가? 부분적으로, 이러한 기준은 직접적인 보상과 벌의 산물이라고 Bandura는 믿고 있다. 예를 들어, 부모들이 딸의 점수가 높을 때에만 인정해 주면, 얼마 후에는 그녀도 이 같이 높은 기준을 자기 평가적 기준으로 채택하게 된다.

그러나, Bandura의 초점은 다시 한번 모델의 영향으로 모아지는데, 그는 주요 실험에서 이러한 영향에 대해 증명했다. 기본적으로 그 실험의 설계는 다음과 같다. 7~9세 아동들에게 한 모델이 볼링게임을 하는 것을 보여 주었다. 첫 번째 조건에서, 그 모델은 높은 점수를 얻을 때에만, "나는 이렇게 높은 점수에 대해서만 M&M(과자의 한 종류)을 받을 가치가 있어"라고 말하면서 사탕을 가짐으로써 자신은 보상했다. 점수가 높지 않으면, "그 정도로는 M&M을 받을 가치가 없어"와 같은 자기 비판적인 말을 했다. 두 번째 조건에서의 모델은 자기 보상에 대한 기준을 보다 낮게 잡았다. 또한 어떠한 모델도 보지 못한 아동들로 이루어진 통제집단도 있었다.

주요 결과로는, 모델을 관찰한 후에 혼자 게임을 할 때, 아동들은 그들에게 노출되었던 모델의 자기보상 패턴을 그대로 채택한다는 것이었다. 어떠한 모델도 보지 못한 통제집단 아동들은 어떤 일관성 있는 기준을 채택하지 않았다. 즉, 그들은 적당하다고 느낄 때마다 보상을 했다. 이렇듯, 모델들은 아동들의 자기 평가적 행동에 명백한 영향을 끼친다. 후속 연구는 그 내용이 다소 복잡하기는 하지만, 이러한 일반적인 결과와 마찬가지였다.

4) 친사회적 행동

근래에 이르러 기부, 도움, 협동, 이타성 등과 같은 친사회적 행동의 본질과 그 근원에 관해 상당히 관심이 커지고 있다. 사회학습이론가들은 적당한 모델에의 노출에 의해 친사회적 행동이 쉽게 영향을 받을 수 있다는 것을 보여줌으로써 이 분야에서 선구적 역할을 해 왔다.

전형적인 연구에서, 7～11세 아동들에게 한 성인 모델이 볼링게임을 하고서 자신이 받은 상금 중 얼마를 '불우아동기금'에 기부하는 것을 보여 주었다. 그 후 아동들도 혼자 이 게임을 하고서는, 이타적인 모델을 보지 못한 통제집단보다 훨씬 더 많은 기부를 했다. 게다가 그러한 모델을 관찰한 아동들은 두 달이 지난 뒤, 전과 다른 실험자와 함께 전과는 다른 방에 있을 때조차도 더 많은 기부를 했다. 분명히 관대한 모델에의 비교적 짧은 노출 조차도 아동들의 회사행동에 상당히 영속적인 영향을 준다.

수많은 실험에서, 모델이 아동들의 기부행동 뿐만 아니라 어려움 속에 있는 사람을 돕는 봉사행동, 협동심 그리고 다른 사람들의 감정에 대한 그들의 관심 등에도 영향을 준다는 것을 보여 주었다. 이 영역에서의 실험적 발견은, 부모의 행동이 또한 그 자녀들의 이타성과 연결된다는 결과를 얻는 보다 자연상태에서의 연구에 의해서도 지지되는 것 같다.

제 16 장

Bronfenbrenner의 생태학적 발달이론

1. 생태학적 접근의 개념과 특징

1) 생태학적 접근의 개념

생태학적 접근(ecological approach)은 가족, 지역사회, 문화 등 인간을 둘러싼 생태 환경체계와 개인 유기체간의 관계를 설명하는 데 목적을 둔다. 원래 생태학은 생물학적 유기체와 그 유기체가 속한 사회·물리적 환경과의 상호의존적인 복합관계 체계에 관심을 두는 학문영역이다. 유기체와 외적 환경과의 상호작용 개념은 생태학 이론의 핵심이며 인간 행동의 동기를 설명해 주는 강력한 패러다임을 제시한다. 발달은 전생애를 통해 유기체가 환경과의 상호작용을 통해서 이루어진다는 점을 강조한다.

2) 생태학적 접근의 특징

생태학적 접근은 맥락중심적인 관점을 대표하는 접근방법이다. 즉, 맥락중심적 접근(context-based approach)은 개인의 심리적 발달을 포괄적인 환경과의 상호작용에 의해 설명하고 있다. 이 접근은 심리적 갈등의 근원을 생물학적 요인에서 찾고 있는 정신역동적인 관점과 환경적인 요인에서 찾고 있는 행동주의적 관점 양자의 한계를 극복하고, 개인을 보다 전체적이고 통합적인 관점에서 이해하고 있다.

2. 환경체계의 영향

U. Bronfenbrenner는 미시체계, 중간체계, 외체계, 거시체계, 그리고 시간체계의 다섯 가지 환경체계가 상호의존적이고 역동적인 구조를 형성하여 유기체의 생태적 환경을 구성한다고 본다. 이 체계들은 가족 내의 부모-자녀 상호작용과 같은 개인의 직접적인 환경에서부터 학교, 법률, 정부기관, 혹은 문화와 같이 좀더 거시적인 형태에 이르기까지 다양하다. 이러한 구조적인 체계들은 상호작용하여 서로 영향을 미치며, 개인이 성장 발달함에 따라 이 구조들의 상호관계 및 패턴 및 개인에게 미치는 영향력은 달라진다.

1) 미시체계

미시체계(microsystem)는 아동이 경험하는 친밀하고 직접적인 사회적 · 물리적 환경을 의미하며, 특정한 면대면 장면에서 경험하는 활동, 역할, 대인관계 패턴을 형성한다. 가정, 학교, 또래집단, 이웃, 운동팀, 수련캠프, 교회 등과 같은 환경은 그 안에서 청소년이 일차적이고 친숙한 대인관계를 형성할 수 있는 미시체계들이다. 청소년은 미시체계 내에서 장기간에 걸친 규칙적인 대인 상호작용을 통해 다양한 역할과 기능을 습득함으로써 자아정체감을 발달시킨다.

생체학적인 관점에서 볼 때, 미시체계는 고정된 실체가 아니라 지속적으로 변화하는 구조이다. 즉, 청소년 개인의 성장과 발달, 청소년이 접촉하는 사람들의 성장과 발달, 물리적 환경의 변화 등이 상호작용함으로 인해 개인이 지각하는 미시체계는 매 순간 변화한다. 발달주기를 거치는 가운데 청소년은 다양하고 복합적인 미시체계에 속하게 된다. 청소년 초기에는 가정에 비해 상대직으로 또래집단 미시체계가 더 중요하게 인식되겠지만, 청소년 후기에는 가정이나 동성의 또래집단보다 이성친구 미시체계의 중요성이 부각되는 경향이 있다.

일반적으로 청소년기의 또래 미시체계는 아동발달에 미치는 영향력이 절대적이다. 또래집단은 지위, 우정, 인기, 소속감 등 청소년이 중요하다고 생각하는 사회적 보상을 제공한다. 그러나, 또래체계는 절도, 흡연, 음주, 약물사용, 패싸움 등을 유도하는 역기능적인 측면을 동시에 지닌다. 그 동안 청소년을 비롯한 인간 행동에 영향을 미치는 환경적 요인에 관한 연구들은 주로 이러한 미시체계 요인들에 관한 것들이 대부분이었다.

2) 중간체계

중간체계(mesosystem)는 다양한 미시체계들의 상호작용으로 구성된다. 아동이 갖는 가정에서의 경험, 학교에서의 경험, 또래집단에서의 경험 등과 같은 미시체계들간의 관계성 혹은 맥락간의 연결을 의미한다. 생태학적 모형에 의하면, 개인의 역할변화는 시간 및 맥락 변화에 따른 것으로 이해된다. 미시체계 내에서 아동이 지니는 사회적 역할은 그 개인의 행동, 대인관계 패턴, 사고, 감정 등을 규정한다. 아동은 각 미시체계 내에서 자녀, 학생, 자원봉사자 등의 다양한 역할을 동시에 수행한다. 따라서 청소년 아동발달을 보다 잘 이해하기 위해서는 가정, 지역사회, 학교 등 미시체계들간의 맥락 내에서 아동의 행동을 관찰하는 것이 무엇보다 중요할 것이다.

중간체계 내에 있는 미시체계들 간에 상충된 가치들이 존재할 때 아동은 갈등상태에 놓이게 된다. 일반적으로 부모는 또래집단의 가치, 태도, 행동 등에 대해 적극적인 지지를 보내는 경우가 드물다. 더욱이 아동이 절도, 흡연, 패싸움 등의 일탈행동을 지지하는 또래집단에 속해 있으면서 동시에 그러한 비행행동을 저지하는 가족에 속해 있다면 아동을 둘러싼 중간체계 내에 긴장이 유발된다. 어느 미시체계의 가치를 수용할 것인지 혼란스러운 가운데 아동은 외현적으로 두 체계의 가치를 모두 수용하는 것처럼 행동하면서 내적인 갈등상태를 유지하든지 혹은 어느 한 체계의 가치만을 수용함으로써 내적 긴장상태로부터 벗어나고자 한다. 특히 아동기의 또래집단이 지니는 영향력에 비추어 볼 때, 부모 보다 또래집단의 가치를 선택할 가능성이 높다.

만약 아동이 중간체계 전체가 일탈행동을 지지하는 가치를 지니고 있을 경우 상황은 더욱 심각하다. 반사회적인 가치를 조장하는 가정환경과 폭력적인 또래집단에 속해 있는 아동의 경우 지역사회의 이웃들과 갈등을 일으키게 되면 상위체계인 외체계로부터 제재를 받는 결과를 초래한다.

3) 외체계

외체계(exosystem)는 정치적 · 경제적 · 사회적 의사결정 기구와 같이 보다 큰 환경맥락을 의미한다. 개인이 속해 있는 체계도 있지만 직접적으로 관련되지 않은 체계도 있다. 아동 발달에 가장 큰 영향을 미치는 외체계는 부모의 직장, 부모의 친구집단, 이웃공동체 등이다. 그 이외에도 대중매체, 파출소, 동사무소, 지방교통체계, 종교기관, 시민단체, 학교운영위원회 등이 외체계에 포함될 수 있다. 비록 아동은 이러한 외체계의 의사결정 과정에 직접적으로 참여하지는 않지만, 외체계 내에서 결정된 사항들은 중간체계와 미시체계를 통해 직접적으로 혹은 간접적으로 아동의 생활에 영향을 미친다.

부모의 직업유무, 직업환경, 직장 내 직위 등의 변인들은 가정의 심리적 환경과 더불어 사회성 발달 및 학교 적응행동에 영향을 미친다. 대중매체의 선정성과 폭력성이 아동의 집단문화를 형성하는 데 뿐만 아니라 아동 개개인의 성격형성에 직접적인 영향을 미친다는 것은 그 동안 많은 연구결과를 통해 지지를 받고 있다. 또한 대중매체는 가족성원들간의 상호작용 형태를 변화시킴으로써 아동발달에 간접적인 영향을 미치는 외체계로 작용한다.

4) 거시체계

거시체계(macrosystem)는 미시체계, 중간체계, 및 외체계에 비해 청소년 개인의 생활에 미치는 직접적인 영향력이 약하다고 볼 수 있다. 그러나, 거시체계는 미시체계, 중간체계, 외체계를 모두 포함하는 광범위한 생태환경으로 아동의 가치관, 생활양식, 자원 등에 간접적으로 영향을 미친다. 거시체계는 문화적, 사회적, 법률적, 종교적, 경제적, 교육적 가치와 공공정책의 핵심을 구성하며 거시체계의 가치는 아동의 신념과 구체적인 행동에 직접・간접적으로 영향을 미친다.

5) 시간체계

시간체계(chronosystem)는 전 생애에 걸쳐 일어나는 성장발달과

변화 및 물리적 · 심리적 환경의 변화가 역사성을 지니며 상호작용한다는 것을 의미한다. 즉, 동일한 현상이라 할지라도 시간에 따라 그 현상에 대해 개인이 가지는 의미와 해석이 달라지며 그 현상이 개인에게 미치는 영향력 또한 변화한다. 오늘날 정보사회에 있어서 아동들은 사회 문화적으로 개방된 시대에 살고 있으며 대중매체를 통해 새롭게 전달되는 지식과 정보로 인해 아동들이 폭력문제, 유행 및 복장양식, 스포츠, 연예프로그램 그리고 과외공부 문제 등에 대해 가지는 가치와 행동규범은 아동발달에 직접 · 간접적으로 영향을 미치지만 그 영향력 또한 시간의 흐름에 따라 변화하기 마련이다.

참고문헌

강봉규(1980). 심리학요론. 서울 : 정훈출판사.

______(1984). 교육심리학. 서울 : 형설출판사.

______(1986). 발달심리학. 서울 : 정훈출판사.

______(2000). 인간발달. 서울 : 동문사.

______(2001). 심리학의 이해. 서울 : 동문사.

______(2005). 심리검사의 이론과 기법(증보판). 서울 : 동문사.

Ambron, S. R.(1990). *Development*(3rd ed.). New York : Holt, Rinehart and Winston.

Bandura, A.(1999). *Social learning theory*(4th ed.). Englewood Cliffs, N. J. : Prentice-Hall.

Barkley, R. A.(2001). *Attention-deficit hyperactivity disorder : A handbook for diagnosis and treatment*. New York : Guilford Press.

Binger, J. J.(1998). *Human development*. N.Y. : Macmillan Publishing.

Bloom, M.(1999). *Life span development*(3rd ed.). N.Y. : Macmillan Publishing.

Bowlby, J.(1969). *Attachment and loss*. New York : Basic Book.

Chomsky, N. *Syntactic structures*. He Hague : Moulton, 1987.

Crain, W. G.(1995). *Theories of development*(3rd ed.). Englewood Cliffs, N. J. : Prentice-Hall.

Cronbach, L. J.(1987). *Educational psychology*(4th ed.). New York : Harcourt Brace Jovanovich, Inc.

Denney, N. W.(2002). *Handbook of developmental psychology*. Englewood Cliffs, N.J. : Prentice-Hall.

Harre, R.(2001). *Child development*. Oxford : Basil Black Well Ltd.

Hurlock, E. B.(1985). *Adolescent development*(3rd ed.). New York : McGraw-Hill Book Co., Inc.

Jackson, P. W.(1995). *Child development*. New York : Wiley.

Kagan, J., Kearsley, R. B. & Zelazo, P. R.(2002). *Infancy : Its place in human development*. Cambridge : Harvard Univ. Press.

Kohlberg, L.(1981). *Philosophy of moral development*. San Francisco : Harper and Row.

Llyod, M. A.(2003). *Adolescence*(2nd ed.). New York : Harper & Row Publisher.

Lorenw, K.(1991). Companions as factors in the bird's environment. In K. Lorenz, *Studies in animal and human behavior*.(vol. Ⅰ), (R. Martin, trans). Cambridge, Mass : Harvard University Press.

Mash, E. J. & Barkley, R. A.(Eds.)(1989). *Treatment of childhood disorders*. New York : Guilford Press.

Mash, J. S.(Ed.).(1995). *Anxiety disorders in children and adolescents*. New York : Guilford Press.

Mash, E. J., & Terdal, L. G.(Eds.).(1988). *Behavioral assessment of childhood disorders*(2nd ed.). New York : The Guilford Press.

Murstein, B. I.(1991). *Theories of attraction and love*. New York : Springer Publishing Company, Inc.

Mussen, P. H., Conper, J. J. & Kagan, I.(1990). *Child development and personality*. New York : A Herper International Edition.

Patterson, G. R., Reid, J.B., & Dishion, T. T.(1992). *Antisocial boys*. Eugene, OR : Castalia.

Sameroff, A., & Emde, R. N.(1989). *Relationship disturbances in early childhood*. New York : Basic Books.

Stonen, D. R.(1993). *Child development*. N.Y. : Harper & Row.

Tanner, L.(1993). *Developmental psychology*. New York : Academic Press.

Vernon, P. E.(2001). *Child development*. New York : Freeman and

Company.

Vygotsky, L. S.(1986). *Thought and language*. Cambridge, MA : MIT.

Wong, B. Y. L.(1991). *Learning about learning disabilities*. New York : Academic Press.

찾아보기

인 명

사 항

ㄱ

ㅈ

저자 소개

◎ **강봉규** : 교육학박사(연세대학교)
현재, 가톨릭대학교 의과대학 명예교수

◎ **신현숙** : 교육학박사(건국대학교)
현재, 한국 SI 영재교육연구소 소장

◎ **장선철** : 교육학 박사(건국대학교)
현재, 전주대학교 교육대학원 교육상담 주임교수

교사를 위한 **아동발달**

초판발행 2006년 1월 10일
재판발행 2008년 8월 5일

저 자 강봉규 · 신현숙 · 장선철
발행인 김헌태
발행처 **태영출판사**

주 소 (152-705) 서울 구로구 구로동 104-10 동남오피스텔 201호
전 화 02 · 839-3757, 839-3752
팩 스 02 · 837-3754
등 록 2005년 5월 30일 제12-421호
E-mail tys2005@paran.com
ISBN 89-91777-16-3 93370
정 가 15,000원